道路与桥梁专业“十一五”高职高专应用型规划教材

公路工程造价

主　编　李　珺
主　审　魏联华

黄河水利出版社
·郑州·

内 容 提 要

本书围绕最新《公路工程基本建设项目概算预算编制办法》(JTG B06—2007)及《公路工程概算定额》(JTG/T B06—01—2007)、《公路工程预算定额》(JTG/T B06—02—2007)、《公路工程机械台班费用定额》(JTG/T B06—03—2007)编写。全书共分为公路工程定额的基本概念、公路工程施工定额、公路工程预算定额、公路工程概算定额、公路工程估算指标、公路工程预算单价的确定、公路工程预算定额的应用、公路工程造价概述、公路工程建设工程造价费用的构成、公路工程项目结算与竣工决算、工程实例共十一章内容。

本书可作为公路工程相关专业师生学习的教材或教学参考用书,也可供公路工程造价员、造价工程师、监理工程师、项目经理及相关业务人员参考。

图书在版编目(CIP)数据

公路工程造价/李珺主编.—郑州:黄河水利出版社,2009.6

道路与桥梁专业"十一五"高职高专应用型规划教材

ISBN 978-7-80734-429-2

Ⅰ.公… Ⅱ.李… Ⅲ.道路工程-工程造价-高等学校:技术学校-教材 Ⅳ.U415.13

中国版本图书馆 CIP 数据核字(2009)第 075509 号

出 版 社:黄河水利出版社

地址:河南省郑州市顺河路黄委会综合楼 14 层　邮政编码:450003

发行单位:黄河水利出版社

发行部电话:0371-66026940、66020550、66028024、66022620(传真)

E-mail:hhslcbs@126.com

承印单位:黄河水利委员会印刷厂

开本:787 mm×1 092 mm　1/16

印张:17.75

字数:410 千字　　印数:1—4 100

版次:2009 年 6 月第 1 版　　印次:2009 年 6 月第 1 次印刷

定价:31.00 元

前　言

公路工程造价管理是公路工程建设中的一项重要工作,关系到工程建设中各方主体的利益。在近年来的公路建设中,决算超预算、预算超概算、概算超估算的三超现象仍很普遍,以至于某些建设项目的投资失控,资金缺口较大。如何合理地确定造价,有效控制造价,科学管理造价是亟待解决的问题。

本书是根据交通部[2007]33 号公告发布的"关于公布《公路工程基本建设项目概算预算编制办法》(JTG B06—2007)及《公路工程概算定额》(JTG/T B06—01—2007)、《公路工程预算定额》(JTG/T B06—02—2007)、《公路工程机械台班费用定额》(JTG/T B06—03—2007)的公告"的通知精神(以下简称《新办法》、《新定额》)编写的。自 2008 年 7 月 1 日起公路建设项目概预算的编制均应执行《新办法》及《新定额》。

本书编写人员分工如下:山东水利职业学院赵丙峰编写第 1、2、3 章;河南新乡学院潘林编写第 4、5、8 章;开封大学张霞编写第 6、11 章;黄河水利职业技术学院王娟玲编写第 7 章;江西应用技术职业学院邓丽琼编写第 9 章,李珺编写第 10 章。本书由李珺担任主编,由江西通威集团工程师魏联华主审。

由于《新办法》及《新定额》刚刚采用,在执行规则和使用的过程中,必然有一个发现问题和修改的过程,我们所编的教材也将随之进行修订,恳请读者批评指正。

编　者

2009 年 1 月

目　录

第一章　公路工程定额的基本概念

本章重点提示　重点掌握工程建设定额的概念、工程建设定额的作用和特点、工程建设定额的分类。

第一节　工程建设定额的概念

一、工程建设定额的概念

工程建设定额是指在工程建设中单位产品上人工、材料、机械、资金消耗的规定额度。这种规定额度反映的是，在一定的社会生产力发展水平的条件下，完成工程建设中的某项产品与各种生产消费之间特定的数量关系。

在工程建设定额中，产品的外延是很不确定的。它可以指工程建设的最终产品——工程项目，例如，一个钢铁厂、一所学校；也可以是构成工程项目的某些完整的产品，如一所学校中的图书馆楼；也可以是完整产品中的某些较大组成部分，例如，只是指图书馆楼中的设备安装工程；还可以是较大组成部分中的较小部分，或更为细小的部分，如浇灌混凝土基础等。

工程建设产品外延的不确定性，是由工程建设产品构造复杂、产品规模宏大、种类繁多、生产周期长等技术经济特点引起的。这些特点使定额在工程建设的管理中占有更加重要的地位，同时也决定了工程建设定额的多种类、多层次。

工程建设定额是根据国家一定时期的管理体制和管理制度，根据不同定额的用途和适用范围，由指定的机构按照一定的程序制订的，并按照规定的程序审批和颁发执行。工程建设定额是主观的产物，但是，它应正确地反映工程建设和各种资源消耗之间的客观规律。

二、我国公路工程定额的发展过程

我国公路工程定额，新中国成立以来从无到有，从不健全到逐步健全，经历了一个分散—集中—再分散—再集中，统一领导与分级管理相结合的发展过程。大体上可划分为以下几个阶段。

(一)新中国成立初期

1952 年前后是我国劳动定额工作的创立阶段，各地区先后建立了定额机构，开展了劳动定额的试点工作。东北、华北等地都制订了统一的劳动定额或工料消耗定额。

(二)第一个五年计划期间

第一个五年计划期间，随着大规模经济建设的开始，劳动定额工作逐步得到了加强。

在原国家建设委员会指导下，交通部于1954年8月在公路总局设计局内设立了预算定额科，主管全国公路定额、概预算编制办法的管理和设计文件预算的审查工作，并组织力量编制了《公路基本建设预算定额》，1955年正式公布并在全国实行。

以后，随着生产、管理工作的不断深入，对于大、中型项目，一般实行两阶段设计。为满足需要，公路管理部门又陆续编制了《公路工程施工定额》，作为施工企业编制内部施工预算、下达班组和个人施工任务的依据；编制了《公路工程概算指标》（后改为《公路工程概算定额》），作为初步设计阶段编制设计概算的依据；重新修订了《公路工程预算定额》，作为施工图设计阶段编制设计预算的依据；编制了《公路工程基本建设项目概算预算编制办法》作为概算、预算各种费用定额和概算、预算文件的编制依据。

上述定额、指标、办法的编制、修订和公布，满足了公路建设各设计阶段工程造价管理工作的需要。因此，第一个五年计划期间，公路建设绝大部分项目，实行甲、乙方承发包制度，竣工决算基本控制在批准的设计概算或预算范围内，保证了定额、概预算工作的正常进行。

（三）1957年下半年至1976年

从"大跃进"开始到"文化大革命"结束长达近20年时间里，定额工作受到了冲击，否定了劳动定额，撤销了定额机构，使定额和预算制度的管理工作几乎处于停顿状态。设计概算或预算仅起到一点计划作用，控制投资、成本核算都无法实施。绝大多数公路建设项目，同全国其他部门建设工程一样，竣工决算超支、投资失控。生产效率降低到最低水平。

（四）1978年以后

党的十一届三中全会以后，政治上进行了拨乱反正，经济上实行了调整、改革、整顿、提高的方针，国民经济得到迅速的恢复和发展。中央有关部门指示，要加强建筑企业劳动定额工作。在交通系统，由交通部主编的全国通用专业定额《公路工程概算定额》、《公路工程预算定额》于1982年颁布使用。

随着国家法规、技术标准、技术规范的改善和健全，以及新技术、新结构、新设备、新工艺的发展，1992年，交通部对《公路工程概算定额》、《公路工程预算定额》又进行了修订。为了加强对建设工程前期工作的管理，1996年颁布了《公路工程估算指标》，对《公路工程基本建设项目概算预算编制办法》又重新进行了修订。

2007年，交通部颁布了新的《公路工程基本建设项目概算预算编制办法》、《公路工程概算定额》、《公路工程预算定额》、《公路工程机械台班费用定额》，满足了实际工作的需要。

第二节　工程建设定额的作用和特点

一、工程建设定额的作用

（1）在工程建设中，定额具有节约社会劳动和提高生产效率的作用。一方面企业以定额作为促使工人节约社会劳动（工作时间、原材料等）和提高劳动效率、加快工作进度的手段，以增加市场竞争能力，获取更多的利润；另一方面，作为工程造价计算依据的各类定额，又促使企业加强管理，把社会劳动的消耗控制在合理的限度内；再者，作为项目决策依据的定额指标，又在更高的层次上促使项目投资者合理而有效地利用和分配社会劳动。这都证明了定额在工程建设中节约社会劳动和优化资源配置的作用。

(2)定额有利于建筑市场公平竞争。定额所提供的准确的信息为市场需求主体和供给主体之间的竞争，以及供给主体和供给主体之间的公平竞争，提供了有利条件。

(3)定额是对市场行为的规范。定额既是投资决策的依据，又是价格决策的依据。对于投资者来说，他可以利用定额权衡自己的财务状况和支付能力、预测资金投入和预期回报，还可以充分利用有关定额的大量信息，有效地提高其项目决策的科学性，优化其投资行为。对于建筑企业来说，企业在投标报价时，只有充分考虑定额的要求，作出正确的价格决策，才能占有市场竞争优势，从而获得更多的工程合同。可见，定额在上述两个方面规范了市场主体的经济行为，因而对完善我国固定资产投资市场和建筑市场都能起到重要作用。

(4)工程建设定额有利于完善市场的信息系统。定额管理是对大量市场信息的加工，也可对大量信息进行市场传递，同时也是市场信息的反馈。信息是市场体系中的不可或缺的要素，它的可靠性、完备性和灵敏性是市场成熟和市场效率的标志。在我国，以定额形式建立和完善市场信息系统，是以公有制经济为主体的社会主义市场经济的特色，在发达的资本主义国家是难以想象的。

从以上分析可以看到，在市场经济条件下定额作为管理的手段是不可或缺的。

二、工程建设定额的特点

(一)科学性与系统性

定额的科学性，首先表现在用科学的态度制订定额，尊重客观实际，力求定额水平合理；其次表现在制订定额的技术方法上，利用现代科学管理的成就，形成一套系统的、完整的、在实践中行之有效的方法；再次，表现在定额制订和贯彻的一体化上。制订是为了提供贯彻的依据，贯彻是为了实现管理的目标，也是对定额的信息反馈。

定额的系统性，一是指定额是相对独立的系统，它是由多种定额结合而成的有机的整体，具有鲜明的层次和明确的目标。二是由工程建设的特点决定的。按照系统论的观点，工程建设本身就是庞大的实体系统，是由多项工程集合的整体，有严格的项目划分，如建设项目、单项工程、单位工程、分部分项工程。同时，工程项目在计划和实施过程中有严格的建设程序，如规划、可行性研究、设计、施工、竣工交付使用，以及投入使用后的维修等。因而工程建设本身的多种类、多层次就决定了以它为服务对象的工程建设定额的多种类、多层次。

(二)统一性与权威性

工程建设定额的统一性，主要是由国家对经济发展的有计划的宏观调控职能决定的。为了使国民经济按照既定的目标发展，就需要借助于某些标准、定额、参数等，对工程建设进行规划、组织、调节、控制。而这些标准、定额、参数必须在一定范围内是一种统一的尺度，才能实现上述职能，才能利用它对项目的决策、设计方案、投标报价、成本控制进行比选和评价。

我国工程建设定额的统一性和工程建设本身的巨大投入、巨大产出有关。它对国民经济的影响不仅表现在投资的总规模和全部建设项目的投资效益等方面,而且表现在具体建设项目的投资数额及其投资效益方面。因而需要借助统一的工程建设定额进行社会监督。这一点和工业生产、农业生产中的工时定额、原材料定额也是不同的。

工程建设定额的统一性,按照其影响力和执行范围来看,有全国统一定额、地区统一定额和行业统一定额等;按照定额的制订、颁布和贯彻使用来看,有统一的程序、统一的原则、统一的要求和统一的用途。

工程建设定额具有权威性,这种权威性在一些情况下具有经济法规性质。权威性反映统一的意志和统一的要求,也反映信誉和信赖程度以及反映定额的严肃性。

工程建设定额的权威性的客观基础是定额的科学性。只有科学的定额才具有权威。但是,在社会主义市场经济条件下,它必然涉及各有关方面的经济关系和利益关系。赋予工程建设定额以一定的权威性,就意味着在规定的范围内,对于定额的使用者和执行者来说,不论主观上愿意还是不愿意,都必须按定额的规定执行。在当前市场不规范的情况下,赋予工程建设定额以权威性是十分重要的。但在竞争机制引入工程建设的情况下,定额的水平必然会受市场供求状况的影响,从而在执行中可能产生定额水平的浮动。

应该提出的是,在社会主义市场经济条件下,对定额的权威性不应绝对化。定额毕竟是主观对客观的反映,定额的科学性会受到人们认识的局限。与此相关,定额的权威性也就会受到削弱和遇到新的挑战。更为重要的是,随着投资体制的改革和投资主体多元化格局的形成,以及企业经营机制的转换,他们都可以根据市场的变化和自身的情况,自主地调整自己的决策行为。在这里,一些与经营决策有关的工程建设定额的权威性特征,自然也就弱化了。但直接与施工生产相关的定额,在企业经营机制转换和增长方式的要求下,其权威性还必须进一步强化。

(三)稳定性和时效性

任何一种工程建设定额都是一定时期技术发展和管理水平的反映,因而在一段时间内都表现出稳定的状态。稳定的时间有长有短,一般在5~10年。保持定额的稳定性是维护定额的权威性所必需的,更是有效地贯彻定额所必需的。如果某种定额处于经常修改变动之中,那么必然造成执行中的困难和混乱,使人们感到没有必要去认真对待它,很容易导致定额权威性的丧失。工程建设定额的不稳定也会给定额的编制工作带来极大的困难。

但是工程建设定额的稳定性是相对的。当生产力向前发展了,定额就会与已经发展了的生产力水平不相适应。这样,它原有的作用就会逐步减弱以至消失,需要重新编制或修订。

(四)定额的针对性很强

做什么工程,用什么定额,任何一种工序,任何一项定额都不得乱套定额,必须严格按照定额的项目、工作内容、质量标准、安全要求执行定额。套用定额时,不得随意增减工时消耗、材料消耗或其他资源消耗,不得减少工作内容,降低质量标准。

第三节 工程建设定额的分类

工程建设定额是工程建设中各类定额的总称。它包括许多种定额。为了对工程建设定额能有一个全面的了解,可以按照不同的原则和方法对它进行科学的分类。

一、按定额反映的物质消耗内容分类

按定额反映的物质消耗内容,可以把工程建设定额分为劳动消耗定额、机械消耗定额和材料消耗定额三种。

(1)劳动消耗定额,简称劳动定额。劳动消耗定额是完成一定的合格产品(工程实体或劳务)规定活劳动消耗的数量标准。为了便于综合和核算,劳动定额大多采用工作时间消耗量来计算劳动消耗的数量。所以,劳动定额主要表现形式是时间定额,但同时也表现为产量定额。

(2)机械消耗定额。我国机械消耗定额是以一台机械一个工作班为计量单位,所以又称为机械台班定额。机械消耗定额是指为完成一定合格产品(工程实体或劳务)所规定的施工机械消耗的数量标准。机械消耗定额的主要表现形式是机械时间定额,但同时也以产量定额表现。

(3)材料消耗定额,简称材料定额。材料消耗定额是指完成一定合格产品所需消耗材料的数量标准。

材料,是工程建设中使用的原材料、成品、半成品、构配件、燃料以及水、电等动力资源的统称。材料作为劳动对象构成工程的实体,需用数量很大,种类繁多。所以,材料消耗量多少,消耗是否合理,不仅关系到资源的有效利用,影响市场供求状况,而且对建设工程的项目投资、建筑产品的成本控制都起着决定性影响。

材料消耗定额,在很大程度上可以影响材料的合理调配和使用。在产品生产数量和材料质量一定的情况下,材料的供应计划和需求都会受材料定额的影响。重视和加强材料定额管理,制订合理的材料消耗定额,是组织材料的正常供应,保证生产顺利进行,以及合理利用资源,减少积压、浪费的必要前提。

二、按定额的编制程序和用途分类

按定额的编制程序和用途,可以把工程建设定额分为施工定额、预算定额、概算定额、概算指标、投资估算指标等五种。

(1)施工定额。它是施工企业(建筑安装企业)组织生产和加强管理在企业内部使用的一种定额,属于企业生产定额的性质。它由劳动定额、机械定额和材料定额 3 个相对独立的部分组成。为了适应组织生产和管理的需要,施工定额的项目划分很细,是工程建设定额中分项最细、定额子目最多的一种定额,也是工程建设定额中的基础性定额。在预算定额的编制过程中,施工定额的劳动、机械、材料消耗的数量标准,是计算预算定额中劳动、机械、材料消耗数量标准的重要依据。

(2)预算定额。它是在编制施工图预算时,计算工程造价和工程中劳动、机械台班、

材料需要量使用的一种定额。预算定额是一种计价性的定额,在工程建设定额中占有很重要的地位。从编制程序看,预算定额是概算定额的编制基础。

(3)概算定额。它是编制扩大初步设计概算时,计算和确定工程概算造价,计算劳动、机械台班、材料需要量所使用的定额。它的项目划分粗细,与扩大初步设计的深度相适应。它一般是预算定额的综合扩大。

(4)概算指标。它是在三阶段设计的初步设计阶段,编制工程概算,计算和确定工程的初步设计概算造价,计算劳动、机械台班、材料需要量时所采用的一种定额。这种定额的设定和初步设计的深度相适应。一般是在概算定额和预算定额的基础上编制的,比概算定额更加综合和扩大。概算指标是控制项目投资的有效工具,它所提供的数据也是计划工作的依据和参考。

(5)投资估算指标。它是在项目建议书和可行性研究阶段编制投资估算、计算投资需要量时使用的一种定额。它非常概略,往往以独立的单项工程或完整的工程项目为计算对象。它的概略程度与可行性研究阶段相适应。投资估算指标往往根据历史的预、决算资料和价格变动等资料编制,但其编制基础仍然离不开预算定额、概算定额。

三、按投资费用的性质分类

按投资费用的性质,可以把工程建设定额分为建筑工程定额、设备安装工程定额、建筑安装工程费用定额、工器具定额以及工程建设其他费用定额等。

(1)建筑工程定额。它是建筑工程的施工定额、预算定额、概算定额和概算指标的统称。

建筑工程,一般理解为房屋和构筑物工程。具体包括一般土建工程、电气工程(动力、照明、弱电)、卫生技术(水、暖、通风)工程、工业管道工程、特殊构筑物工程等。广义上它也被理解为除房屋和构筑物外还包含其他各类工程,如公路、铁路、桥梁、隧道、运河、堤坝、港口、电站、机场等工程。在我国统计年鉴中对于固定资产投资构成的划分,就是根据这种理解设计的。广义的建筑工程概念几乎等同了土木工程的概念。从这一概念出发,建筑工程在整个工程建设中占有非常重要的地位,根据统计资料,在我国的固定资产投资中,建筑工程和安装工程的投资占60%左右。因此,建筑工程定额在整个工程建设定额中是一种非常重要的定额。在定额管理中占有突出的地位。

(2)设备安装工程定额。它是安装工程施工定额、预算定额、概算定额和概算指标的统称。设备安装工程是对需要安装的设备进行定位、组合、校正、调试等工作的工程。在工业项目中,机械设备安装和电气设备安装工程占有重要地位,因为生产设备大多要安装后才能运转,不需要安装的设备很少。在非生产性的建设项目中,由于社会生活和城市设施的日益现代化,设备安装工程量也在不断增加。所以,设备安装工程定额也是工程建设定额中的重要部分。

设备安装工程定额和建筑工程定额是两种不同类型的定额。一般都要分别编制,各自独立。但是设备安装工程和建筑工程是单项工程的两个有机组成部分,在施工中有时间连续性,也有作业的搭接和交叉,需要统一安排,互相协调,在这个意义上通常把建筑和安装工程作为一个施工过程来看待,即建筑安装工程。所以,在通用定额中有时把建筑工程定额和安装工程定额合二而一，称为建筑安装工程定额。

(3)建筑安装工程费用定额。一般包括以下三部分内容：

①其他直接费用定额，是指预算定额分项内容以外，而与建筑安装施工生产直接有关的各项费用开支标准。其他直接费用定额由于其费用发生的特点不同，只能独立于预算定额之外。它也是编制施工图预算和概算的依据。

②现场经费定额，是指与现场施工直接有关，是施工准备、组织施工生产和管理所需的费用定额。

③间接费定额，是指与建筑安装施工生产的个别产品无关，而为企业生产全部产品所必需，为维持企业的经营管理活动所必须发生的各项费用开支的标准。由于间接费中许多费用的发生和施工任务的大小没有直接关系，因此通过间接费定额的管理，有效地控制间接费的发生是十分必要的。

(4)工器具定额。这是为新建或扩建项目投产运转首次配置的工器具数量标准。工具和器具，是指按照有关规定不够固定资产标准而起劳动手段作用的工器具和生产用家具，如翻砂用模型、工具箱、计量器、容器、仪器等。

(5)工程建设其他费用定额。这是独立于建筑安装工程、设备和工器具购置之外的其他费用开支的标准。工程建设的其他费用的发生和整个项目的建设密切相关。它一般要占项目总投资的10%左右。其他费用定额是按各项独立费用分别制订的，以便合理控制这些费用的开支。

四、按定额的专业性质分类

按照专业性质，工程建设定额分为全国通用定额、行业通用定额和专业专用定额三种。

全国通用定额是指在部门间和地区间都可以使用的定额；行业通用定额是指具有专业特点，在行业部门内可以通用的定额；专业专用定额是指特殊专业的定额，只能在指定的范围内使用。

五、按主编单位和管理权限分类

工程建设定额可分为全国统一定额、行业统一定额、地区统一定额、企业定额和补充定额五种。

全国统一定额是由国家建设行政主管部门综合全国工程建设中技术和施工组织管理的情况编制，并在全国范围内执行的定额，如全国统一安装工程定额。

行业统一定额是考虑到各行业部门专业工程技术特点，以及施工生产和管理水平编制的。一般是只在本行业和相同专业性质的范围内使用的专业定额，如矿井建设工程定额、铁路建设工程定额。

地区统一定额包括省、自治区、直辖市定额。地区统一定额主要是考虑地区性特点和全国统一定额水平做适当调整补充编制的。

企业定额是指由施工企业考虑本企业具体情况,参照国家、部门或地区定额的水平制订的定额。企业定额只在企业内部使用,是企业素质的一个标志。企业定额水平一般应高于国家现行定额,才能满足生产技术发展、企业管理和市场竞争的需要。

补充定额是指随着设计、施工技术的发展,现行定额不能满足需要时,为了补充缺项所编制的定额。补充定额只能在指定的范围内使用,可以作为以后修订定额的基础。

复习思考题

1. 什么是工程建设定额,它有何作用?

2. 工程建设定额如何分类?

第二章 公路工程施工定额

本章重点提示 重点掌握施工定额的性质和作用,劳动消耗定额、材料消耗定额、机械台班使用定额的概念及其制订方法,《公路工程施工定额》的应用。

第一节 概 述

一、施工定额的性质和作用

施工定额是建筑安装工人合理的劳动组织或工人小组在正常施工条件下,为完成单位合格产品所需劳动、机械、材料消耗的数量标准。它是根据专业施工的作业对象和工艺制订的。施工定额应反映企业的施工水平、装备水平和管理水平,作为考核建筑安装企业劳动生产率水平、管理水平的标尺和确定工程成本、投标报价的依据,也是编制预算定额的基础。

(一)施工定额的性质

施工定额是公路施工企业内部管理的定额,属于企业定额的性质。正确认识施工定额的这一性质,把施工定额和其他定额从性质上区别开来是非常必要的。

施工定额是企业加强管理、提高企业素质、降低劳动消耗、控制成本开支、提高劳动生产率和企业经济效益的有效手段。加强施工定额管理就成为企业的内在要求和必然的发展趋势,而不是国家、部门、地区从外部强加给企业的压力和约束。

施工定额这种企业定额的性质,要求明确地赋予企业以施工定额的管理权限,其中包括编制和颁发施工定额的权限。企业应该能够根据本企业的具体条件和可能挖掘的潜力、市场的需求和竞争环境,根据国家有关政策、法律和规范、制度,自己编制订额,自行决定定额的水平。允许同类企业和同一地区的企业之间存在施工定额水平的差距,允许企业就施工定额的水平对外作为商业秘密进行保密,这样在市场上才能具有竞争能力。

(二)施工定额的作用

1.施工定额是企业计划管理的依据

施工组织设计和施工作业计划是企业计划管理中不可缺少的环节,施工定额则是企业编制施工组织设计与施工作业计划的依据。

施工组织设计是指导拟建工程进行施工准备和施工生产的技术经济文件,其基本任务是,根据招标文件及合同协议的规定,确定出经济合理的施工方案,在人力和物力、时间和空间、技术和组织上对拟建工程做出最佳的安排。施工作业计划则是根据企业的施工计划、拟建工程施工组织设计和现场实际情况编制的,它是一个以实现企业施工计划为目的的施工队、组的具体执行计划。它综合体现了企业生产计划、施工进度计划和现场实际情况的要求，是组织和指挥生产的技术文件，也是队、组进行施工的依据。这些计划的编制必须依据施工定额。

2. 施工定额是组织和指挥施工生产的有效工具

企业组织和指挥施工队、组进行施工，是按照作业计划通过下达施工任务书和限额领料单来实现的。

施工任务单，既是下达施工任务的技术文件，也是班、组经济核算的原始凭证。它列明了应完成的施工任务，也记录着班、组实际完成任务的情况，并且进行班、组工人的工资结算。施工任务单上的工程计量单位、产量定额和计件单位，均需取自施工的劳动定额，工资结算也要根据劳动定额的完成情况计算。

限额领料单是施工队随任务单同时签发的领取材料的凭证。这一凭证是根据施工任务和施工的材料定额填写的。其中领料的数量，是班、组为完成规定的工程任务消耗材料的最高限额。这一限额也是评价班、组完成任务情况的一项重要指标。

3. 施工定额是计算工人劳动报酬的依据

施工定额是衡量工人劳动数量和质量，计算劳动成果和效益的标准。所以，施工定额是计算工人计件工资的基础，也是计算奖励工资的依据。这样才能做到完成定额好，工资报酬就多；达不到定额，工资报酬就会减小。把工人劳动成果与个人生活资料分配的多寡直接联系起来，真正实现多劳多得、按劳分配的社会主义分配原则。这对于打破企业内部分配方面的大锅饭是很有现实意义的。

4. 施工定额是企业激励工人的条件

激励在实现企业管理目标中占有重要位置。所谓激励，就是采取某些措施激发和鼓励员工在工作中的积极性和创造性。行为科学者研究表明，如果职工受到充分的激励，其能力可发挥 80% ~90%，如果缺少激励，仅仅能够发挥出 20% ~30% 的能力。但激励只有在满足人们某种需要的情形下才能起到作用。施工定额可以对生理需要、自尊需要和自我实现需要的满足起到直接激励作用，完成和超额完成定额，不仅能获取更多的工资报酬以满足生理需要，而且也能满足自尊和获取他人（社会）认同的需要，并且进一步满足尽可能发挥个人潜力以实现自我价值的需要。如果没有施工定额这种标准尺度，实现以上几个方面的激励就缺少必要的手段。

5. 施工定额有利于推广先进技术

施工定额水平中包含着某些已成熟的先进的施工技术和经验，工人要达到和超过定额，就必须掌握和运用这些先进技术；如果工人想大幅度超过定额，就必须创造性地劳动。第一，在自己的工作中注意改进工具和改进技术操作方法，注意原材料的节约，避免原材料和能源的浪费。第二，施工定额中往往明确要求采用某些较先进的施工工具和施工方法，所以贯彻施工定额也就意味着推广先进技术。第三，企业或主管部门为了推行施工定额，往往要组织技术培训，以帮助工人达到和超过定额。技术培训和技术表演等方式也都可以大大普及先进技术和先进操作方法。

6. 施工定额是编制施工预算，加强企业成本管理和经济核算的基础

施工预算是施工单位用以确定单位工程上人工、机械、材料和资金需要量的计划文件。施工预算以施工定额为编制基础，既要反映设计图纸的要求，也要考虑在现有条件下

可能采取的节约人工、材料和降低成本的各项具体措施。这就能够更合理地组织施工生产,有效地控制施工中人力、物力消耗,节约成本开支。

施工中人工、机械和材料的费用,是构成工程成本中直接费用的主要内容,对间接费用的开支也有着很大的影响。严格执行施工定额不仅可以起到控制成本、降低费用开支的作用,同时为企业贯彻经济核算制、加强班组核算和增加盈利,创造了良好的条件。

7. 施工定额是编制工程建设定额体系的基础

施工定额和生产结合最紧密,它直接反映生产技术水平和管理水平,而其他各类定额则是在较高的层次上、较大的跨度上反映社会生产力水平。尽管这些定额有更大的综合性和覆盖面,但它们都不能脱离施工定额所直接反映的生产技术水平和管理水平。

施工定额是编制预算定额的直接基础,是编制概算定额和估算指标的间接基础。

总之,施工定额是建筑安装企业管理工作的基础,也是工程建设定额体系的基础。

二、施工定额的编制原则和依据

(一)施工定额的编制原则

1. 平均先进性原则

平均先进,是就定额的水平而言。定额水平,是指规定消耗在单位产品上的劳动、机械和材料数量的多寡。也可以说,它是按照一定施工程序和工艺条件规定的施工生产中活劳动和物化劳动的消耗水平。

施工定额的水平应直接反映劳动生产率水平,也应反映劳动和消耗水平。施工定额水平和劳动生产率水平,变动的方向是一致的,和劳动与物质消耗水平的变动方向则相反。在定额执行期内,随技术发展和定额对社会劳动生产率的不断促进,定额水平不再能促进施工生产和企业管理时,就应修订,以使二者达到新的平衡。

施工定额根据其执行范围的大小,反映劳动生产率水平,是企业的总体水平,而不是个别施工队、组和个别生产者的水平。因为就每个施工队、组和每个生产者来说,劳动生产率水平是和各自的生产技术水平、施工组织条件、施工队伍素质和工人劳动态度的不同相联系的。施工定额水平反映的劳动生产率水平和物质消耗水平,不是简单的复制,也不是简单的取一个平均值。施工定额作为企业定额的性质,决定了在确定定额水平时必须考虑满足以下约束条件:

(1)有利于降低工人、机械和材料的消耗;

(2)有利于正确考核和评价工人的劳动成果;

(3)有利于正确处理企业和个人之间的经济关系;

(4)有利于提高企业管理水平。

所谓平均先进水平,就是在正常的施工条件下,大多数施工队、组和大多数生产者经过努力能够达到和超过的水平。这种水平使先进者感到一定压力,使处于中间水平的工人感到定额水平可望可及,对于落后工人不迁就,使他们认识到必须花大力气去改善施工条件,提高技术操作水平,珍惜劳动时间,节约材料消耗,尽快达到定额的水平。所以,平均先进水平是一种可以鼓励先进、勉励中间、鞭策落后的定额水平,是编制施工定额的理想水平。

在单一计划经济的模式下，贯彻平均先进性原则，是国家和各级政府机关以行政力量给予施工企业和建筑安装工人的约束与引导。在市场经济条件下，施工定额贯彻平均先进性原则，已成为企业自身的迫切要求。

贯彻平均先进性原则，第一，要考虑那些已经成熟并得到推广的先进技术和先进经验。但对于那些尚不成熟，或已经成熟尚未普遍推广的先进技术，暂时还不能作为确定定额水平的依据。第二，对于原始资料和数据要加以整理，剔除个别的、偶然的、不合理的数据，尽可能使计算数据具有实践性和可靠性。第三，要选择正常的施工条件、行之有效的技术方案和劳动组织、组织合理的操作方法，作为确定定额水平的依据。第四，从实际出发，综合考虑影响定额水平的有利和不利因素（包括社会因素），这样才不致使定额水平脱离现实。第五，要注意施工定额项目之间水平的平衡，避免有"肥"有"瘦"，造成定额执行中的困难。

2. 简明适用性原则

简明适用，是就定额的内容与形式要方便于定额的贯彻和执行而言的。

简明适用性原则，要求施工定额内容要能满足组织施工生产和计算工人劳动报酬等多种需要。同时，又要简单明了，容易掌握，便于查阅，便于计算，便于携带。

定额的简明性和适用性，是既有联系又有区别的两个方面。编制施工定额时应全面加以贯彻。当二者发生矛盾时，定额的简明性应服从适用性的要求。

贯彻定额的简明适用性原则，关键是做到定额项目设置完全，项目划分粗细适当。

定额项目的设置是否齐全完备，对定额的适用性影响很大。划分施工定额项目的基础，是工作过程或施工工序。不同性质、不同类型的工作过程或工序，都应分别反映在各个施工定额的项目中。即使是次要的，也应在说明、备注和系数中反映出来。如果施工定额项目不全，企业或现场的补充定额就会大量出现。这不仅不利于加强管理，而且由于补充定额编制仓促，难以完全排除许多人为因素影响，很容易产生降低定额水平的情况。

为了保证定额项目齐全，首先要加强基础资料的日常积累，尤其应注意收集和分析各项补充定额资料；其次，注意补充反映新结构、新材料、新技术的定额项目；再次，处理淘汰的定额项目，要持慎重态度。

定额项目划分的粗细程度，是编制订额时必须决策的重要问题之一。施工定额的粗细程度，要满足以下要求：

（1）适应劳动组织和劳动分工的要求；

（2）建立班组核算和经济责任制的要求；

（3）考核班组和个人生产成果、计算劳动报酬的要求；

（4）简化计算工作的要求。

定额项目划分的粗细同定额步距的大小关系甚大。所谓定额步距，是指同类一组定额，相互之间的间隔。为了使定额项目划分和步距合理，常用的、主要的、对工料消耗影响大的定额项目，步距小一些；不常用的、次要的、对工料消耗影响小的定额项目，步距也可以大一些，在贯彻简明适用性原则时，还应正确选择产品和材料的计量单位，适当利用系数，并加以必要的说明和附注。

总之，贯彻简明适用性原则，要努力使施工定额达到项目齐全、粗细恰当、步距合理的效果。

3. 以专家为主编制订额的原则

编制施工定额,要以专家为主,这是实践经验的总结。施工定额的编制要求有一支经验丰富、技术与管理知识全面、有一定政策水平的稳定的专家队伍。贯彻这项原则,第一,必须保持队伍的稳定性。有了稳定的队伍,才能积累资料、积累经验,保证编制施工定额的延续性。第二,必须注意培训专业人才,使他们既有施工技术、施工管理知识和实践经验,具有编制订额的工作能力,又具备懂得国家技术经济政策和联系工人群众的工作作风。

贯彻以专家为主编制施工定额的原则,必须注意走群众路线。因为广大建筑安装工人既是施工生产的实践者又是定额的执行者,最了解施工生产的实际和定额的执行情况及存在的问题,要虚心向他们求教。同时也要向他们宣传编制施工定额的必要性和意义,教育他们用主人翁的态度正确处理好个人和企业利益的关系,以取得他们的配合和支持。尤其是在现场测定组织新定额试点时,这一点非常重要。

4. 独立自主的原则

施工企业作为具有独立法人地位的经济实体,应根据企业的具体情况和要求,结合政府的技术政策和产业导向,以企业盈利为目标,自主地制订施工定额。贯彻这一原则有利于企业自主经营,有利于执行现代企业制度,有利于施工企业摆脱过多的行政干预,更好地面对建筑市场竞争的环境,也有利于促进新的施工技术和施工方法的采用。

企业独立自主地制订定额,主要是自主地确定定额水平,自主地划分定额项目,自主地根据需要增加新的定额项目。但是,施工定额毕竟是对一定时期企业生产力水平的反映,它不可也不应该割断历史。因此,企业定额应是对原有国家、部门和地区性施工定额的继承和发展。

(二)施工定额的编制依据

1. 国家的有关规定

编制施工定额必须依据党和国家有关经济政策和管理制度,例如劳动定额应贯彻劳动管理制度;材料选用应符合“以钢代木”的国家政策;机械品种与当前公路建设机械化程度相适应。

2. 施工技术及验收规范

如公路路基施工技术规范、公路路面基层施工技术规范、沥青路面施工技术规范、水泥混凝土路面施工技术规范、公路桥涵施工技术规范、公路工程施工安全技术规程、公路工程质量检验评定标准等。施工过程应满足公路工程施工技术规范的技术要求。工程质量应符合公路工程施工及验收技术规范、工程质量检验评定标准、技术规程中有关质量要求和质量标准。

3. 技术测定和经验统计资料

现场理论技术测定和经验统计资料是编制施工定额的数据来源,必须准确可靠。在收集和选用时,应特别注意影响因素分析,采取实事求是的科学态度,采用数理统计的科学方法,力求最大限度地减少误差。

第二节　劳动定额

一、劳动消耗定额

劳动消耗定额，简称劳动定额或人工定额。

劳动定额是指在一定生产技术组织条件下，生产质量合格的单位产品所需要的劳动消耗量标准；或规定在一定劳动时间内，生产合格产品的数量标准。劳动定额应反映出大多数企业和职工经过努力能够达到的平均先进水平。

劳动定额有两种基本表现形式，即时间定额和产量定额。

（一）时间定额

时间定额是指某种专业的工人班组或个人，在合理的劳动组织与合理使用材料的条件下，完成符合质量要求的单位产品所必需的工作时间（工日）。

时间定额一般采用工日为计量单位，即工日/m^3、工日/m^2、工日/t、工日/块等。每个工日工作时间，按法定制度规定为8 h。

时间定额计算公式如下：

$$单位产品时间定额(工日)=\frac{1}{每工产量}$$

或

$$单位产品时间定额(工日)=\frac{小组成员工日数总和}{台班产量(班组完成产品数量)}$$

（二）产量定额

产量定额是指某种专业的工人班组或个人，在合理的劳动组织与合理使用材料的条件下，单位工日应完成符合质量要求的产品数量。

产量定额的计量单位是多种多样的，通常是以一个工日完成合格产品数量来表示，即m/工日、m^2/工日、m^3/工日、t/工日、块/工日……

产量定额计算公式如下：

$$每工产量=\frac{1}{单位产品时间定额}$$

$$台班产量=\frac{小组成员工日数总和}{单位产品时间定额}$$

（三）时间定额与产量定额的关系

时间定额和产量定额都表示同一个劳动定额，但各有用处。时间定额用于综合计算劳动量比较方便；产量定额具有形象化的特点，便于分配任务，容易为工人理解和接受。在实际应用中，经常会碰到要由时间定额推算出产量定额，或由产量定额折算出时间定额的情况。这就需要了解两者的关系。

时间定额与产量定额在数值上互为倒数关系。即

$$时间定额=\frac{1}{产量定额}$$

$$时间定额\times产量定额=1$$

二、劳动定额的编制方法

编制劳动定额包括拟定施工的正常条件和拟定时间定额和产量定额两部分工作。

(一)拟定施工的正常条件

拟定施工的正常条件就是确定贯彻定额所应具备的条件,或者说,将技术测定所提供的资料以及综合分析所取得的正常条件,在定额的内容中加以明确和肯定,这些条件必须适用于大多数企业和单位,符合当前生产实际情况,正确地拟定施工正常条件,既有利于定额的贯彻,也有利于促进劳动生产率的提高。正常施工条件是绝大多数企业和施工队、组,在合理组织的条件下所处的施工条件。

1. 拟定工作地点的组织

工作地点是工人的施工活动场所,工作地点组织紊乱和不科学,往往是造成劳动效率不高甚至窝工的重要原因。在拟定工作地点的组织时,要特别注意使工人在操作时不受妨碍,所使用的工具和材料应按使用顺序放置于工人最便于取用的地方,以减少疲劳和提高工作效率,不用的工具和材料不应放置在工作地点,工作地点应保持清洁和秩序井然。

2. 拟定工作组成

拟定工作组成就是将施工过程,按照拟定的劳动分工划分成若干工序,以合理使用技术工人。

3. 拟定施工人员编制

拟定施工人员编制就是确定小组人数、技术工人的配备,以及劳动的分工和协作。施工人员编制的原则是使每个工人都能充分发挥作用,均衡担负工作。

(二)拟定时间定额和产量定额

时间定额和产量定额是劳动定额的两种表现形式。拟定出时间定额,也就可以计算出产量定额;反之亦然。

拟订时间定额的方法主要有技术测定法、比较类推法、经验估工法和统计分析法等。

1. 技术测定法

技术测定法是根据先进合理的生产(施工)技术、操作工艺,合理的劳动组织和正常的生产(施工)条件,对施工过程中的个体活动进行实地观察,详细地记录施工中的工人和机械的工作时间消耗、完成产品的数量及有关影响因素,将记录的结果加以整理,客观地分析、计算,制订劳动定额的方法。

这种方法有较高的准确性和科学性,是制订新定额和典型定额的主要方法。

技术测定法也就是计时观察法。确定的基本工作时间、辅助工作时间、准备与结束工作时间、不可避免中断时间和休息时间之和,就是劳动定额的时间定额。

【例 2-1】人工挖土方,土壤是潮湿的黏性土,按土壤分类属二类土(普通土),测时资料表明,挖 1 m^3 土方需消耗基本工作时间 60 min,辅助工作时间占工作班延续时间的 2%,准备与结束工作时间占 2%,不可避免中断时间占 1%,休息时间占 20%。试计算人工挖普通土的时间定额和产量定额。

解:(1)时间定额。

假定完成 1 m^3 普通土开挖的时间定额为 x,则

$$x = 60 + (2\% + 2\% + 1\% + 20\%)x$$

$$x = \frac{60}{1-(2\% + 2\% + 1\% + 20\%)} = 80(\text{min})$$

若每工日按 8 h 计算,则人工挖普通土的时间定额为:

$$80 \div 60 \div 8 = 0.166(\text{工日}/\text{m}^3)$$

(2)产量定额。

$$1 \div 0.166 = 6(\text{m}^3/\text{工日})$$

2. 比较类推法

比较类推法又称典型定额法,是以同类或相似类型的产品或工序的典型定额项目的定额水平为标准,经过分析比较,类推出同一级定额中相邻项目的定额水平的方法。

采用这种方法的一般做法是:

(1)选定相同(相似)类型的对比项目;

(2)分析新项目与定额项目之间的主要差异;

(3)确定新项目与定额项目相比的效率估计值;

(4)确定新项目的定额水平。

在施工(生产)过程中,因为所用建筑材料、构件的变化,有时还较多地采用这种方法。由于使用这种方法只需以相同或相似类型的定额资料为基础,经过比较分析,即可确定新项目的定额水平,因而它具有经验分析和工作测定的特点,是属于派生的方法。其优点是,简便易行,工作量小,只要典型定额选择恰当,切合实际,具有代表性,类推出的定额一般比较合理。

这种方法适用于同类型规格多、批量小的施工(生产)过程。为了提高定额水平的精度,通常采用主要项目作为典型定额来类推,并且要注意掌握工序、产品的施工(生产)工艺和劳动组织类似或相近的特征,细致地分析施工(生产)过程的各种影响因素,防止将因素变化很大的项目作为典型定额比较类推。这种方法的局限性是受同类型项目可比性的限制,不能普遍采用。

【例 2-2】已知人工挖运松土(运距 20 m)的时间定额及普通土、硬土和松土耗用工时的比例关系(见表 2-1),试推算普通土和硬土的时间定额。

表 2-1 人工挖运松土的时间定额及普通土、硬土和松土耗用工时的比例关系

土的类别	消耗工时比例	人工挖运土方,运距 20 m(工日/m³)	
		槽外	槽内
松土	1.00	0.158	0.177
普通土	1.50		
硬土	2.12		

解:按比例系数推算普通土和硬土在相应条件下的时间定额:

挖槽外普通土:$1.50 \times 0.158 = 0.237$(工日/m³)

挖槽内普通土:$1.50 \times 0.177 = 0.266$(工日/m³)

挖槽外硬土:2.12×0.158=0.335(工日/m^3)

挖槽内硬土:2.12×0.177=0.375(工日/m^3)

3.经验估工法

经验估工法是定额专业人员、工程技术人员和工人,根据施工图纸、技术规范、工艺操作规程,分析所使用的工具、设备、原材料及其施工技术组织条件和操作方法的繁简、难易等情况,凭实践经验估定劳动定额的一种方法。这种方法的特点是:方法简单,速度快,但易受参加制订人员的主观因素和局限性的影响,使制订的定额出现偏低或偏高的现象。因此,这种方法只适用于企业内部,作为某些局部项目的补充定额。

运用经验估工法制订定额,应以工序(或单项产品)为对象,将工序分为操作(或动作),分别做出操作(或动作)的基本工作时间,然后考虑辅助工作时间、准备时间、结束时间和休息时间,经过整理,并对整理结果优化处理,即得出该项工序(或产品)的时间定额或产量定额。

为了提高经验估工的精确度,使取定的定额水平适当,可用概率论的方法来估算定额。这种方法是请有经验的人员,分别对某一单位产品和施工过程进行估算,从而得出三个工时消耗数值:先进的(乐观估计)为 a,一般的(最大可能)为 m,保守的(悲观估计)为 b,从而求出它们的平均值 $\bar{t}$

$$\bar{t} = \frac{a + 4m + b}{6} \tag{2-1}$$

均方差为:

$$\sigma = \frac{b - a}{6} \tag{2-2}$$

根据正态分布的公式,调整后的工时定额为:

$$t = \bar{t} + \lambda\sigma \tag{2-3}$$

式中,λ 为 σ 的系数。从正态分布表(见表2-2)中,可以查到对应于 λ 值的概率 $P(\lambda)$。

表2-2 正态分布

λ	$P(\lambda)$	λ	$P(\lambda)$	λ	$P(\lambda)$	λ	$P(\lambda)$	λ	$P(\lambda)$
-2.5	0.01	-1.5	0.07	-0.5	0.31	0.5	0.69	1.5	0.93
-2.4	0.01	-1.4	0.08	-0.4	0.34	0.6	0.73	1.6	0.95
-2.3	0.01	-1.3	0.10	-0.3	0.38	0.7	0.76	1.7	0.96
-2.2	0.01	-1.2	0.12	-0.2	0.42	0.8	0.79	1.8	0.96
-2.1	0.02	-1.1	0.14	-0.1	0.46	0.9	0.82	1.9	0.97
-2.0	0.02	-1.0	0.16	0	0.50	1.0	0.84	2.0	0.98
-1.9	0.03	-0.9	0.18	0.1	0.54	1.1	0.86	2.1	0.98
-1.8	0.04	-0.8	0.21	0.2	0.58	1.2	0.88	2.2	0.98
-1.7	0.04	-0.7	0.24	0.3	0.62	1.3	0.90	2.3	0.99
-1.6	0.06	-0.6	0.27	0.4	0.66	1.4	0.92	2.4	0.99

【例 2-3】已知完成某项任务的先进工时消耗 4 h，保守的工时消耗为 9 h，一般的工时消耗为 6 h，问：(1) 如果要求在 7 h 内完成，其完成任务的可能性有多少？(2) 要使完成任务的可能性 $P(\lambda)=70\%$，则下达的工时定额应是多少？

解：(1) 已知 $t=7$ h，求 $P(\lambda)$：

$$\bar{t}=\frac{a+4m+b}{6}=\frac{4+4\times6+9}{6}=6.2(\text{h})$$

$$\sigma=\frac{b-a}{6}=\frac{9-4}{6}=0.8$$

$$\lambda=\frac{t-\bar{t}}{\sigma}=\frac{7-6.2}{0.8}=1$$

查表 2-2，则 $P(\lambda)=0.84$，即当估工定额为 7 h 时，能完成的可能性为 84%。

(2) 已知 $P(\lambda)=0.70$，求 t：

查表 2-2，$\lambda=0.5$，则

$$t=\bar{t}+\lambda\sigma=6.2+0.5\times0.8=6.6\ (\text{h})$$

即概率为 70% 的工时定额为 6.6 h。

4. 统计分析法

统计分析法是利用过去同类工程项目或生产同类产品的实际工时消耗的资料，经过分析整理，结合当前的施工（生产）技术组织条件的变化因素制订劳动定额的一种方法。

这种方法的优点是：以统计资料为依据，有一定说服力，较能反映实际劳动效率，并且不用专门进行测定即可取得共识消耗依据，因而工作量小，简单易行，能满足定额制订得快和全的要求。其缺点是定额水平一般偏于保守。为了克服统计分析资料的这个缺陷，使确定出来的定额水平保持平均先进的性质，可采用二次平均法计算平均先进值作为确定定额水平的依据。

1) 二次平均法

二次平均法的步骤是：

(1) 剔除不合理数据。剔除统计资料中特别高、偏低的明显不合理的数据。

(2) 计算平均数。

$$\bar{t}=\frac{t_1+t_2+\cdots+t_n}{n}=\frac{\sum_{i=1}^{n}t_i}{n}$$

式中　n——数据个数。

(3) 计算平均先进值。平均值与数列中小于平均值的各数值的平均值相加（对于时间定额），再求其平均数，亦即第二次平均。此即确定时间定额的依据。

$$\bar{t}_2=\frac{\bar{t}+\bar{t}_x}{2}$$

式中　$\bar{t}_2$——二次平均后的平均先进值；

$\bar{t}$——全数平均值；

$\bar{t}_x$——小于全数平均值的各个数值的平均值。

【例 2-4】 已知由统计得来的工时消耗数据资料为 40、60、70、70、70、60、50、50、60、60，试用二次平均法计算其平均先进值。

解：

$$\bar{t} = \frac{1}{10} \times (40+60+70+70+70+60+50+50+60+60)$$

$$= \frac{1}{10} \times 590 = 59$$

$$\bar{t}_x = \frac{40+50+50}{3} = 46.67$$

$$\bar{t}_2 = \frac{\bar{t}+\bar{t}_x}{2} = \frac{59+46.67}{2} = 52.84$$

如果把统计分析法和经验估工法的概率估计方法结合起来，可以帮助我们更加科学地掌握定额水平，使之先进合理，这种方法叫做概率测算法。

2）概率测算法

概率测算法的步骤是：

（1）确定有效统计数据。对取得的某一生产活动的若干个工时消耗数据进行整理和分析，把明显的偏高或偏低的数据删掉。

（2）计算工时消耗的平均值 $\bar{t}$：

$$\bar{t} = \frac{\sum_{i=1}^{n} t_i}{n} \tag{2-4}$$

（3）计算工时消耗数据的均方差 σ：

$$\sigma = \sqrt{\frac{\sum_{i=1}^{n} (t_i - \bar{t})^2}{n}} \tag{2-5}$$

（4）运用正态分布确定时间定额 t：

$$t = \bar{t} + \lambda\sigma \tag{2-6}$$

【例 2-5】 已知由统计得来的工时消耗数据资料为 40、60、70、70、70、60、50、50、60、60（同例 2-4）。（1）试用概率测算法确定欲使 35% 的工人能够达到或超过的平均先进值；（2）如果将 52.84 作为时间定额，能达到的概率是多少？

解：（1）由例 2-4 已算出 $\bar{t} = 59$

查表 2-2，当 $P(\lambda) = 0.35$ 时，$\lambda = -0.375$

又知：$\delta = \sqrt{\frac{\sum_{i=1}^{n} (t_i - 59)^2}{n}} = 9.43$

则：$t = 59 + (-0.375) \times 9.43$

$= 59 - 3.54$

$= 55.46$

(2)由例2-4求出的平均先进值为52.84。能达到此值的概率为：

$$\lambda = \frac{t - \bar{t}}{\sigma} = \frac{52.84 - 59}{9.43} = -0.65$$

查表2-2得

$$P(-0.65) = 0.255$$

即只有25.5%的人能达到此水平。

第三节　材料消耗定额

一、材料消耗定额的概念

在我国建筑产品的直接费中，材料费平均约占60%以上，材料的合理利用、运输、存贮和管理在工程施工中占极其重要的地位。材料消耗定额是指在合理使用材料的条件下，生产单位合格产品所必须消耗的一定品种、规格的原材料、燃料、半成品、配件和水、电、动力等资源(统称为材料)的数量标准。它是企业核算材料消耗、考核材料节约或浪费的指标，亦是企业编制材料需用量计划、运输计划、供应计划、计算仓库面积、签发限额领料单的根据，也是提供编制预算定额的依据。

(一)材料消耗的性质

合理确定材料消耗定额，必须研究和区分材料在施工过程中消耗的性质。

施工中材料的消耗可分为必须消耗的材料和损失的材料两类性质。

必须消耗的材料，是指在合理用料的条件下，生产合格产品所需消耗的材料。它包括直接用于建筑和安装工程的材料、不可避免的施工废料和不可避免的材料损耗。

必须消耗的材料属于施工正常消耗，是确定材料消耗定额的基本数据。其中：直接用于建筑和安装工程的材料，编制材料净用量定额；不可避免的施工废料和材料损耗，编制材料损耗定额。

(二)材料消耗定额的组成

材料消耗定额由两大部分所组成：一部分是在不计废料和损耗的情况下，直接用于建筑安装工程的材料，称为材料净用量；另一部分则是操作过程中不可避免地产生的废料和施工现场因运输、装卸中不可避免出现的一些损耗称为材料损耗量。

材料损耗量，用材料损耗率来表示。材料损耗率，是指材料的损耗量与材料净用量的比值。它可用下式表示：

材料损耗率 = 材料损耗量/材料净用量 ×100%

材料损耗率确定后，材料消耗定额可用下式表示：

材料消耗量 = 材料净用量 + 材料损耗量

或　　材料消耗量 = 材料净用量 ×(1 + 材料损耗率)

现场施工中，各种建筑材料的消耗，主要取决于材料的消耗定额。用科学的方法正确地规定材料净用量指标以及材料的损耗率，对降低工程成本、节约投资，具有十分重要的意义。材料消耗定额不仅是实行经济核算，保证材料合理使用的有效措施，而且是确定材料需用量,编制材料计划的基础,同时也是定包或组织限额领料、考核和分析材料利用情况的依据。

二、材料消耗定额的制订方法

(一)直接性消耗材料定额的制订

根据工程需要直接构成实体消耗材料,为直接性消耗材料。

编制材料消耗定额的基本方法有观察法、试验法、统计法和计算法。

1. 观察法

观察法亦称施工试验法,就是在施工现场,对生产某一产品的材料消耗量进行实际测算。通过对产品数量、材料消耗量和材料净用量的计算,确定该单位产品的材料损耗量,或损耗率。

采用这种方法,首先,要选择观察对象。观察对象应符合下列要求:①建筑结构是典型的;②施工符合技术规范要求;③材料品种和质量符合设计要求;④被测定的工人在节约材料和保证产品质量方面有较好的成绩。其次,要做好观察前的准备工作。如准备好标准桶、标准运输工具、称量设备,并采取减少材料损耗的必要措施。观察测定的目的是,要取得材料消耗的数量和产品数量的资料。

观察法主要适用于制订材料损耗定额,因为只有通过现场观察,才有可能测定出材料损耗数量,同时,也只有通过现场观察,才能区别出哪些是可以避免的损耗(这部分损耗不应列入定额),哪些属于难以避免的损耗。

2. 试验法

试验法也称为实验室试验法,是在实验室内进行观察和测定工作。这种方法主要用于研究材料强度与各种材料消耗的数量关系,以获得多种配合比。以此为基础计算出各种材料的消耗数量。例如确定混凝土的配合比,然后计算出每立方米混凝土中的水泥、砂、石、水的消耗量。

试验法的优点是能更深入、更详细地研究各种因素对材料消耗的影响;其缺陷是没有估计到或无法估计到施工中某些因素对材料消耗的影响。用于施工生产时,须加以必要的调整,方可作为定额数据。

3. 统计法

统计法,也称统计分析法。它是以现场积累的分部分项工程拨付材料数量,完成产品数量、完成工作后材料的剩余数量的统计资料为基础,经过分析,计算出单位产品的材料消耗量的方法。

此法比较简单易行,不需要组织专人测定或试验。但是其准确程度受统计资料和实际使用材料的影响,所以要注意统计资料的真实性和系统性,要有准确的领退料统计数字和完成工程量的统计资料,同时要有较多的统计资料作为依据,统计对象也应加以认真选择。

4. 计算法

计算法也称理论计算法。它是根据施工图纸和建筑构造要求,用理论公式算出产品的净耗材料数量,从而制订材料的消耗定额。

计算法有以下三种具体方法，即直数法、样板裁截法、统筹下料法。

(1)直数法：就是按照图纸直接数出来，它是确定构件的材料(如五金零件——螺栓垫板、风钩、插销、合页等，又如电气材料——开关、灯头、闸门等)消耗定额时所采取的一种方法。

(2)样板裁截法：是确定不规则的板状产品、板材消耗定额的。这种方法就是先将产品尺寸按比例缩小制成纸样板，在图上选取最合理的截料方式；或按产品尺寸用纸制成样板，然后在板材上进行排料，选取最合理的截料方式。

(3)统筹下料法：又称组合选择法，就是线性规划下料问题求最优解。它是确定长尺寸材料和板状材料消耗定额的。这种方法具体来说，就是先要了解需要同规格的材料各种构件尺寸、数量和该规格的材料仓库现存数量，然后统一下料。下料前要进行截料方式选择，选择的方法就是将各种不同尺寸的构件(构件小于材料的)或长尺寸的板状的材料(构件大于材料的)排列组合成各种镶拼方式或各种截料方式，以选择总消耗量最小也就是损耗率最小的一种方法。

(二)周转性材料的消耗量

在建筑工程施工中，除了构成产品实体的直接性消耗材料，还有另一类周转性材料。周转性材料是指在施工中不是一次性消耗的材料，它是随着多次使用而逐渐消耗的材料，并在使用过程中不断补充、多次重复使用。如脚手架、挡土板、临时支撑、混凝土工程的模板等。因此，周转性材料的消耗量，应按照多次使用、分次摊销的方法进行计算。

周转性材料使用一次，在单位产品上的消耗量，称为摊销量。周转性材料的摊销量与周转次数有直接关系。

各种材料的周转及摊销定额，可按下式进行计算：

$$Q = \frac{A(1 + K)}{nV}$$

式中 Q——周转材料的单位定额用量；

A——周转材料的图纸一次用量；

K——场内运输及操作损耗率(%)；

n——周转及摊销次数；

V——工程设计实体，m^3。

周转材料的图纸一次使用量是指为完成某种规格的产品每一次生产时所需用的周转材料数量，如浇筑一定尺寸的混凝土构件的一套模板的用量。

场内运输及操作损耗率在这里是指周转性材料每次使用后因场内运输及操作过程中造成的损坏不能重复使用的数量占一次使用量的百分数。

周转次数是指周转材料从第一次使用起可重复使用的次数。

工程设计实体是根据使用周转材料施工的工程结构构件的设计尺寸计算得到的体积。

编制周转材料的消耗定额，基本上是以设计图纸或施工图纸为依据的。首先计算出建筑工程的体积和各种周转材料的图纸一次使用量，然后按实测的周转及摊销次数进行计算。周转材料只包括木料、铁件、铁钉、铁丝、钢丝绳以及钢结构等几种材料。

确定某一种周转性材料的周转次数，是制订周转性材料消耗定额的关键，但它不能用计算的方法确定，而是采用长期的现场观察和大量的统计资料用统计分析法确定。

由于公路工程的结构形式不一，情况各异，所以能充分周转使用的次数也不尽相同，这是在实际工作中比较难以确定的一个参数。正因为如此，通常是以实际施工生产经验资料，结合工程的具体情况，在适当留有余地的基础上，分别对各种周转材料预计可能达到的周转次数，作为计算周转材料的消耗定额。公路工程中各种材料的周转及摊销次数和场内运输及操作损耗率，一般通过施工实践测定。

第四节　施工机械台班使用定额

一、机械台班使用定额的概念

在公路施工中，有些工程项目是由人工完成的，有些是由机械完成的，有些则由机械和人工共同完成。在人工完成的产品中所必须消耗的时间就是人工时间定额。由机械完成的或由人工机械共同完成的产品，就有一个完成单位合格产品机械所消耗的工作时间。

在合理使用机械和合理的施工组织条件下，完成单位合格产品所必须消耗的机械台班数量的标准，就称为机械台班消耗定额，也称为机械台班使用定额。

机械台班使用定额同劳动定额一样，也有时间定额和产量定额之分。为了与劳动定额中的时间定额和产量定额相区别，通常把机械台班使用定额的时间定额叫做机械时间定额，其产量定额叫做机械产量定额。

机械时间定额的常用单位是“台班”。机械产量定额常指在一个“台班”下的产量，所以又叫机械台班产量定额。一个台班是指一个工作班的延续时间，我国现行规定一般条件下施工时间为 8 h。

（一）机械时间定额

机械时间定额是指在正常施工条件和劳动组织的条件下，使用某种规定的机械，完成单位合格产品必须消耗的台班数量。

（二）机械台班产量定额

机械台班产量定额是指在正常施工条件和劳动组织的条件下，某种机械在一个台班时间内必须完成的单位合格产品的数量。

机械台班产量定额与机械时间定额互为倒数。

（三）机械和人工共同工作时的时间定额

$$\text{人工时间定额}=\frac{\text{机械台班内工人的工日数}}{\text{机械台班产量}}$$

$$\text{机械台班产量定额}=\frac{\text{机械台班内工人的工日数}}{\text{机械时间定额}}$$

【例 2-6】用 6 t 塔式起重机吊装某种混凝土构件，由 1 名吊车司机、7 名安装起重工、2 名电焊工组成的综合小组共同完成。已知机械台班产量定额为 40 块，试求吊装每一块构件的机械时间定额和人工时间定额。

解：(1)吊装每一块混凝土构件的机械时间定额：

$$机械时间定额=\frac{1}{机械台班产量定额}=\frac{1}{40}=0.025(台班)$$

(2)吊装每一块混凝土构件的人工时间定额：

①分工种计算：

$$吊车司机时间定额=1\times0.025=0.025(工日)$$

$$安装起重工时间定额=7\times0.025=0.175(工日)$$

$$电焊工时间定额=2\times0.025=0.050(工日)$$

②按综合小组计算：

$$人工时间定额=(1+7+2)\times0.025=0.25(工日)$$

或

$$人工时间定额=\frac{1+7+2}{40}=\frac{10}{40}=0.25(工日)$$

二、机械台班使用定额的编制方法

编制施工机械定额主要包括拟订机械工作的正常条件、确定机械时间利用系数和确定机械小时生产率、计算施工机械定额等工作。

(一)拟订机械工作的正常条件

机械工作和人工操作相比，劳动生产率在更大程度上要受到施工条件的影响。所以，编制施工定额时更应重视确定出机械工作的正常条件。拟订机械工作的正常条件，主要是拟订工作地点的合理组织和合理的工人编制。

工作地点的合理组织，就是对施工地点机械和材料的放置位置、工人从事操作的场所，做出科学合理的平面布置和空间安排。它要求施工机械和操纵机械的工人在最小范围内移动，但又不阻碍机械运转和工人操作；应使机械的开关和操纵装置尽可能集中地装置在操纵工人的近旁，以节省工作时间和减轻劳动强度；应最大限度地发挥机械的效能，减少工人的手工操作。

拟订合理的工人编制，就是根据施工机械的性能和设计能力，工人的专业分工，合理确定操纵机械的工人和直接参加机械化施工过程的工人的编制人数。确定操纵和维护机械的工人编制人数及配合机械施工的工人编制，如配合吊装机械工作的工人等。工人的编制往往要通过计时观察、理论计算和经验资料来合理确定。

拟订合理的工人编制，应要求保持机械的正常生产率和工人正常的劳动工效。

(二)确定机械时间利用系数

机械定额时间是机械为完成产品所必须消耗的时间。为便于应用，我们将机械施工过程的定额时间分为净工作时间和辅助消耗时间。

净工作时间是指工人利用机械对劳动对象进行加工，用于完成基本操作所消耗的时间。净工作时间主要包括机械的有效工作时间(机械直接为完成产品而工作的时间)、机械在工作循环中的不可避免的无负荷(即运转)时间、与操作有关的循环的不可避免的中断时间(机械在生产循环中，由于工艺上或技术组织上的原因而发生停机的时间)。

辅助消耗时间包括定时的不可避免的无负荷工作时间、工人休息时机械不可避免的中断时间、工人进行准备与结束工作时的中断时间、定时的中断时间。

确定工作班内定额时间的构成,主要是确定净工作时间的具体数值或者与工作班延续时间的比值。这要依据对机械施工过程进行多次工作日写实的结果,并考虑机械说明书等有关资料,认真分析后取定。应尽可能提高机械净工作时间,减少其他工作时间,以保证机械在工作班内的最大生产率。

机械时间利用系数(K_B)是机械的净工作时间(T_j)和工作班延续时间(T)之比。即

$$K_B = \frac{T_j}{T} \tag{2-7}$$

(三)确定机械小时生产率

机械小时生产率是指在正常施工组织条件下,由适合于技术水平的工人操作机械净工作 1 h 完成的产量。

施工机械作业分为两类:循环性的作业和连续动作作业两种。下面分别对这两种作业的小时生产率的确定进行讨论。

1. 循环动作机械小时生产率的确定

循环动作机械的小时生产率 d 与每次循环的净工作时间 t_j 在每次循环内的产量 q 有如下关系:

$$d = \frac{60\ \text{min}(\text{或}\ 360\ \text{s})}{t_j} \times q \tag{2-8}$$

式中 d——小时生产率;

t_j——每次循环的净工作时间,min 或 s;

q——每次循环的产品数量。

计算循环机械小时生产率的步骤是:

(1)根据现场观察资料和机械说明书确定各循环组成部分的延续时间;

(2)将各循环组成部分的延续时间相加,减去各组成部分之间的交叠时间,求出循环过程的净工作时间;

(3)计算机械小时的循环次数;

(4)计算循环机械小时的生产率。

2. 连续动作的机械小时生产率的确定

连续动作的机械小时生产率与完成单位产品的净工作时间有关。即

$$d = \frac{60\ \text{min}(\text{或}\ 360\ \text{s})}{t_j} \tag{2-9}$$

式中 d——小时生产率;

t_j——完成单位产品的净工作时间,min 或 s。

连续动作机械工作时间内的产品数量和工作时间的消耗,应在运用计时观察方法的同时,还应以机械说明书等有关资料的数据为参考依据,最后分析取定。

(四)计算施工机械定额

1. 机械台班产量定额

$$D_C = dTK_B \tag{2-10}$$

式中 D_C——机械台班产量定额；

d——小时生产率；

T——一个工作班延续时间；

K_B——时间利用系数。

2. 机械时间定额

$$D_S = \frac{1}{D_C} \tag{2-11}$$

式中 D_S——机械时间定额；

D_C——机械台班产量定额。

三、施工机械台班使用定额编制示例

(一)推土机的定额测算

(1)推土机的小时生产率：

$$d = \frac{60}{t} \times \frac{q}{r_s} \times K_p$$

式中 d——小时生产率，m^3/h；

q——刀片容量，理论上计算的松散体积，m^3；

r_s——土最初的松散系数，指土经挖掘后的松散体积与原自然体积之比；

K_p——坡度影响系数，平地取1.0，上坡(坡度5%～10%)取0.5～0.7，下坡(坡度5%～15%)取1.3～2.3；

t——每一循环的延续时间，min。

$$t = \frac{L_1}{v_1} + \frac{L_2}{v_2} + \frac{L_3}{v_3} + t_a + t_b$$

式中 L_1——推(切)土长度，m；

L_2——送土长度，m；

L_3——回程长度，m；

v_1——推土时推土机的行驶速度，m/min；

v_2——送土时推土机的行驶速度，m/min；

v_3——回程时推土机的行驶速度，m/min；

t_a——推土机转向时间，min；

t_b——推土机换挡时间，min。

(2)台班产量定额：

$$D_C = d \times 8 \times K_B$$

式中 D_C——台班产量定额，m^3/台班；

d——小时生产率，m^3/h；

K_B——时间利用系数。

(二)铲运机的定额测算

(1)铲运机的小时生产率:

$$d = \frac{60}{t} \times \frac{q}{r_s} \times K_0$$

式中 d——小时生产率,m^3/h;

q——铲斗的几何容积,m^3;

r_s——土最初的松散系数;

K_0——铲斗的充盈系数,指装入铲斗内土的体积与铲斗集合容积之比,一般沙土为0.75,其他土为0.85~1.0,最高可达1.3;

t——每一循环的延续时间,min。

$$t = \frac{L_1}{v_1} + \frac{L_2}{v_2} + \frac{L_3}{v_3} + \frac{L_4}{v_4} + t_a + t_b$$

式中 L_1、L_2、L_3、L_4——铲土、运土、卸土、空回的行驶长度,m;

v_1、v_2、v_3、v_4——铲土、运土、卸土、空回的行驶速度,m/min;

t_a——铲运机转向时间,min;

t_b——铲运机换挡时间,min。

(2)台班产量定额:

$$D_C = d \times 8 \times K_B$$

式中 D_C——台班产量定额,m^3/台班;

d——小时生产率,m^3/h;

K_B——时间利用系数(取0.75~0.8)。

(三)挖掘机的定额测算

(1)挖掘机的小时生产率:

$$d = \frac{60}{t} \times \frac{q}{r_s} \times K_C$$

式中 d——小时生产率,m^3/h;

q——挖斗的几何容积,m^3;

r_s——土最初的松散系数;

K_C——挖斗挖土的充盈系数;

t——每一循环的延续时间,min。

(2)台班产量定额:

$$D_C = d \times 8 \times K_B$$

式中 D_C——台班产量定额,m^3/台班;

d——小时生产率,m^3/h;

K_B——时间利用系数(取0.75~0.8)。

(四)自卸汽车的定额测算

(1)自卸汽车的小时生产率:

$$d = \frac{60}{t} \times m$$

式中 d——小时生产率，m^3/h；

t——每一循环的延续时间，min；

m——每车定额容量，即平均装载量。

$$m = \frac{q \times K_C}{r_s} \text{或} m = \frac{q \times K_D}{p}$$

其中 q——自卸汽车车箱几何容积，m^3，对于车箱无后挡板的，应根据车箱有关尺寸和土的自然倾角进行计算；

r_s——土最初的松散系数；

K_C——车箱装载的充盈系数；

K_D——自卸汽车载重量利用系数（取0.95～1）；

p——土的密度，kg/m^3。

t 可以用下式计算：

$$t = \frac{2L}{v} + t_a + t_b + t_c + t_d$$

式中 L——装车地点至卸料点的路程；

v——平均行驶速度，m/min，指重车平均行驶速度与空车行驶速度的算术平均速度；

t_a——调位时间，min；

t_b——卸车时间，min；

t_c——装车时间，min；

t_d——候车时间，min。

（2）台班产量定额：

$$D_C = d \times 8 \times K_B$$

式中 D_C——台班产量定额，m^3/台班；

d——小时生产率，m^3/h；

K_B——时间利用系数（一般取0.80左右）。

（五）混凝土搅拌机的定额测算

（1）混凝土搅拌机的小时生产率：

$$d = \frac{3\,600}{t} \times m \times K_A$$

式中 d——小时生产率，m^3/h；

m——搅拌机的设计容积，m^3；

K_A——混凝土出料系数（混凝土出料体积与搅拌机设计容积之比）；

t——每一循环的延续时间，s。

（2）台班产量定额：

$$D_C = d \times 8 \times K_B$$

式中 D_C——台班产量定额,m^3/台班;

d——小时生产率,m^3/h;

K_B——时间利用系数。

(六)沥青混合料摊铺机的定额测算

(1)沥青混合料摊铺机的小时生产率:

$$d = hBvp \quad (t/h)$$

或

$$d = hBv \quad (m^3/h)$$

式中 d——摊铺机生产率,t/h 或 m^3/h;

h——铺层厚度,m;

B——摊铺带宽度,m;

v——摊铺工作速度,m/h;

p——沥青混合料密度,t/m^3。

(2)台班产量定额:

$$D_C = d \times 8 \times K_B$$

式中 D_C——台班产量定额,m^3/台班或 t/台班;

d——小时生产率,m^3/h 或 t/h;

K_B——时间利用系数(一般取 0.75)。

(七)起重机的定额测算

(1)起重机的小时生产率:

$$d = \frac{60}{t_a + t_b + t_c} \times m$$

式中 d——起重机生产率,t/h;

m——起重机的额定起重量,t;

t_a——起重机独立工作的循环组成部分的延续时间,min;

t_b——起重机和安装工人协同工作的循环组成部分的延续时间,min;

t_c——每一循环中不可避免的中断时间,min。

(2)台班产量定额:

$$D_C = d \times 8 \times K_B$$

式中 D_C——台班产量定额,t/台班;

d——小时生产率,t/h;

K_B——时间利用系数(一般取 0.85~0.90)。

第五节　施工定额的组成和应用

如前所述,施工定额是企业内部管理的定额,应由各施工企业自行编制、颁发和执行。但是,由于种种原因,目前绝大多数公路施工企业都没有编制本企业的施工定额,这显然不利于企业管理水平和市场竞争力的提高。

交通部公路工程定额站为了获取编制预算定额的基础数据,通过调查研究及综合分析各省、自治区、直辖市交通厅(局)及交通部直属施工企业上报的施工定额资料,编制出《公路工程施工定额》。

无论是公路施工企业内部的施工定额还是交通部作为编制预算定额依据的《公路工程施工定额》,其编制原则、依据、方法都是相同的,在内容和形式上也应该是相似的。因此,为了说明施工定额的组成和应用,以交通部1997年《公路工程施工定额》为例进行阐述。

一、《公路工程施工定额》的组成

《公路工程施工定额》内容包括文字说明、定额表和附录三部分。定额表是核心部分和主要内容,根据不同的工程项目、施工组织与方法,分为准备工作、路基工程、路面工程、隧道工程、基础工程、打桩工程、灌注桩造孔工程、砌筑工程、模板、架子及木作工程、钢筋及钢丝束工程、混凝土及钢筋混凝土工程、预制构件运输工程、安装工程、钢桥工程、杂项工程、临时工程、备料和材料运输等十八章。

(一)文字说明部分

文字说明部分又分为总说明和章说明。

1. 总说明

总说明的基本内容有:定额编制的依据;所有定额表均包括的工作内容;工程质量要求;有关规定和计算方法。

例如总说明第三条,说明除各章各定额表列出的具体工作内容外,“均包括:准备、结束、熟悉施工图纸、检查安全技术措施、布置操作地点、领退料具、工序交接、队组自检互检、机械加油加水、排除一般机械故障、保养机具、操作完毕后场地清理、操作过程中的次要工序,以及汽车在5 km、其他自行式机械在1 km内由停车场至工作地点的往返空驶”。这样就使得定额的确定和计算更为明确。

2. 章说明

章说明的基本内容有:术语说明;施工方法;本章定额表均包括的工作内容;定额调整规定;工程计量方法;质量要求。

(二)定额表部分

定额表又可分为表头、表格和表注。

1. 表头

表头包括表号及表名、工作内容和定额计量单位。

2. 表格

表格包括劳动定额和机械定额。

1)劳动定额

劳动定额包括时间定额和产量定额,当用分式表示时,分子为时间定额,分母为产量定额。

时间定额以工日为单位,公路工程每个工日工作时间按现行制度除潜水作业按6 h、隧道洞内作业按7 h外,均按8 h计。

2)机械定额

机械定额包括时间定额和产量定额,当用分式表示时,分子为时间定额,分母为产量定额。

时间定额以台班为单位，每台班一般按 8 h 计算，潜水设备按 6 h 计算，变压器和配电设备按 24 h 计算。

3. 表注

有些定额表下面有附注，主要是根据施工条件变更的情况，规定定额的调整方法。表注是对定额表的补充，也是对定额使用的限制。

例如《公路工程施工定额》第 61 页：

3-2　全部挖除旧路面

工作内容：人工翻撬或机械推挖，清除废料运至路基外堆放，场地清理、平整。

每 100 m^2 的劳动、机械定额

项　目		人工挖清	推土机挖清
劳 动 定 额		$\frac{8}{0.125}$	$\frac{0.33}{3.03}$
机械定额	135 kW 以内推土机	—	$\frac{0.048}{20.8}$
编　号		1	2

注：废渣清除后，底层如需碾压，每 100 m^2 可增加 15 t 以内振动压路机 0.015 2 台班。

(三) 附录部分

在《公路工程施工定额》定额表中没有材料消耗定额。附录中列出了爆破材料单位耗用量、砌筑工程石料及砂浆消耗、勾缝及抹面砂浆消耗、砌筑砂浆配合比表、混凝土配合比表、钢材焊接与切割单位材料耗用量、加工碎石的片石耗用量、土石分类表和锯材分类表等部分材料消耗定额。

二、《公路工程施工定额》的应用

《公路工程施工定额》通常用于编制补充的预算定额，也可以作为公路施工企业编制施工定额的参考。

无论是编制预算定额，还是进行企业内部管理，在查用施工定额时，一般是根据工程项目、工作内容、工程量确定人工工日、机械台班、材料的需要量。在给施工班、组下达施工任务时，则是根据工程项目、工作内容、可投入的劳动力数量或机械台数确定应完成的工程量。

工程项目对应于定额表名，可从定额目录中找到所在章节及页码。工程量应按设计图纸、施工需要、定额表的计量单位以及总说明和章说明中有关工程量计算规则确定。工作内容应与定额总说明和章说明中已包括工作内容、定额表中的工作内容仔细对比。根据情况不同，施工定额值的采用方法，可分为直接套用和换算调整两种。

(一) 直接套用

当工程项目的设计要求、施工条件及施工方法与定额项目的内容、条件及规定完全一致时，可直接套用。

【例 2-7】某路基开挖工程,其中人工挖运槽外土方 200 m^3,均为硬土,手推车运输 50 m。试计算需多少工日?

解:(1)查《公路工程施工定额》第 2 章路基工程、第 2 节人工挖土方。定额表如下:

2-2 人工挖运土方

工作内容:挖运、装、运 20 m,卸土,空回。

增运:平运 10 m,空回。

每 1 m^3 的劳动定额

项目	第一个 20 m 挖运						每增运 10 m	
	槽 外			槽 内				
	松 土	普通土	硬土	松 土	普通土	硬 土	挑运	手推车
时间定额 每工产量	0.158 6.33	0.231 4.33	0.33 3.03	0.177 5.65	0.269 3.72	0.379 2.64	0.033 —	0.01 —
编 号	1	2	3	4	5	6	7	8

(2)计算所需工日。

槽外土方 200 m^3 第一个 20 m 挖运硬土,定额为 2-2-3

$$0.33\times200=66(\text{工日})$$

增运定额为 2-2-8,增运距应为 50-20=30(m)

$$0.01\times\frac{30}{10}\times200=6(\text{工日})$$

$$66+6=72(\text{工日})$$

故本项工程共需 72 工日。

【例 2-8】某路面 5 720 m^2 拟采用手扶自行式画线车进行画线,要求 10 天完成任务,试确定所需施工人数和机械台数。

解:(1)查《公路工程施工定额》第 3 章路面工程、第 22 节路面标线。定额表如下:

3-22 路面标线

工作内容:清扫放线,喷漆画线,维护交通。

每 100 m^2 标线面积的劳动、机械定额

项 目		喷漆画线		
		人工画线	手扶自行式画线车	汽车式画线车
劳动定额		$\frac{5}{0.2}$	$\frac{4.71}{0.212}$	$\frac{2.07}{0.483}$
机械定额	2.2 kW 以内手扶自行式画线车	—	$\frac{0.524}{1.91}$	—
	55 kW 以内汽车式画线车	—	—	$\frac{0.33}{3.03}$
编 号		1	2	3

本施工的定额为3－22－2。

(2)计算施工人数：

$$5\ 720 \div (0.212 \times 100 \times 10) = 27(人)$$

(3)计算2.2 kW以内手扶自行式画线车台数：

$$5\ 720 \div (1.91 \times 100 \times 10) = 3(台)$$

(二)换算调整

当工程项目的设计要求、施工条件、施工方法与定额项目的内容、条件及规定不完全一致时，应按定额总说明、章说明或表注有关规定换算调整。具体方法有系数调整和增减调整等。

【例2-9】某路基土方工程，其中有3 000 m^3(天然密实方)拟采用斗容量10 m^3以内的自行式铲运机铲运，土质为普通土，平均运距为200 m。试确定所需机械台班数量。

解：(1)查《公路工程施工定额》第2章路基工程、第9节拖式铲运机铲运土方。定额表如下：

2-9　拖式铲运机铲运土方

工作内容：铲土，运土，卸车，空回，推土机整理卸土。

每100 m^3的机械定额

项目		第一个100 m			每增运50 m			序号
		松土	普通土	硬土	松土	普通土	硬土	
铲运机斗容量(m^3)	8以内	$\frac{0.273}{3.66}$	$\frac{0.337}{2.97}$	$\frac{0.419}{2.39}$	$\frac{0.054}{18.5}$	$\frac{0.060\ 2}{16.6}$	$\frac{0.067\ 3}{14.9}$	一
	10以内	$\frac{0.214}{4.67}$	$\frac{0.264}{3.79}$	$\frac{0.33}{3.03}$	$\frac{0.042\ 3}{23.6}$	$\frac{0.047\ 3}{21.1}$	$\frac{0.052\ 9}{18.9}$	二
	12以内	$\frac{0.144}{6.94}$	$\frac{0.188}{5.32}$	$\frac{0.229}{4.37}$	$\frac{0.031\ 5}{31.7}$	$\frac{0.035}{28.6}$	$\frac{0.038\ 6}{25.9}$	三
编号		1	2	3	4	5	6	四

注：1.采用自行式铲运机铲运土方时，时间定额乘以0.70系数。

2.铲土区土层的平均厚度应不小于30 cm；若小于30 cm，时间定额乘以1.18系数。

3.铲运含石量大于30%的土壤或爆破后的软石，时间定额按硬土定额乘以1.1系数。

4.用75 kW推土机配合施工，松土、普通土每7台铲运机配1台，硬土每5台铲运机配1台。

(2)计算机械台班数量。

本施工的定额为2－9－2－二和2－9－5－二。

$$\left(0.264 + 0.047\ 3 \times \frac{200-100}{50}\right) \times \frac{3\ 000}{100} = 10.758(台班)$$

根据定额表注第1条，还应乘以调整系数0.70：

$$10.758 \times 0.70 = 7.53(台班)$$

【例2-10】某桥梁基础工程需浇筑混凝土20 m^3，拟采用手推车运输、扒杆吊运、人工捣固的施工方法，试确定所需劳动工日数。

解：(1)查《公路工程施工定额》第11章混凝土及钢筋混凝土工程、第4节卷扬机或扒杆吊运浇筑混凝土。定额表如下：

11-4　卷扬机或扒杆吊运浇筑混凝土

工作内容：浇筑混凝土：卷扬机或扒杆配吊斗浇筑混凝土、振捣、抹平等。

管道压浆：拌和水泥浆，安移压浆机，接管压浆，清洗机具。

混凝土凿毛：修钎，凿毛，清扫，搭拆脚手板等。

凿桩头：凿除混凝土，扒出钢筋，修理工具。

每1 m^3 的劳动定额

项目	现浇混凝土								
	基础								
	基础、承台	支撑梁（人工捣固）	沉井				管桩填心	灌注桩	
								长度(m)	
			井壁	封底	填心	封顶		30以内	30以外
时间定额	0.559	2.25	1.15	1.78	0.788	1.24	3.35	1.39	1.45
产量定额	1.79	0.444	0.87	0.562	1.27	0.806	0.299	0.719	0.69
编号	1	2	3	4	5	6	7	8	9

(2)计算劳动工日数。

本施工的定额为11－4－1。

根据第11章说明中关于“定额中混凝土捣固除注明者外，均为机械捣固。如需人工捣固，每1 m^3 混凝土增加0.1工日”的规定，则有：

$$(0.559+0.1)\times 20=13.18(\text{工日})$$

复习思考题

1. 什么是施工定额？它由哪些定额组成？
2. 什么是劳动定额？有几种表现形式？
3. 劳动定额的编制方法有几种？它们各有哪些优缺点？
4. 什么是材料消耗定额？有几种制订方法？
5. 什么是机械台班使用定额？有几种表现形式？
6. 施工定额有何作用？
7. 熟悉《公路工程施工定额》的应用。

第三章　公路工程预算定额

本章重点提示　本章重点掌握预算定额的概念和作用、预算定额的编制方法、预算定额消耗量指标的制订方法、预算定额的组成和运用方法。

第一节　概　述

一、预算定额的概念和作用

（一）预算定额的概念

预算定额，是规定消耗在单位的工程基本构造要素上的劳动力、材料和机械的数量标准，是计算建筑安装产品价格的基础。

所谓工程基本构造要素，就是通常所说的分项工程和结构构件。预算定额按工程基本构造要素规定劳动力、材料和机械的消耗数量，以满足编制施工图预算、确定和控制工程造价的要求。

预算定额是工程建设中一项重要的技术经济文件，它的各项指标，反映了完成单位分项工程消耗的活劳动和物化劳动的数量限度。这种限度最终决定着单项工程和单位工程成本与造价。

编制施工图预算时，需要按照施工图纸和工程量计算规则计算工程量，还需要借助于某些可靠的参数计算人工、材料和机械（台班）的消耗量，并在此基础上计算出资金的需要量，计算出建筑安装工程的价格。

在我国，现行的工程建设概预算制度，规定了通过编制概算和预算确定造价，概算定额、概算指标、预算定额等则为计算人工、材料、机械（台班）的耗用量提供统一的可靠的参数。同时，现行制度还赋予了概预算定额和费用定额以相应的权威性。这些定额和指标成为建设单位和施工企业间建立经济关系的重要基础。

（二）预算定额的作用

（1）预算定额是编制施工图预算，确定和控制建筑安装工程造价的基础。施工图预算是施工图设计文件之一，是控制和确定建筑安装工程造价的必要手段。编制施工图预算，除设计文件决定的建设工程功能、规模、尺寸和文字说明是计算分部分项工程量和结构构件数量的依据外，预算定额是确定一定计量单位工程分项人工、材料、机械消耗量的依据，也是计算分项工程单价的基础。所以，预算定额对建筑安装工程直接费影响很大。依据预算定额编制施工图预算，对确定建筑安装工程费用会起到很好的作用。

（2）预算定额是对设计方案进行技术经济比较、技术经济分析的依据。设计方案在设计工作中居于中心地位。设计方案的选择要满足功能要求，符合设计规范要求，既要技术先进又要经济合理。根据预算定额对方案进行技术经济分析和比较,是选择经济合理的设计方案的重要方法。对设计方案进行比较,主要是通过定额对不同方案所需人工、材料和机械台班消耗量,材料重量、材料资源等进行比较。这种比较可以判明不同方案对工程造价的影响,材料重量对荷载及基础工程量和材料运输量的影响,因此而产生的对工程造价的影响。

对于新结构、新材料的应用和推广,也需要借助于预算定额进行技术经济分析和比较,从技术与经济的结合上考虑普遍采用的可能性和效益。

(3)预算定额是施工企业进行经济活动分析的依据。实行经济核算的根本目的,是用经济的方法促使企业在保证质量和工期的条件下,用较少的劳动消耗取得大量的经济效果。在目前预算定额仍决定着企业的收入,企业必须以预算定额作为评价企业工作的重要标准。企业可根据预算定额,对施工中的劳动、材料、机械的消耗情况进行具体的分析,以便找出低工效、高消耗的薄弱环节及其原因。为实现经济效益的增长由粗放型向集约型转变,提供对比数据,促进企业提高在市场上竞争的能力。

(4)预算定额是编制标底、投标报价的基础。在深化改革中,在市场经济体制下预算定额作为编制标底的依据和施工企业报价的基础性的作用仍将存在,这是由它本身的科学性和权威性决定的。

(5)预算定额是编制概算定额和概算指标的基础。概算定额和概算指标是在预算定额基础上经综合扩大编制的,也需要利用预算定额作为编制依据,这样做不但可以节省编制工作中大量的人力、物力和时间,收到事半功倍的效果。还可以使概算定额和概算指标在水平上与预算定额一致,以避免造成执行中的不一致。

二、预算定额编制的原则和依据

(一)预算定额编制的原则

为保证预算定额的质量,充分发挥预算定额的作用,使之在实际使用中简便、合理、有效,在编制工作中应遵循以下原则。

1. 按社会平均水平确定预算定额的原则

预算定额的社会平均水平,是指在正常的施工条件、合理的施工组织和工艺条件、平均劳动熟练程度和劳动强度下,完成单位分项工程基本构造要素所需的劳动时间。预算定额的水平以施工定额水平为基础,二者有着密切的联系;但预算定额绝不是简单地套用施工定额的水平,预算定额是平均水平,施工定额是平均先进水平。

2. 简明适用原则

编制预算定额贯彻简明适用原则是对执行定额的可操作性便于掌握而言的。为此,编制预算定额时,对于那些主要的、常用的、价值量大的项目,分项工程划分宜细。次要的、不常用的、价值量相对较小的项目则可以放粗一些。

在贯彻简明适用性原则中,预算定额的项目齐全具有重要意义。合理确定预算定额的计量单位、简化工程量的计算、规范材料的计算单位也是至关重要的。

3. 坚持统一性和因地制宜相结合原则

所谓统一性,就是编制全国统一定额,使建筑安装工程具有一个统一的计价依据,也使考核设计和施工的经济效果具有一个统一的尺度。

所谓差别性，就是在统一性基础上，再编制地区性定额、补充性制度和管理办法，以适应我国幅员辽阔、地区间差异过大的实际情况。

4. 专家编审责任制原则

定额的编制工作政策性、专业性强，任务重，贯彻这一原则很有必要。

5. 与公路建设相适应的原则

预算定额是为公路建设服务的，必须满足公路建设发展的需要。定额项目要能覆盖当前及今后一定时期绝大部分工程项目，当前普遍采用或今后将普遍采用的新技术、新工艺、新材料、新设备都应在定额中得到反映，使预算定额与建设发展相适应。

6. 贯彻国家政策、法规的原则

预算定额作为工程造价的计价依据，涉及国家、企业和劳动者的利益，具有“责任性大、通用性强、关系公共利益”的特点，必须认真贯彻国家的方针政策，包括技术、经济和安全方面的法规、条例。

（二）预算定额的编制依据

1. 国家的有关规定

编制预算定额必须依据国家关于基本建设的方针、政策和各项管理制度，如基本建设程序，设计文件编制办法，预算管理工作等。

2. 技术标准和规范

如公路工程技术标准、设计规范、施工技术及验收规范等。交通部缺少的规范则可采用其他部委的设计、施工规范、规程。

3. 设计施工图纸

以交通部批准的标准设计图纸为主，没有标准设计图纸的定额项目，则可选择有代表性的设计图纸或施工详图。至于某些辅助工程如围堰、施工平台、脚手架等，既无施工详图又无技术资料可采用时，可根据施工技术规范的要求，绘制简图计算，并附在计算底稿内备查。

4. 公路工程施工定额

根据各有关单位提供的公路工程施工定额资料，通过汇总、平衡、分析提出一个合理的施工定额水平，并得到主管部门同意后，即作为编制预算定额的依据。

5. 人工工资标准、材料单价和机械台班单价

通过调查得到预算定额编制期间各地公路工程生产工人的工资标准、工程材料的单价和施工机械台班单价。

第二节　预算定额的编制步骤与方法

一、预算定额的编制步骤

（1）根据上级主管部门关于编制预算定额的批文，组成编制小组，拟订编制方案。

（2）抽调专业人员进行调查研究，收集现行预算定额的执行情况及其他预算资料，确

定需调整与补充的项目，制订工作计划。

(3)对收集的各种现行规范、图纸、资料进行测算。

(4)确定编制细则、定额项目划分、工程量计算规则，以及定额水平编制预算定额初稿。

(5)测算定额水平，并送审、定稿。测算定额水平包括下列工作：①新旧定额水平的比较；②预算造价比较；③与实际的工、料、机用量比较。

(6)根据审查意见修改、补充。

(7)预算定额的出版、发行。

(8)预算定额的资料整理、归档。

二、预算定额的编制方法

(一)确定各项目的名称、工作内容及施工方法

预算定额要根据交通部颁发的《公路工程基本建设项目设计文件编制办法》(JGJ B06—2007)中规定的施工图设计阶段提供的工程量深度，以及工程结算的方便和准确来划分项目，并根据各项目的工程内容将施工定额的有关项目进行综合。

1. 预算定额的项目划分

预算定额的项目划分主要根据工程类别、施工图的工程构件或部位、材料类别、施工措施以及对工程造价的影响等因素予以划分，例如：路基土石方工程按土石类别、施工方法划分项目。路面工程按工程部位、材料类别、施工方法等因素划分项目。隧道工程按开挖的土质类别、结构部位、衬砌材料类别、施工方法等因素划分项目。桥涵工程根据工程类别、结构部位、施工方法等因素划分项目。

预算定额中还列有“材料采集及加工”及“材料运输”两章，这是公路定额特有的，主要是为在边远地区施工单位自行开采、加工施工材料和自办材料运输编制的。

2. 施工方法的选择

施工方法的选择要符合当前和今后一个阶段的实际施工技术状况和管理水平，鼓励先进，鞭策落后，要体现经济效益。当一种结构类型有两种以上施工方法时，应进行技术、经济比较，一般只选择一种技术先进、经济效益好的方法作为编制依据。对确因具体条件不同的情况，则可分别按不同的施工方法划分子目。

(二)确定预算定额的计量单位

确定预算定额的计量单位应以满足计量单位与相应工程项目内容相适应，便于计算工程量，能反映分项工程最终产品形态和实物量，使用方便为原则。

预算定额和施工定额计量单位往往不同。施工定额的计量单位一般按工序或工作过程确定；而预算定额的计量单位，主要是根据分部分项工程的形体和结构构件特征及其变化确定。预算定额的计量单位具有综合的性质，所选择的计量单位要根据工程量计算规则规定并确切反映定额项目所包含的工作内容。

1. 项目的计量单位

一般情况下，计量单位按下述方法取定：

(1)物体截面面积一定时，以延米为单位，如管道、输电线、伸缩缝、栏杆等。

(2)物体厚度一定时，以平方米为单位(m^2)，如垫层、基层、路面面层(沥青混凝土除外)等。

(3)形状为任意时，以立方米为单位(m^3)，如混凝土工程、砖石工程、土石方工程等。

(4)金属结构以质量为单位(t 或 kg)，如钢筋工程等。

(5)零星工程以个、套为单位，如泄水管等。

定额单位确定后，为便于制订和使用，在定额项目表中，一般采用原施工定额单位的 10 倍或 100 倍，扩大后作为预算定额的单位。

2. 人工、材料、机械计量单位及小数位数的确定

(1)人工：以工日为单位，取 1 位小数(公路工程预算定额)或取 2 位小数(建筑工程预算定额)。

(2)基价：以元为单位，取整数。

(3)主要材料及半成品：①木材：m^3，取 3 位小数；②钢筋、型钢：t，取 3 位小数；③小五金：kg，取 1 位小数；④水泥：t，取 3 位小数；⑤砂浆、混凝土：m^3，取 2 位小数。

(4)其他材料费：以元为单位，取 1 位小数。

(5)机械：以台班为单位，取 2 位小数。

(三)按典型设计图纸和资料计算工程量

计算工程量的目的，是通过分别计算典型设计图纸所包括的施工过程的工程量，以便在编制预算定额时，利用施工定额的劳动、机械和材料消耗指标确定预算定额分项工程的消耗量。

(四)进行子目平衡分析

子目平衡分析是编制订额的重要环节。因为所确定的每一个工程项目可能又分为几种不同的情况，为了保证定额具有一定的精确性，应该将人工、材料或机械消耗量差别较大的情况加以区分，即划分子目。因此，定额的工程项目确定以后，对各工程项目要根据工程的难易程度，也就是人工、材料、机械消耗量的多少，按综合极限误差来确定是否划分子目。定额子目适当加大。一般可参照表 3-1 的误差率进行综合和划分子目(或划分步距)。

表 3-1　预算定额子目划分综合极限误差率

工程项目	划分子目的主要因素	误差率
人工土、石方工程	人工消耗量	±15%左右
机械土、石方工程	机械台班消耗量	±10%左右
路面工程	材料消耗量	±10%左右
打桩、造孔工程	机械台班消耗量	±10%左右
混凝土及钢筋混凝土工程	模板消耗量	±20%左右
其他构造物	子目划分起主要影响的因素	±10%左右

(五)计算定额工料机数量

预算定额的研究对象是分项工程或结构构件，而施工定额的研究对象是工序。因此，

预算定额中的一个项目通常包括施工定额中几个项目的工作内容。预算定额子目划分后,应确定每个子目各工序的工程含量,再分别查相应的施工定额,将人工工日和各种不同机械的台班数量分别综合在一起,同时考虑一些施工定额未考虑的因素。

公路工程预算定额中的材料消耗量则是在依据公路工程施工定额中的部分材料消耗定额,并通过大量现场观察、实验室试验等方法获得各种材料消耗数据的基础上,分析计算出来的。

第三节　预算定额消耗量指标的制订

一、人工消耗量指标的确定

(一)人工消耗量指标的组成

预算定额项目的人工消耗量指标,是指对完成规定计量单位内合格产品,所需消耗的工日总数,在不分工种和技术等级的情况下,用"综合工日"来表示的用工数量。这样彻底改变了过去按技术等级计算平均工资等级稀疏的烦琐的操作方法,有利于与国际工程接轨,简化了计算工作。

(1)预算定额的人工是由基本用工、辅助用工、超运距用工和人工幅度差等的耗用量所组成。基本用工耗用量是指组成预算定额分项或结构构件的施工过程,按预算定额规定的工程量所计算出的基本用工数量。它按《公路工程劳动定额》中有关施工过程的时间定额进行计算。

$$\text{基本用工消耗量} = \sum(\text{工序工程量} \times \text{相应时间定额})$$

(2)辅助用工耗用量是指对施工现场需要加工的材料进行加工的用工数量。如刷砂工、淋石灰膏工等,按加工材料数量套用《公路工程劳动定额》中加工材料时间定额进行计算。

$$\text{辅助用工量} = \sum(\text{材料加工工程数量} \times \text{相应时间定额})$$

(3)超运距用工消耗量是指预算定额规定的运距,超出劳动定额规定的运距部分的超运距离的运输用工量。它按材料运输数量和超运距离,套用《公路工程劳动定额》中的超运定额计算。

$$\text{超运距用工量} = \sum(\text{超运距材料数量} \times \text{相应时间定额})$$

式中,超运距 = 预算定额规定的运距 - 劳动定额规定的运距。

(4)人工幅度差是指受施工现场各种因素影响,但又无法计量的时间损失,需要考虑弥补的增加人工幅度,一般用百分率表示。《公路工程预算定额》(JTG/T B06—02—2007)制订时取用的人工幅度差系数见表3-2。

《公路工程预算定额》(JTG/T B06—07—2007)的人工幅度差考虑了下述因素:

(1)工序搭接及转移工作面的间断时间;

(2)各工种交叉作业的相互影响;

(3)工作开始及结束时由于放样交底及任务不饱满而影响产量;

(4)配合机械施工及移动管线时发生的操作间歇;

(5)检查质量及验收隐蔽工程时影响工时利用;

(6)因雨雪或其他原因需排除故障;

(7)其他零星工作,如临时交通指挥、安全警戒、现场挖沟排水、修路、材料整理堆放、场地清扫等;

(8)由于图纸或施工方法的差异需增加的工序及工作项。

人工幅度差(工日)=(基本用工+超运距用工+辅助用工)×人工幅度差系数

表 3-2　人工幅度差系数

预算定额工程项目	系数
准备工作、土方、石方、安全设施、材料采集加工、材料运输	1.04
路面、临时工程、纵向排水、整修路基、其他零星工程	1.06
砌筑、涵管、木作、支拱架、混凝土及钢筋混凝土	1.08
隧道、基坑、围堰、打桩、造孔、沉井、安装、预应力钢筋、钢桥	1.10

(二)预算定额综合工日的确定

定额综合工日 = ∑(有关时间定额×计量单位或计算量)×(1+人工幅度差系数)

式中　有关时间定额——与计算内容有关的各施工过程的时间定额,应分别按不同的用工来查阅有关劳动定额,计算内容比较多时,可列表计算;

计量单位或计算量——将预算定额所取用的单位或计算数量,折成符合劳动定额单位的计算值;

人工幅度差系数——由定额编制小组经过测定和研究,所确定的不同百分率值,见表 3-2。

计算通式因各分部工程计算的项目不同,计算的用工种类有多有少,计算的内容有繁有简,因此一般都列成表进行计算。

二、材料消耗量指标的确定

(一)预算定额材料指标的组成

预算定额内的材料,按其使用性质、用途和用量大小划分为四类,即:

(1)主要材料,是指直接构成工程实体的材料。

(2)辅助材料,也是指直接构成工程实体,但使用量较小的一些材料。

(3)周转性材料,又称工具性材料。施工中多次使用但并不构成工程实体的材料。如模板、脚手架等。

(4)次要材料,指用量小、价值不大、不便计算的零星用材料,可用估算法计算,"其他材料费"用"元"表示。

(二)材料消耗量指标的确定方法

建筑工程预算定额中的主要材料、成品或半成品的消耗量,应以施工定额的材料消耗定额为计算基础。应计算出材料的净用量,然后确定材料的损耗率,最后计算出材料的消耗量,并借测定的资料,综合确定出材料消耗指标。如果某些材料成品或半成品没有材料消耗定额，则应选择有代表性的施工图样，通过分析、计算，求得材料消耗指标。

(1)非周转性材料消耗指标的确定。材料施工损耗量一般测定起来比较烦琐，为简便起见，多根据以往测定的材料施工(包括操作和运输)损耗率来进行计算。一般可按下式进行计算：

$$
\begin{aligned}
\text{非周转性材料消耗量} &= \text{材料净用量} + \text{材料损耗量} \\
&= \text{材料净用量} \times (1 + \text{材料损耗率})
\end{aligned}
$$

式中　材料净用量——一般可按材料净消耗定额或采用观察法、试验法和计算法确定；

材料损耗量——一般可按材料损耗定额或采用观察法、试验法和计算法确定；

材料损耗率——材料损耗量与净用量的百分比，即材料损耗率 = 材料损耗量/净用量 × 100%。

(2)周转性材料消耗量的确定。周转性材料即工具性材料，如挡土板、脚手架、模板等，这类材料在施工中不是一次消耗完，而是随着使用次数增多，逐渐消耗，不断补充，多次使用，反复周转，故称做周转性材料。在预算定额中，周转性材料消耗指标分别用一次使用量，一般供建设单位和施工企业申请备料和编制施工作业计划之用。摊销量是按照多次使用、分次摊销的方法计算，定额表中规定的数量是使用一次应摊销的实物量。

周转性材料摊销量一般可按下式进行计算：

$$\text{周转性材料摊销量} = \text{一次使用量} \times (1 + \text{施工损耗率}) \times \text{摊销系数}$$

$$\text{周转使用量} = [1 + (\text{周转次数} - 1) \times \text{补损率}] / \text{周转次数} \times \text{一次使用量}$$

式中　周转次数——周转材料重复使用的次数；

补损率——补损率 = 材料补损量/净用量 × 100%；

一次使用量——周转材料一次使用的基本量。

(三)其他材料

用量较少、难以计量的零星材料，如脱模剂、硬塑料管、油毛毡等。

$$\text{其他材料费} = \sum (\text{材料预算单价} \times \text{数量})$$

(四)金属设备

用定型设备或现场加工制作的金属构件制作拼装而成的常用的可周转使用的金属设备，如铧犁、单双导梁、跨墩门架等。

$$\text{设备摊销费} = 90\text{元} \times \text{设备重量(t)} \times \text{施工期(月)}$$

其中包括设备本身的折旧费用和维修、保养等费用，设备摊销费按每台每月 90 元，并按使用 4 个月编制，如施工期不同，可以调整。

三、机械台班消耗量指标的确定

与人工消耗量指标制订的方法类似，预算定额中的机械台班消耗量指标，是根据其施工定额中各分项工程的机械台班耗用量，再考虑机械的幅度差来确定的。

公路工程预算定额按定额综合范围将施工机械分为主要机械和小型机具。

(一)主要机械

主要机械是指工程中用量大、对工程造价影响大的机械，如推土机、压路机、摊铺机等。

$$预算定额某种机械台班消耗量=[\sum(施工定额该种机械台班消耗量\times工程数量)]\times 该种机械幅度差系数$$

机械的幅度差，是指在施工定额测定范围内未包括的，而在预算定额中又必须考虑的因素而增加的机械台班数量。对不同的机械，其幅度差系数是不同的，取值范围在1.25～3.00。例如推土机、沥青混合料拌和设备及摊铺机的机械幅度差系数为1.25，铲运机、挖掘机、拖拉机、自卸汽车、稳定土厂拌设备为1.33，装载机、压路机为1.43，平地机、回旋钻机、稳定土拌和机为1.54，混凝土搅拌机（预制）为2.00，混凝土搅拌机（现浇）为2.50。

《公路工程预算定额》的机械幅度差考虑了下列因素：

(1)正常施工组织情况下不可避免的机械空转、技术中断及合理停置时间；

(2)必要的备用台数造成的闲置台班；

(3)由于气候关系或排除故障影响台班的使用；

(4)工地范围内机械转移的台班数及非自行式机械转移时所需的运载牵引工具；

(5)配套机械相互影响所损失的时间及停车场至工作地点超定额运距所需的时间；

(6)施工初期限于条件所造成的效率差及结尾时工程量不饱满所损失的时间；

(7)因供电、供水故障及水电路线的移动检修而发生的运转中断；

(8)不同厂牌机械的效率差、机械不配套造成的效率低；

(9)工程质量检查的影响。

(二)小型机具

小型机具是指对工程造价影响不大、自重较小的机械，如电钻、电锯、刨床等。

$$小型机具使用费=\sum(小型机具台班预算单价\times台班数)$$

四、定额基价

定额基价就是完成定额计量单位的工程量，按人工、材料、机械台班基价及定额工、料、机消耗量计算出的人工费、材料费和机械使用费之和。

公路工程预算定额基价通常以定额编制年北京市的人工、材料及机械台班预算单价作为基价。

定额基价的作用主要有两个：一是使全部定额统一在一个水平上，便于对定额的分析、比较和测算；二是作为计算基数。

$$定额基价=人工基价\times工日数+\sum(材料基价\times消耗量)+其他材料费+设备摊销费+\sum(机械台班基价\times台班数)+小型机具使用费$$

五、预算定额编制示例

【例3-1】编制水泥稳定土基层中的水泥碎石基层预算定额。

解：1.定额编制说明。

(1)定额名称：水泥碎石基层。

(2)定额单位：1 000 m^2。

(3)选用的图纸、资料名称：交通部颁发的《公路沥青路面设计规范》(JTJ014—97)、《公路路面基层施工技术规范》(JTJ034—2000)。

(4)定额包括的工作内容:清扫整理路基;铺料、铺水泥、洒水、拌和;整形、碾压、找补;初期养护。

(5)定额子目划分:水泥稳定土基层按材料划分,分为水泥土、水泥砂、水泥砂砾、水泥碎石、水泥石屑、水泥石渣、水泥砂砾土、水泥碎石土;按施工方法划分,分为拖拉机带铧犁拌和、稳定土拌和机拌和、拖拉机带铧犁原槽拌和。

(6)编制依据:根据《公路路面基层施工技术规范》(JTJ034—2000)第3.3.3条规定:水泥稳定土用中粒土和粗粒土作基层时,中、粗粒土水泥含量取4%~5%;水泥稳定土用细粒土作基层时,水泥剂量为5%。

根据第3.1.7条规定:水泥稳定土结构层使用12 t以上的压路机碾压,每层压实厚度不超过15 cm。

(7)施工方法:平地机铺粒料—8 t压路机轻碾—人工铺水泥—拖拉机带铧犁沿路拌和(稳定土拌和机沿路拌和)—洒水汽车洒水—12 t压路机碾压—跟碾找补—平地机整理—初期养护。

2. 水泥碎石基层预算定额人工、机械台班数量计算。

水泥碎石基层预算定额的人工、机械台班消耗数量根据施工定额相应工序,并考虑幅度差后综合而成。计算结果见表3-3。

表3-3 水泥碎石基层预算定额人工、机械台班数量

序号	工作名称	施工定额			工程数量	幅度差系数	预算定额人工、机械消耗
		定额代号	单位	定额			
一	人工部分						30.6
1	清扫整理	3-27-1	100 m^2	0.2	10	1.06	2.1
2	平地机铺料	3-5-2	100 m^2	0.464	1	1.06	0.5
3	人工撒灰	3-4-1	t	0.333	15.75	1.06	5.6
4	拖拉机拌和	3-8-1	100 m^2	0.137	10	1.06	1.5
5	跟碾找补	3-27-2	100 m^2	0.113	10	1.06	1.2
6	初期养护	3-27-3	100 m^2	0.3	10	1.06	3.2
7	工地小搬运		10 t	0.47	33.2	1.06	16.5
二	机械部分						
1	120 kW平地机铺料	3-5-2	100 m^2	0.232	1	1.54	0.36
2	75 kW拖拉机拌和	3-8-1	100 m^2	0.023	10	1.33	0.31
3	8 t压路机碾压	3-17-2	100 m^2	0.125	2	1.43	0.36
4	15 t压路机碾压	3-17-2	100 m^2	0.15	7	1.43	1.50
5	4 t以内洒水车洒水	2-29-5	100 m^3	1.87	0.33	1.54	0.95
6	120 kW平地机整形	3-16-3	100 m^2	0.007	10	1.54	0.11

3. 水泥碎石基层预算定额材料消耗量计算。

1）基本数据。

（1）路面压实厚度：0.15 m。

（2）压实混合料干密度：2.10 t/m^3。

（3）碎石松方干密度：1.45 t/m^3。

（4）压实混合料定额单位重量：315.0 t。

（5）混合料组成材料名称：水泥∶碎石。

（6）混合料组成材料配合比：5∶95。

（7）材料损耗率：水泥 2%，碎石 2%。

2）材料损耗量计算。

$$碎石数量(m^3)=\frac{定额单位\times路面压实厚度\times压实混合料干密度\times所占比例}{松方干密度}\times(1+损耗率)$$

$$=\frac{1\,000\times0.15\times2.10\times0.95}{1.45}\times(1+0.02)$$

$$=210.51(m^3/1\,000\ m^2)$$

$$水泥数量(t)=(定额单位\times路面压实厚度\times压实混合料干密度\times所占比例)\times(1+损耗率)$$

$$=(1\,000\times0.15\times2.10\times0.05)\times(1+0.02)$$

$$=16.065(t/1\,000\ m^2)$$

养生用水：14 $m^3/1\,000\ m^2$。

4. 基价及重量计算。

基价及重量计算结果见表 3-4。

表 3-4 基价及重量计算结果

序号	项目	代号	单位	重量（kg）	单价（元）	水泥碎石基层		
						数量	重量	价格
1	人工	1	工日	—	8.26	30.6		252.8
2	325 号水泥①	242	kg	1	0.15	16 065	16 065	2 409.8
3	碎石	324	m^3	1 500	22.5	210.51	315 765	4 736.5
4	设备摊销费	392	元	—	1	1.4	—	1.4
5	材料总重量	394	kg	—	—	—	331 830	—
6	120 kW 平地机	444	台班	—	246.5	0.47	—	115.9
7	75 kW 拖拉机	447	台班	—	128.8	0.31	—	39.9
8	8 t 压路机	458	台班	—	67.43	0.36	—	24.3
9	15 t 压路机	461	台班	—	98.76	1.5	—	148.1
10	6 000 L 洒水汽车	671	台班	—	177.3	0.95	—	168.4
11	基价	999	元	—	1	—	—	7 897.1

注：表中单价采用 1992 年北京地区的工、料、机价格。

5. 结果汇总。

水泥碎石基层的定额结果汇总见表 3-5。

表 3-5　水泥稳定土基层　（单位：1 000 m^2）

工作内容：1）清扫基层下承层；2）铺料、铺水泥、洒水、拌和；3）整形、碾压、找补；4）初期养护

顺序号	项目	单位	工、料、机代号	拖拉机带铧犁拌和
				水泥碎石基层
				水泥含量 5%
				压实厚度 15 cm
				7
1	人工	工日	1	30.6
2	325 号水泥[①]	t	242	16 065
3	碎石	m^3	324	210.51
4	设备摊销费	元	392	1.4
5	材料总重量	t	394	—
6	120 kW 平地机	台班	444	0.47
7	75 kW 拖拉机	台班	447	0.31
8	8 t 压路机	台班	458	0.36
9	15 t 压路机	台班	461	1.50
10	6 000 L 洒水汽车	台班	671	0.95
11	基价	元	999	—

注：①新国标 GB 175—1999 水泥不用标号，改用强度等级，本节考虑概预算定额为旧定额，标号暂时不改。

第四节　预算定额的组成和运用

一、现行《公路工程预算定额》的组成

预算定额的内容包括说明部分（总说明，章、节说明）、定额表及附录。

（一）说明部分

1. 总说明的内容

（1）预算定额的适用范围、指导思想及作用。

（2）预算定额的编制原则、主要依据及上级下达的有关定额修编文件。

（3）对各章、节都适用的统一规定。

（4）定额所采用的标准及允许抽换定额的原则。

（5）定额中包括的内容。

（6）对定额中未包括的项目需编制补充定额的规定。

2. 章、节说明的内容

(1)本章、节包括的内容。

(2)本章、节工程项目的统一规定。

(3)本章、节工程项目综合的内容及允许抽换的规定。

(4)本章、节工程项目的工程量计算规则。

(二)定额表

预算定额表主要内容包括：

(1)工程项目名称及定额单位。

(2)工程项目包括的工程内容。

(3)完成定额单位工程的人工、材料、机械的名称、单位、代号、数量。其中劳动定额和机械定额是以时间定额的形式表示的。

(4)定额基价。

(5)有些定额表下还列有在章、节说明中没有包括的，仅供本定额项目使用的诠释。

(三)定额附录

《公路工程预算定额》的附录包括以下四个方面的内容。

1. 路面材料计算基础数据

它主要列示了路面工程概预算定额中各种材料定额消耗量计算所依据的各项基础数据。如路面压实混合料干密度、各种路面材料松方干密度、单一材料结构的压实系数。

这些基础数据的作用是：

(1)计算定额中路面材料消耗数量；

(2)作为编制补充定额的基础数据。

2. 基本定额

基本定额由桥涵混凝土及钢筋混凝土消耗，砂浆及混凝土材料消耗，砌筑工程石料及砂浆消耗，脚手架、踏步、井字架工料消耗四部分组成。

基本定额的用途主要是：

(1)进行定额抽换。如设计的混凝土标号与定额给出的混凝土标号不同时，可利用基本定额中的混凝土配合比表抽换定额。

(2)分析分项工程(工作)或半成品所需人工、材料、机械等消耗量。如新型结构桥梁中的某混凝土构件在定额表中查不到时，可根据具体工程数量通过基本定额的有关表，分析计算所需工、料、机等数量。

3. 材料的周转及摊销

材料的周转及摊销定额，对材料的周转和摊销次数作了具体规定。该定额包括下列各项：

(1)混凝土和钢筋混凝土构件、块件模板材料周转及摊销次数；

(2)脚手架、踏步、井字架、金属门式吊架、吊盘等摊销次数；

(3)临时轨道铺设材料摊销；

(4)基础及打桩工程材料摊销次数；

(5)灌注桩设备材料摊销；

(6)吊装设备材料摊销次数；

(7)预制构件和块件的堆放、运输材料摊销次数；

材料周转及摊销定额的用途是：

(1)明确规定材料的周转或摊销次数；

(2)按规定对达不到周转次数的材料的材料定额进行抽换。

《公路工程预算定额》的总说明八指出：定额中周转性材料、模板支撑、脚手杆、脚手板和挡土板等的数量，已考虑了材料的正常周转次数并计入定额内，其中就地浇筑钢筋混凝土梁用的支架及拱圈用的拱盔、支架，如确因施工安排达不到规定的周转次数时，可根据具体情况进行换算并按规定计算回收，其余工程一般不予抽换。

4. 人工、材料代号及人工、材料、半成品单位重、损耗、基价表

表中给出了定额中人工和材料的代号、定额中材料名称的相应规格以及编制订额时采用的材料损耗率和工、料基价。

现行《公路工程预算定额》定额表组成如下。

2-2-16 透层、黏层、封层　　单位：1 000 m^2

工作内容：1)清扫整理下承层；2)安设拆除熬油设备、熬油运油；3)沥青洒布车洒油；4)人工铺撒矿料；5)稀浆封层机铺料；6)碾压，找补；(7)初期养护

序号	项目	单位	代号	透层			
				粒料基层		半刚性基层	
				石油沥青	乳化沥青	石油沥青	乳化沥青
				1	2	3	4
1	人工	工日	1	1.8	—	1.4	0.3
2	石油沥青	t	851	1.082	—	0.824	—
3	乳化沥青	t	853	—	1.391	—	0.927
4	煤	t	864	0.210	—	0.160	—
5	砂	m^3	897	—	—	—	—
6	矿粉	t	949	—	—	—	—
7	石屑	m^3	961	—	—	2.55	2.55
8	其他材料费	元	996	26.3	—	—	—
9	设备摊销费	元	997	13.4	—	—	—
10	6～8 t光轮压路机	台班	1075	—	—	0.12	0.12
11	4 000 L以内液态沥青运输车	台班	1185	—	—	—	—
12	4 000 L以内沥青洒布车	台班	1193	0.09	0.11	0.07	0.07
13	2.5～3.5 m稀浆封层机	台班	1216	—	—	—	—
14	4 000 L以内洒水汽车	台班	1404	—	—	—	—
15	小型机具使用费	元	1998	3.0	—	2.3	—
16	基价	元	1999	4 335	5 748	3 502	4 040

二、现行《公路工程预算定额》的运用

在公路建设生产活动中,正确地使用定额是非常重要的。为了正确使用定额,必须全面了解定额,深刻理解定额,熟练掌握定额。最好通过编制预算等的实践,来熟练地运用定额,也可以通过做练习的方法来掌握定额。

(一)定额运用的基本知识

所谓运用定额,就是平时所说的“查定额”,是根据编制概预算的具体条件和目的,查得需要的、正确的定额的过程。

1. 运用定额的步骤

(1)将公路工程施工任务分解至分项工程,对每一个分项工程确定欲查定额的项目名称,再据以在定额目录中找到其所在页次,并找到所需定额表;

(2)检查定额表上的“工作内容”与设计要求、施工组织要求是否相符,如相符,则可在表中找到相应的细目,并进一步确定子目(栏号);

(3)检查定额表的计量单位与工程项目取定的计量单位是否一致,是否符合章、节说明规定的工程量计算规则;

(4)看定额的总说明、章说明、节说明以及表下的小注是否与所查子目的定额有关,若有关,则采取相应措施;

(5)根据设计图纸和施工组织设计检查一下,子目中有无需要抽换的定额,是否允许抽换,若应抽换,则进行具体的抽换计算;

(6)依子目各序号确定各项定额值,可直接引用的就直接抄录,需计算的则在计算后抄录。

2. 对引用定额的编号

在编制概预算时,在计算表格中均要列出所用的定额表号。定额编号在概预算文件中十分重要。一方面是保证复核、审查人员利用编号快速查找,核对所用定额的准确性;另一方面,对如此繁多的工程细目的工作内容以编号形式建立一一对应的模式,便于计算机处理及修编定额人员的统计工作。不论是手工计算,还是计算机处理,都必须保证该栏目的准确性。

1)[页 - 表 - 栏]编号法

一般采用[页 - 表 - 栏]的编号方法。

例如,《公路工程预算定额》中的[170 -(2-2-16)- 1]就是指引用第 170 页的表 2-2-16 中的第 1 栏,即石油沥青透层的预算定额。

对于初学使用定额者来说,这种编号方法容易查找,检查方便,不易出错。但书写字码较多,在概预算表格中占格较宽。

2)[章 - 表 - 栏]编号法

在[页 - 表 - 栏]编号法中省去页号的编号方法。

例如,《公路工程预算定额》中石油沥青透层的定额编号可表示为[2 - 2 - 16 - 1]。

用计算机编制概预算时,有的软件也采用[章 - 表 - 栏]编号法。

3. 资源消耗量计算

查定额的目的就是确定一定工程量的工程项目需要消耗的人工、材料、机械、费用等资源数量。

当已知工程量,并且确定了定额表值,则可按下式计算定额所包含的各种资源的数量:

$$M_i = S_i Q \tag{3-1}$$

式中 M_i——某种资源的消耗量;

S_i——定额中某种资源数量;

Q——工程数量,工程数量 $= \dfrac{\text{工程量}}{\text{额定计算单位}}$。

在编制概预算时,“工程量”和“工程数量”的概念是不同的。“工程量”是用某种计量单位表示工程的数量,如路面透层 200 000 m^2。“工程数量”是“工程量”折合为定额计量单位的数量。透层预算定额的计量单位为 1 000 m^2,故上述路面透层的工程数量为 200。“工程量”有量纲,而“工程数量”无量纲。

4. 定额单位与工程量

设计图纸上提供的工程量或工程量清单上的工程量,其计量单位、包含内容与定额的计量单位和计算内容有时不完全一致。为了合理确定资源消耗量,进而准确计算工程造价,必须根据定额的需要对工程量进行计量单位换算和工程量内容调整。

1)体积与面积单位调整

如人工挖土质台阶,定额计量单位为 1 000 m^2,而设计图纸或施工图工程量一般都以 m^3 为单位列出。

2)体积与个数的调整

如支座与伸缩缝,设计者一般提供各种型号及对应的个数,而定额单位却是 t 或 dm^3。

3)与施工组织有关的工程量

一个工程项目所牵涉的定额不是都能在设计图上反映的,换句话说,一个完整项目的概预算造价除包括施工图纸上的工程数量外,还应考虑与施工方案及施工组织措施相关的其他工程内容涉及的定额。如临时电力、电信线路,临时便道的里程,按实际需要确定(现场调查);临时仓库、加工场地、临时建筑物等在筹建过程中的一系列的相关工程内容的工程量也必须考虑进去;清除场地后回填土石方体积、填前夯实后增加的土石方体积、自然沉降引起的增加的土石方体积,都是与地基有关但必须增补计算的工程量。

4)工程量与定额单位相同但存在一定的换算关系

定额单位与工程量一致,但有时不能直接使用,必须提供一定的换算关系后才能正确使用。如路基土石方体积单位的天然密实方与压实方之间的换算。

(二)定额运用方法

1. 定额的直接套用

如果设计的要求、工作内容及确定的工程项目完全与相应定额的工程项目符合,则可直接套用定额。在应用定额编制预算文件时,绝大多数项目属于直接套用定额这种情况。

【例 3-2】某路面工程透层，工程量 200 000 m^2，试计算工、料、机、基价数量。

解：由《公路工程预算定额》[2 - 2 - 16 - 1]知定额计量单位为 1 000 m^2，则

$$工程数量 = \frac{200\ 000\ m^2}{1\ 000\ m^2} = 200$$

人工：1.8 ×200 = 360(工日)

石油沥青：1.082 ×200 = 216.4(t)

煤：0.210 ×200 = 42(t)

其他材料费：26.3 ×200 = 5 260(元)

设备摊销费：13.4 ×200 = 2 680(元)

4 000 L 以内沥青洒布车：0.09 ×200 = 18(台班)

小型机具使用费：3.0 ×200 = 600(元)

基价：4 335 ×200 = 867 000(元)

2. 定额的抽换

如果设计的要求、工作内容及确定的工程项目不完全与相应定额的工程项目符合，则不能直接套用定额，而应对定额表值进行必要调整或抽换后，才能采用。

在运用《公路工程预算定额》时，根据情况不同，定额抽换方法可分为三类：配合比不同有关材料的抽换、定额表值乘系数、定额表值增减量。

1)配合比不同有关材料的抽换

a. 路面半刚性基层材料

《公路工程预算定额》第二章路面工程说明中规定：水泥、石灰稳定类基层定额中的水泥或石灰与其他材料是按一定配合比编制的，当设计配合比与定额标明的配合比不同时，有关材料数量可分别按下式换算：

$$C_i = [C_d + B_d \times (H_1 - H_0)] \times \frac{L_i}{L_d} \tag{3-2}$$

式中 C_i——按设计配合比换算后的材料数量；

C_d——定额中基本压实厚度的材料数量；

B_d——定额中压实厚度每增减 1 cm 的材料数量；

H_0——定额的基本压实厚度；

H_1——设计的压实厚度；

L_d——定额标明的材料百分比；

L_i——设计配合比的材料百分比。

【例 3-3】石灰、粉煤灰稳定碎石基层，采用稳定土拌和机拌和，设计配合比为 4∶11∶85，设计厚度为 20 cm，作为一层拌和、碾压。试按预算定额确定每 1 000 m^2 资源消耗量。

解：查《公路工程预算定额》第二章路面工程表 2-1-4 石灰、粉煤灰稳定土基层，即定额编号[97 -(2-1-4) - 35、36]，可知设计配合比与定额标明的配合比不同，应对石灰、粉煤灰、碎石的材料用量进行抽换。

2-1-4 路拌法石灰、粉煤灰稳定土基层

Ⅲ. 稳定土拌和机拌和　　　　单位:1 000 m^2

顺序号	项目	单位	代号	石灰粉煤灰砂		石灰粉煤灰砂砾		石灰粉煤灰碎石	
				石灰:粉煤灰:砂=10:20:70		石灰:粉煤灰:砂砾=5:15:80		石灰:粉煤灰:碎石=5:15:80	
				压实厚度15 cm	每增减1 cm	压实厚度15 cm	每增减1 cm	压实厚度15 cm	每增减1 cm
				31	32	33	34	35	36
1	人工	工日	1	31.3	1.8	20.8	1.1	21.2	1.1
2	生石灰	t	278	25.956	1.730	15.311	1.021	15.829	1.055
3	土	m^3	280	—	—	—	—	—	—
4	砂	m^3	285	121.49	8.10	—	—	—	—
5	砂砾	m^3	287	—	—	147.03	9.80	—	—
6	煤矸石	m^3	307	—	—	—	—	—	—
7	矿渣	m^3	309	—	—	—	—	—	—
8	粉煤灰	m^3	313	69.22	4.61	61.24	4.08	63.31	4.22
9	碎石	m^3	324	—	—	—	—	164.89	10.99
10	120 kW以内自行式平地机	台班	444	0.51	—	0.51	—	0.51	—
11	6~8 t光轮压路机	台班	458	0.41	—	0.41	—	0.41	—
12	12~15 t光轮压路机	台班	461	1.27	—	1.27	—	1.27	—
13	230 kW以内稳定土拌和机	台班	503	0.29	0.02	0.29	0.02	0.29	0.02
14	6 000 L以内洒水汽车	台班	671	1.03	0.05	1.03	0.05	0.92	0.04
15	基价	台班	999	13 917	833	10 599	611	10 637	611

相关材料调整后数量为:

石灰:$[15.829+1.055\times(20-15)]\times\frac{4}{5}=16.883(t)$

粉煤灰:$[63.31+4.22\times(20-15)]\times\frac{11}{15}=61.90(m^3)$

碎石:$[164.89+10.99\times(20-15)]\times\frac{85}{80}=233.58(m^3)$

根据预算定额第二章说明3"各类稳定土基层、级配碎石、级配砾石路面的压实厚度在15 cm以内,填隙碎石一层的压实厚度在12 cm以内,垫层和其他种类的基层压实厚度在20 cm以内、面层的压实厚度在15 cm以内,拖拉机、平地机和压路机台班按定额数量计算。如超过以上压实厚度,进行分层拌和、碾压时,拖拉机、平地机和压路机台班按定额数量加倍,每1 000 m^2 增加3.0工日。"则人工和机械应分别调整为:

人工：21.2+1.1×5+3.0=29.70(工日)；

120 kW 以内自行式平地机：0.51×2=1.02(台班)；

6~8 t 光轮压路机：0.41×2=0.82(台班)；

12~15 t 光轮压路机：1.27×2=2.54(台班)。

其他机械可按第 35 子目定额表值与第 36 子目定额表值之和确定：

230 kW 以内稳定土拌和机：0.29+0.02×5=0.39(台班)；

6 000 L 以内洒水汽车：0.92+0.04×5=1.12(台班)。

应当注意：定额表中只要有工、料、机数量抽换或调整，其基价也应做相应调整。

20 cm 厚的石灰粉煤灰碎石基层，按定额表计算：

基价=10 637+611×5=13 692(元)

考虑到石灰、粉煤灰、碎石数量经过调整，其变化量分别为：

$\Delta_{石灰}=16.883-(15.829+1.055\times5)=-4.221$(t)

$\Delta_{粉煤灰}=61.90-(63.31+4.22\times5)=-22.51$($m^3$)

$\Delta_{碎石}=233.58-(164.89+10.99\times5)=13.74$($m^3$)

另外，人工、平地机、压路机的数量也发生变化，其变化量分别为：

$\Delta_{人工}=3.0$ 工日

$\Delta_{平地机}=1.02$ 台班

$\Delta_{6\sim8\ t光轮压路机}=0.82$ 台班

$\Delta_{12\sim15\ t光轮压路机}=2.54$ 台班

查阅《公路基本建设工程概预算编制办法》附录四可知材料的基价：石灰 105 元/t，粉煤灰 20.97 元/m^3，碎石 49 元/m^3，人工 49.20 元/工日；查阅《机械台班费用定额》可知机械台班的基价分别为 120 kW 以内自行式平地机 908.89 元/台班，6~8 t 光轮压路机 251.49 元/台班，12~15 t 光轮压路机 411.77 元/台班。

因此，调整后的定额基价应为：

13 692−105×4.221−20.97×22.51+49×13.74+49.20×3.0+908.89×1.02+251.49×0.82+411.77×2.54=15 777(元)

b. 砂浆及混凝土

《公路工程预算定额》总说明中规定："定额中列有的混凝土及砂浆标号和用量，其材料用量已按附录配合比表规定的数量列入定额，不得重算。如设计采用的混凝土及砂浆标号或水泥标号与定额所列标号不同，可按配合比表进行换算。但实际施工配合比材料用量与定额配合比表用量不同时，除配合比表中允许换算者外，均不得调整。混凝土、砂浆配合比表的水泥用量，已综合考虑了采用不同品种水泥的因素，实际施工中不论采用何种水泥，不得调整定额用量。

【例 3-4】某浆砌片石锥坡，设计采用 M7.5 水泥砂浆砌筑。试按预算定额确定每 10 m^3 砌体资源消耗量。

解：查《公路工程预算定额》第四章桥梁工程第五节砌筑工程，即定额表[440−(4-5-2)−9]：根据节说明 1 可知，"定额中的 M5、M7.5 水泥砂浆为砌筑用砂浆，M10 水泥砂浆为勾缝用砂浆"。

4-5-2　浆砌片石

工程内容:1)选、修、洗石料;2)搭、拆脚手架、踏步或井字架;3)配、拌、运砂浆;4)砌筑;5)勾缝;6)养生。

单位:10 m^3

顺序号	项目	单位	代号	基础、护底、截水墙	护拱	实体式墩		实体式台、墙		锥坡、沟、槽、池
						高度(m)				
						10 以内	20 以内	10 以内	…	
				1	2	3	4	5	…	9
1	人工	工日	1	9.5	8.5	16.9	18.6	13.2	…	15.2
2	M5 水泥砂浆	m^3	65	—	(3.50)	—	—	—	…	(3.50)
3	M7.5 水泥砂浆	m^3	66	(3.50)	—	(3.50)	(3.50)	(3.50)	…	—
4	M10 水泥砂浆	m^3	67	—	—	(0.12)	(0.09)	(0.05)	…	(0.29)
5	原木	m^3	101	—	—	0.011	0.010	0.003	…	—
6	锯材	m^3	102	—	—	0.049	0.009	0.016	…	—
7	钢管	t	191			0.011	0.010	0.004	…	—
8	铁钉	kg	653	—	—	0.3	0.1	0.1	…	—
9	8~12 号铁丝	kg	655	—	—	1.8	0.3	0.6	…	—
10	32.5 级水泥	t	832	0.931	0.763	0.97	0.959	0.945	…	0.853
11	水	m^3	866	4	4	9	8	8	…	18
12	中(粗)砂	m^3	899	3.82	3.92	3.95	3.91	3.86	…	4.23
13	片石	m^3	931	11.50	11.50	11.50	11.50	11.50	…	11.50
14	其他材料费	元	996	1.2	1.2	5.6	7.0	2.8	…	1.2
15	30 kN 以内单筒慢速卷扬机	台班	1499	—	—	—	0.92	—	…	—
16	小型机具使用费	元	1998	7.0	7.0	7.2	7.2	7.0	…	7.5
17	基价	元	1999	969	1 299	1 940	2 028	1 640	…	1 683

本问题中定额采用 M5 水泥砂浆砌筑,而设计采用 M7.5 水泥砂浆砌筑,因此水泥砂浆材料应该抽换。

查《公路工程预算定额》附录二基本定额中的砂浆配合比表(第 1009 页):

1　砂浆配合比表

单位:1 m³ 砂浆及水泥浆

序号	项目	单位	水泥砂浆									
			砂浆强度等级									
			M5	M7.5	M10	M12.5	M15	M20	M25	M30	M35	M40
			1	2	3	4	5	6	7	8	9	10
1	32.5 级水泥	kg	218	266	311	345	393	448	527	612	693	760
2	生石灰	kg	—	—	—	—	—	—	—	—	—	—
3	中(粗)砂	m³	1.12	1.09	1.07	1.07	1.07	1.06	1.02	0.99	0.98	0.95

每 10 m³ 砌体砂浆材料用量:

M5 砂浆:32.5 级水泥:$\frac{218}{1\,000} \times 3.5 = 0.763$(t)

中(粗)砂:$1.12 \times 3.5 = 3.92$(m³)

M7.5 砂浆:32.5 级水泥:$\frac{266}{1\,000} \times 3.5 = 0.931$(t)

中(粗)砂:$1.09 \times 3.5 = 3.82$(m³)

用 M7.5 砂浆代替 M5 砂浆后,材料变化量为:

32.5 级水泥:$0.931 - 0.763 = 0.168$(t)

中(粗)砂:$3.82 - 3.92 = -0.10$(m³)

其他工、料、机量不需调整。

查《公路基本建设工程概预算编制办法》附录四可知材料基价:32.5 级水泥 320 元/t,中(粗)砂 60 元/m³。

调整后的定额基价为:

$$1\,683 + 320 \times 0.168 - 60 \times 0.10 = 1\,731(\text{元})$$

2)定额表值乘系数

【例 3-5】 某高速公路需借路基土方 200 000 m³(硬土、压实方),采用装载机装土、自卸汽车运土、推土机配合装载机推松集土的施工方法,试按预算定额确定 165 kW 以内履带式推土机所需台班消耗量。

解:查《公路工程预算定额》第一章路基工程,定额表[21 -(1-1-12)- 19]:

1-1-12　推土机推土

工程内容:1)推土;2)空回;3)整理卸土。　　　　　　　　　　　单位:1 000 m^3 天然密实土

顺序号	项目	单位	代号	推土机功率(kW)							
				165 以内				240 以内			
				第一个 7.0 m			每增运 10 m	第一个 20 m			每增运 10 m
				松土	普通土	硬土		松土	普通土	硬土	
				17	18	19	20	21	22	23	24
1	人工	工日	1	4.0	4.5	5.0	—	4.0	4.5	5.0	—
2	75 kW 以内履带式推土机	台班	1003	—	—	—	—	—	—	—	—
3	90 kW 以内履带式推土机	台班	1004	—	—	—	—	—	—	—	—
4	105 kW 以内履带式推土机	台班	1005	—	—			—	—	—	—
5	135 kW 以内履带式推土机	台班	1006	—	—	—	—	—	—	—	—
6	165 kW 以内履带式推土机	台班	1007	0.98	1.08	1.33	0.35	—	—	—	—
7	240 kW 以内履带式推土机	台班	1008	—	—	—	—	0.69	0.75	0.94	0.25
8	基价	元	1999	1 552	1 715	2 086	484	1 533	1 674	2 067	484

注意到定额计量单位为 1 000 m^3 天然密实方。根据第一章说明 2 当以填方压实体积为工程量,采用以天然密实方为计量单位的定额时,所采用的定额应乘以下列系数:

公路等级	土类			
	土方			石方
	松土	普通土	硬土	
二级及以上等级公路	1.23	1.16	1.09	0.92
三、四级公路	1.11	1.05	1.00	0.84

上表中运输栏目的系数适用于人工挖运土方的增运定额和机动翻斗车、手扶拖拉机运输土方、自卸汽车运输土方的运输定额;普通土栏目的系数适用于推土机、铲运机施工土方的增运定额。

另外,根据[14-(1-1-10)]即装载机装土石方的定额表注(1)装载机装土方如需推土机松、集土,其人工、推土机台班的数量按“推土机推运土方”第一个 20 m 定额乘以 0.8 系数计算。

因此,165 kW 以内履带式推土机台班消耗量为:

$$1.33\times1.09\times0.8\times\frac{200\ 000}{1\ 000}=231.95(\text{台班})$$

3)定额表值增减量

【例 3-6】某级配碎石基层压实厚度 20 cm,采用机械摊铺集料、平地机拌和的施工方

法分两层拌和碾压，需铺筑的路面基层宽 8 m、长 5 km，试按预算定额确定其工、料、机消耗量。

解：查《公路工程预算定额》第二章路面工程，定额表[131 -（2-2-2）- 14、17]：

2-2-2　级配碎石路面

工程内容：1）清扫整理下承层；2）铺料，洒水，拌和；3）整型，碾压，找补。　　　　单位：1 000 m^2

顺序号	项目	单位	代号	机械摊铺集料					
				平地机拌和					
				压实厚度 8 cm			每增加 1 cm		
				面层	基层	底基层	面层	基层	底基层
				13	14	15	16	17	18
1	人工	工日	1	4.2	2.7	2.6	0.3	0.1	0.1
2	黏土	m^3	911	14.52	—	—	1.81	—	—
3	石屑	m^3	961	43.55	42.34	12.10	5.44	5.29	1.51
4	路面用碎石（1.5 cm）	m^3	965	32.85	30.42	18.25	4.11	3.80	2.28
5	路面用碎石（2.5 cm）	m^3	966	16.43	26.77	30.42	2.05	3.35	3.80
6	路面用碎石（3.5 cm）	m^3	967	16.43	21.90	36.50	2.05	2.74	4.56
7	路面用碎石（5 cm）	m^3	968	—	—	24.34	—	—	3.04
8	设备摊销费	元	997	—	—	—	—	—	—
9	120 kW 以内自行式平地机	台班	1057	0.70	0.61	0.61	—	—	—
10	75 kW 以内履带式拖拉机	台班	1063	—	—	—	—	—	—
11	6～8 t 光轮压路机	台班	1075	0.14	0.14	0.14	—	—	—
12	12～15 t 光轮压路机	台班	1078	1.45	1.27	1.09	—	—	—
13	6 000 L 以内洒水汽车	台班	1405	0.20	0.20	0.20	0.02	0.02	0.02
14	基价	元	1999	8 766	9 198	8 882	923	996	966

$$工程量 = 5\ 000 \times 8 = 40\ 000(m^2)$$

$$工程数量 = \frac{40\ 000}{1\ 000} = 40$$

根据第二章路面工程说明 3“各类稳定土基层、级配碎石、级配砾石路面的压实厚度在 15 cm 以内，填隙碎石一层的压实厚度在 12 cm 以内，垫层和其他种类的基层压实厚度在 20 cm 以内、面层的压实厚度在 15 cm 以内，拖拉机、平地机和压路机台班按定额数量计算。如超过以上压实厚度，进行分层拌和、碾压时，拖拉机、平地机和压路机台班按定额数量加倍，每 1 000 m^2 增加 3.0 工日。”

因此，工、料、机消耗量为：

人工：$\{[2.7 + 0.1 \times (20 - 8)] + 3.0\} \times 40 = 276$（工日）；

石屑：$[42.34+5.29\times(20-8)]\times40=4\ 232.8(m^3)$；

路面用碎石(1.5 cm)：$[30.42+3.80\times(20-8)]\times40=3\ 040.8(m^3)$；

路面用碎石(2.5 cm)：$[26.77+3.35\times(20-8)]\times40=2\ 678.8(m^3)$；

路面用碎石(3.5 cm)：$[21.90+2.74\times(20-8)]\times40=2\ 191.2(m^3)$；

120 kW 以内自行式平地机：$0.61\times2\times40=48.8$(台班)；

6～8 t 光轮压路机：$0.14\times2\times40=11.2$(台班)；

12～15 t 光轮压路：$1.27\times2\times40=101.6$(台班)；

6 000 L 以内洒水汽车：$[0.20+0.02\times(20-8)]\times40=17.6$(台班)。

3. 定额补充

当设计要求与预算定额条件完全不相符，或由于设计采用新材料、新工艺，在定额中无这类项目时，即属于定额缺项时，可编制补充定额。

编制补充定额一般采用两种方法：一是按照本章第二节预算定额编制方法，计算人工、各种材料及机械台班消耗指标，经有关人员讨论后确定；二是人工、机械及其他材料消耗量套用详尽项目的定额计算，材料(主要材料)按施工图设计进行计算或测定。

【例 3-7】广东省境内某大桥引道，其中软土路基采用 ϕ50 cm 喷粉桩进行加固处理，试确定其预算定额。

解：因《公路工程预算定额》(JTG/T B06—01—2007)中无喷粉桩项目，必须补充定额，下面通过对某专业基础工程公司在喷粉桩工程施工中人员、机具设备的配备情况以及工程实际工、料、机消耗情况统计资料的分析，得出喷粉桩的预算(参考)定额如下。

(1)喷粉桩工程施工安排。

使用 GPE－5 型转盘钻机钻成孔，用空压机高压风力将水泥(或石灰粉)干喷入空成桩；每台班配备钻机 1 台、施工技术人员 1 人、钻机操作工 4 人、辅助工 5 人(包括水泥、石灰运输、装罐、钻机移位等)。日夜三班，每机共配备 30 人。

(2)喷粉桩工程实际工、料、机消耗情况如下：

工程项目	工程地点	投入机组(组)	施工人数(人)	安全工程数量			实际消耗总量			单位(10 m³)实耗			单位(1 m)实耗		
				桩数(根)	长度(m)	总数量(m³)	人工工日	机械台班	水泥(t)	人工工日	机械台班	水泥(km)	人工工日	机械台班	水泥(km)
A	甲地	1	30	239	2 065	405.46	1 410	96	105	34.78	2.368	2.59	0.68	0.047	50.85
B	乙地	2	60	489	3 723	731.01	2 640	135	145.2	36.11	1.847	1.986	0.71	0.036	39.00
C	丙地	3	90	851	7 780	1 527.6	4 950	276	450	32.40	1.807	2.946	0.64	0.036	57.84
D	丁地	2	60	602	5 068	998.64	3 600	136	210	36.05	1.362	2.103	0.71	0.027	41.29
合计		8	240	2 181	18 636	3 662.71	12 600	643	910.2	34.40	1.756	2.485	0.68	0.035	48.79

注：表列为实际开动台班，包括修理及其他停台时间。

(3)分析计算喷粉桩预算定额。

在以上统计数据的基础上，得到完成 1 m 或 10 m³ 的工、料、机消耗数量，然后从《公路基本建设工程概预算编制办法》附录十查到人工、材料单价，并从《公路工程机械台班费用定额》(JTG/T B06—03—2007)中查到相应的机械台班单价，综合各方面因素后分析计算得到喷粉桩预算(参考)定额如下：

序号	项目	单位	单位(元)	每延长米		每 1 m^3	
				数量	金额(元)	数量	金额(元)
1	人工	工日	16.02	0.62	9.93	31.61	506.39
2	水泥	kg	0.3	50	15.00	2 546	763.80
3	其他材料费	元			3.23		164 060
4	1 500 mm 回旋钻机	台班	850.85	0.05	42.54	2.52	2 144.14
5	6 m^3/min 空压机	台班	208.76	0.05	10.44	2.52	526.08
6	小型机具使用费	元			0.55		28.00
7	基价	元			81.69		4 133.01

注：若钻机、空压机型号不同，台班单价也应随之变动。

复习思考题

1. 简述预算定额的概念和作用。
2. 预算定额的人工消耗量指标由哪几部分组成？
3. 预算定额消耗量指标如何确定？
4. 预算定额的基价是怎样构成的？
5. 熟悉定额运用的各种方法。

第四章　公路工程概算定额

本章重点提示　了解概算定额的作用、主要内容、适用范围、工程项目划分和使用方法。

一、概算定额的概念和作用

概算是以预算定额为基础，根据通用设计标准和标准图等，经过适当综合扩大而编制的，它是确定一定计量单位扩大分项工程的工、料和机械台班消耗量的标准。

现行公路工程概算定额由交通部颁布，它在预算定额的基础上，考虑新技术、新工艺、新材料和新施工设备综合而成，能适应各等级公路概算编制的要求。当基本建设进入初步设计阶段或技术设计阶段时，必须编制设计概算或修正概算。概算定额是编制设计概算或修正概算的依据之一。其主要作用如下：

(1)概算定额是编制设计概算和修正概算的主要依据；

(2)概算定额是编制建设项目投资估算指标的基础；

(3)概算定额是进行设计方案和施工方案经济比较的依据；

(4)概算定额是编制主要材料供应量的基础；

(5)概算定额是确定基本建设项目投资额，编制基本建设计划，实行基本建设大包干，控制基本建设投资和施工图预算的依据。

二、概算定额的编制依据

(1)现行的全国通用的设计标准、规范和施工验收规范；

(2)现行的预算定额；

(3)标准设计和有代表性的设计图纸；

(4)过去颁布的概算定额；

(5)现行的人工工资标准，材料预算价格和施工台班单价；

(6)有关施工图预算和结算资料。

三、概算定额编制的原则和指导思想

为提高设计概算质量，加强基本建设经济管理，合理使用国家建设资金，降低建设成本，充分发挥投资效果，在编制概算定额时必须遵循以下原则：

(1)概算定额应适应设计、计划、统计和拨款的要求；

(2)概算定额水平必须反映正常条件下大多数企业的设计、生产和管理水平，应与预算定额的水平基本一致；

(3)概算定额的编制深度应适应设计深度；

(4)概算定额的项目划分应坚持简化、准确、适用的原则，计量单位与预算定额尽量保持一致。

四、概算定额的主要内容

（一）概算定额的组成

概算定额是由总说明、路基工程、路面工程、隧道工程、涵洞工程、桥梁工程、其他工程及沿线设施、临时工程等部分组成的。

（二）概算定额表的构成

(1)表名：位于表最上方，是指概算定额中工程项目名称。

(2)工程内容：位于表左上方，是指该工程项目的主要工作内容。

(3)单位：位于表右上方，是指该工程项目的单位，如“10 m^3”。

(4)顺序号：位于表左边第一列，是指该工程项目所需工料机的先后顺序。

(5)项目：位于表左边第二列，是该项目工料机等的名称。

(6)单位：位于表左边第三列，是该项目工料机等对应的单位。

(7)代号：位于表左边第四列，是计算机对工料机等名称的识别代号。

(8)子目录名：是该项目涉及的子目录名称。

(9)其他材料费：指该项目使用的一一列入的小型材料费用。

(10)材料总重量：指该项目使用材料的总重量，供施工安排之用。

(11)小型机具使用费：指该项目未列入机械台班费用定额的小型机械、工具等使用费。

(12)基价：指该项目涉及的工料机的定额基价，是用来计算其他费用的基数。

(13)定额表号的表示方法有很多种，一般采用：页号—表号—细目号—栏目号或直接采用表号—细目号—栏目号。

（三）概算定额说明

(1)《公路工程概算定额》(JTG/T B06—01—2007)是全国公路专业统一定额，它是编制初步设计概算的依据，也是编制建设项目投资估算指标的基础。适用于公路基本建设、新建、改建工程。对于公路养护的大中修工程，可参考使用。

(2)本定额是以人工、材料、机械台班消耗量表现的工程概算定额。编制概算时，其人工费、材料费、机械使用费应按《公路工程基本建设项目概算预算编制办法》(JTG B06—2007)的规定计算。

(3)本定额包括路基工程、路面工程、隧道工程、涵洞工程、桥梁工程、其他工程及沿线设施、临时工程共七章。如需使用材料采集加工、材料运输定额，可采用《公路工程预算定额》(JTG/T B06—02—2007)的规定计算。

(4)本定额是按照合理的施工组织和施工条件编制的。定额中所采用的施工办法和工程质量标准，是根据国家现行的公路工程施工技术及验收规范、质量评定标准及安全操作规程取定的，除定额中规定允许换算者外，均不得因具体工程的施工组织、操作方法和材料消耗与定额的规定不同而变更定额。

(5)本定额是以部颁的现行标准设计图为依据而编制的，没有标准设计图的定额项目，则选择有代表性的设计图或施工详图。不同载重标准和不同桥宽均可适用本定额。

(6)本定额除潜水工作每工日 6 h，隧道工作每工日 7 h 外，其余均按每工日 8 h 计算。

(7)本定额中所列的工程项目，除扼要说明了所综合的工程项目外，均包括各项目的全部施工过程的内容和辅助工日。

(8)建筑材料、成品、半成品从现场堆放地点或厂内加工地点至操作或安装地点的场内水平或垂直运输所需的人工和机械消耗，已按一般正常合理的施工组织设计计算在定额项目内，并考虑了材料发生二次倒运费用和场内运输超运距用工，以及材料从工地仓库运至施工现场用工。除定额中另有说明者外，均不得另行增加。

(9)本定额中的材料消耗量是按现行材料标准的合格料和标准规格料计算的。定额内材料、成品、半成品均已包括场内运输及操作损耗。桥涵、隧道工程的各个项目，还包括材料的一定幅差，编制预算时，不得另行增加。其场外运输耗损、仓库保管耗损以及由于材料供应规格和质量不符合规定而发生的加工损耗，应在材料预算价格内考虑。

(10)本定额中周转性的材料、模板、支撑、脚手架和挡土板等的数量，已考虑了材料的正常周转次数并计入定额内。其中就地浇筑钢筋混凝土梁用的支架及拱圈用的拱盔、支架，如确因施工安排达不到规定的周转次数，可根据具体情况进行换算并按规定计算进行回收，其余工程一般不予换算。

(11)定额中列有的混凝土、砂浆的强度等级和用量，其材料用量已按预算定额附录中配合比表规定的数量列入定额，不得重算。如设计采用的混凝土、砂浆强度等级或水泥强度等级与定额所列强度等级不同，可按预算定额附录所列的配合比进行换算。但实际施工配合比材料用量与定额配合比表用量不同时，除配合比表说明中允许换算者外，均不得调整。

(12)本定额中各类混凝土均未考虑外掺剂的费用，如设计需要添加外掺剂，可按设计要求另行计算外掺剂的费用并适当调整定额中的水泥用量。

(13)本定额中各类混凝土均按施工现场拌和进行编制，当采用商品混凝土时，可将相关定额中的水泥、中(粗)砂、碎石的消耗量扣除，并按定额中所列的混凝土消耗量增加商品混凝土的消耗。

(14)本定额中只列工程所需的主要材料用量和主要机械台班数量。次要、零星材料和小型机具均未一一列出，分别列入“其他材料费”及“小型机具使用费”内，以“元”表示，编制概算即按此计算。

(15)本定额中各项目的施工机械种类、规格是按一般合理的施工组织确定的，如施工中实际采用的机械种类、规格与定额规定的不同，一律不得抽换。

(16)本定额中的施工机械的台班消耗，已考虑了工地的合理的停置、空转和必要的备用量等因素。

(17)本定额中未包括公路养护、管理、房屋等工程，如养路道班房、桥头看守房、收费站房等工程，这类工程应执行地区的建筑安装工程定额。

(18)其他未包括的项目，各省、自治区、直辖市交通厅(局)可编制补充定额在本地区执行，并报交通部备案；还缺少的项目，各设计单位可编制补充定额，随同概算文件一同送审，并将编制依据送各省、自治区、直辖市公路（交通）工程定额站备查。所有补充定额均应按本定额的编制原则、方法进行编制。

(19)本定额遇有下列情况，可按《公路工程基本建设项目概算预算编制办法》(JTG B06—2007)中的有关规定办理：①冬、雨季施工的工程；②夜间施工的工程；③高原地区施工的工程；④边施工边维持通车的工程。

(20)定额中注明“×××以内”或“×××以下”者，均包括“×××”本身；而注明“×××以外”或“×××以上”则不包括“×××”本身。定额内数量带“( )”者，则表示基价中未包括其价值。

(21)定额中凡是定额名称中带有“※”号者，均为参考定额，使用定额时，可根据情况进行调整。

(22)本定额的基价是人工费、材料费、机械使用费的合计价值。基价中人工费、材料费基本上是按北京市2007年的人工、材料预算价格计算的，机械使用费是按2007年交通部颁布的《公路工程机械台班费用定额》(JTG/T B06—03—2007)计算的。

(23)定额中的“工料机代号”是编制概算采用计算机计算时作为对工、料、机械名称识别的符号，不可随意变动。编制补充定额时，遇有新增材料或机械名称，可取相近品种材料或机械代号间的空号。

(24)路基工程定额包括伐树、挖根、除草、清除表土，土方工程，机械碾压路基，石方工程，洒水车洒水，路基零星工程，软土地基处理，砌石防护工程，混凝土防护工程，加筋土挡土墙及锚碇板式挡土墙，铺草皮，编篱及铁丝（木竹）笼填石护坡，防雪、防沙设施等工程项目。

(25)路面工程定额包括低级、中级、次高级、高级四种类型路面，以及路槽路肩、垫层、基层，除沥青混合料路面以100 m^3 路面实体为计算单位外，其余均以1 000 m^2 为计算单位。

(26)隧道工程定额包括人工开挖，机械开挖轻轨斗车运输，机械开挖自卸车运输，喷射混凝土及锚杆支护，现浇混凝土衬砌，石料、混凝土预制块衬砌，装饰，照明、通风设施共8个项目。

(27)涵洞工程按常用的结构分为石盖板涵、石拱涵、钢筋混凝土圆管、钢筋混凝土盖板涵、钢筋混凝土箱涵5类。如为其他类型，可参照有关定额进行编制。

(28)桥梁工程定额包括围堰筑岛、基础工程、下部构造、上部构造、小桥扩大定额等。

(29)交通工程及沿线设施包括交通安全设施、服务设施和管理设施等项目。

(30)临时工程包括汽车便道，临时便桥，临时码头，轨道铺设，架设输电、电信线路，人工夯打小圆木桩共6个项目。

【例4-1】某路基在新疆境内，海拔2 800 m，山岭重丘地形，机械打眼开炸，次坚石，推土机清运，运距80 m，试确定其概算定额。

解：(1)公路工程概算定额编号：24 - 1 - 1 - 12 - (6 + 8 × 4)。

(2)定额值如下：

单位：1 000 m^3 天然密实岩石；

人工：105.7 + 3.2 × 4 = 118.5（工日）；

空心钢钎:18.0 kg;

合金钻头:25.0 个;

硝铵炸药:179.0 kg;

导火线:481 m;

普通雷管:381 个;

其他材料费:26.4 元;

135 kW 以内履带式推土机:4.51 + 0.99 × 4 = 8.47(台班);

9 m^3/min 以内机动空压机:8.45 台班;

小型机具使用费:494.4 元;

定额基价:18 221 + 1 329 × 4 = 23 537(元/1 000 m^3)。

【例 4-2】某一级公路路基全程长 10 km,按设计断面计算的填土数量为 200 万 m^3,平均填土高度 6 m,平均边坡长度 9 m,两边各宽填 0.2 m,路基宽 40 m,普通土,无利用方,路基占地及取土坑均为耕地。采用 1 m^3 以内斗容单斗挖掘机挖装土方,平均挖深 2 m,填土前以 12 t 光轮压路机压实耕地。设 12 t 光轮压路机的有效作用力为 6.6 kg/cm^2,普通土的抗深陷系数为 0.35 kg/cm^3。试确定:路基宽填增加土方量为多少?填前压实增加土方量为多少?总计价土方量(压实方)为多少?挖掘机挖装借方作业所需工料机消耗量及基价为多少?

解:(1)路基宽填增加土方量为:10 000 × 9 × 0.2 × 2 = 36 000(m^3)。

(2)按概算路基工程说明,当以填方压实体积为工程量,采用以天然密实方为计量单位时,普通土的换算系数为 1.16,则宽填所需借方(压实方) = 36 000/1.16 = 31 034(m^3)。

(3)按概算路基工程说明,因路基沉陷需增加的填方应计入路基填方。天然土压实产生的沉降量为 6.6/0.35 = 18.86(cm),填前压实增加的土方量 = 40 × 10 000 × 0.188 6 = 75 440(m^3)。

(4)总计价方(压实方) = 2 000 000 + 31 034 + 75 440 = 2 106 474(m^3)。

(5)挖掘机挖土方(借方)工料机消耗量:查概算定额 10 - 1 - 1 - 6 - 5 并根据说明 3 计算工料机消耗量为:

人工:14.7 × 2 106 474 × 1.16/1 000 = 35 919.59(工日);

75 kW 以内履带式推土机:0.44 × 2 106 474 × 1.16/1 000 = 1 075.14(台班);

1 m^3 以内单斗挖掘机:2.06 × 2 106 474 × 1.16/1 000 = 5 033.63(台班)。

(6)由基价表 10 - 1 - 1 - 6 - 5 查得 1 m^3 以内单斗挖掘机挖装土方的基价为 2 694/1 000天然密实方,则本例借方(压实方)总基价为:2 106 474 × 1.16 × 2 694/1 000 = 6 582 815.51 元/1 000 m^3。

【例 4-3】某二级公路二灰碎石稳定基层,设计厚度为 16 cm,设计配合比为石灰:粉煤灰:碎石 = 5:14:82,试确定石灰、粉煤灰、碎石的概算定额值。

解:由概算定额 123 - 2 - 1 - 4 - 21 及路面工程说明可知,定额规定 15 cm 压实厚度配合比为 5:15:80,其材料用量为 15.829:63.31:164.89;厚度每增减 1 cm 材料用量为 1.055:4.22:10.99,则换算后各种材料用量为:

石灰：$(15.829+1.055\times1)\times5/5=16.884$(t)；

粉煤灰：$(63.31+4.22\times1)\times14/15=63.03$($m^3$)；

碎石：$(164.89+10.99\times1)\times82/80=180.28$($m^3$)。

【例 4-4】江苏省长津线采用厂拌稳定土基层，设计厚度 36 cm，设计配合比石灰∶粉煤灰∶碎石为5∶15∶80，试确定其概算定额。

解：(1)由于该段基层为36 cm厚，根据分部说明1的规定，在进行分层拌和、碾压时，拖拉机、平地机、压路机台班按照定额数量加倍，每1 000 m^2 增加3.0个工日。

(2)概算定额表编号 125－2－1－4－(35＋36×21)，定额值如下：

人工：$21.8+1.1\times21+3=47.9$(工日)；

生石灰：$15.829+1.055\times21=37.984$(t)；

粉煤灰：$63.31+4.22\times21=151.93$($m^3$)；

碎石：$164.89+10.99\times21=395.68$($m^3$)；

120 kW 以内自行式平地机 $0.52\times2=1.04$(台班)；

6～8 t 光轮压路机 $0.42\times2=0.84$(台班)；

12～15 t 光轮压路机 $1.30\times2=2.60$(台班)；

235 kW 以内稳定土拌和机 $0.30+0.02\times21=0.72$(台班)；

6 000 L 以内洒水汽车 0.94 台班。

根据《公路工程机械台班费用定额》(JTG/T B06—03—2007)查得需调整机械台班单价：

代号 1057 120 kW 以内自行式平地机 908.89 元/台班；

代号 1075 6～8 t 光轮压路机 251.49 元/台班；

代号 1057 12～15 t 光轮压路机 411.77 元/台班。

根据《公路工程预算定额》(JTG/T B06—02—2007)附录四查得需增加人工工日单价：49.20 元/工日。

定额基价：$10\,718.00+611.00\times21+0.52\times908.89+0.42\times251.49+1.3\times411.77+3\times49.20=24\,810.15$(元/1 000 m^2)。

【例 4-5】某工程沥青混合料路面，15 t 以内自卸车装运，运距 10 km 拌铺沥青混凝土混合料 LH－15(120 t/h 内)，试确定其概算定额值。

解：(1)路面铺设：拌铺沥青混凝土混合料 LH－15(120 t/h 内)，查概算定额 198－2－2－10－39 可知：

人工 92.5 工日；

石油沥青 122.536 t；

砂 471.22 m^3；

矿粉 128.404 t；

石屑 261.18 m^3；

路面碎石(1.5 cm)723.22 m^3；

其他材料费 287.5 元；

2 m^3 以内轮胎式装载机 7.14 台班；

6 ~8 t 光轮压路机 8. 23 台班；

12 ~15 t 光轮压路机 6. 17 台班；

120 t/h 以内沥青拌和设备 3. 80 台班；

6 m^3 以内沥青混合料摊铺机 4. 18 台班；

16 ~20 t 轮胎式压路机 2. 81 台班；

20 ~25 t 轮胎式压路机 1. 20 台班；

5 t 以内自卸汽车 3. 96 台班；

定额基价:652 325 元/1 000 m^3。

(2) 材料运输:15 t 以内自卸车装运,运距 10 km:

查概算定额 222 -2 -2 -15 -(21 +23 ×18)可知:

15 t 以内自卸车 6. 13 +0. 63 ×18 =17. 47(台班);

定额基价:4 199 +432 ×18 =11 975(元/1 000 m^3)。

【例 4-6】某主桥灌注桩采用回旋钻机钻孔,桩径 120 cm,孔深 40 m,黏土,干处埋设钢护筒,灌注桩混凝土用回旋、潜水钻起重机吊斗无拌和船施工,混凝土拌和站拌和(40 m^3/s 以内),6 m^3 搅拌运输车运送 3 km,试确定其定额值。(混凝土拌和站安拆不计)

解:(1) 回旋钻机钻孔,桩径 120 cm,孔深 40 m,黏土定额值查定额表 403 -5 -14 -18 可知:

人工 10. 0 工日;

锯材 0. 01 m^3;

电焊条 0. 200 kg;

铁件 0. 1 kg;

水 26. 0 m^3;

黏土 4. 30 m^3;

其他材料费 0. 8 元;

设备摊销费 10. 3 元;

1. 0 m^3 以内履带式单斗挖掘机 0. 03 台班;

15 t 以内载货汽车 0. 08 台班;

15 t 以内履带式起重机 0. 08 台班;

ϕ1 500 mm 以内回旋钻机 1. 96 台班;

泥浆搅拌机 0. 38 台班;

32 kVA 以内交流电弧焊机 0. 03 台班;

定额基价:2 859 元/10 m。

(2) 钢护筒制作埋设拆除。

查定额表 512 -5 -1 -17 -6 可知:

人工 9. 1 工日;

钢护筒 0. 100 t;

黏土 6. 41 m^3;

5 t 以内汽车式起重机 0. 16 台班;

定额基价:1 042 元/t。
(3)灌注桩混凝土回旋、潜水钻起重机吊斗无拌和船定额值。
查定额表 509 -5 -1 -16 -14 可知:
人工 9.1 工日;
钢管 0.084 t;
电焊条 0.3 kg;
32.5 级水泥 5.132 t;
水 3 m^3;
中(粗)砂 6.01 m^3;
碎石(4 cm)9.01 m^3;
其他材料费 4.8 元;
设备摊销费 51.6 元;
12 t 以内汽车式起重机 0.40 台班;
32 kVA 以内交流电弧焊机 0.09 台班;
小型机具使用费 2.30 元;
定额基价:3 771 元/10 m^3。
(4)钢筋工程现浇灌注桩钢筋定额。
查定额表 651 -5 -4 -1 -3 可知:
人工 5.1 工日;
光圆钢筋 0.112 t;
带肋钢筋 0.913 t;
电焊条 5.1 kg;
铁丝 2.2 kg;
12 t 以内汽车式起重机 0.12 台班;
30 kVA 以内交流电弧焊机 0.87 台班;
小型机具使用费 15.5 元;
定额基价:3 955 元/t。
(5)混凝土拌和(40 m^3/h 以内混凝土拌和站拌和)。
查定额表 638 -5 -3 -32 -11 可知:
75 kW 以内履带式推土机 0.43 台班;
1 m^3 以内轮式装载机 0.43 台班;
40 m^3/h 以内混凝土搅拌站 0.50 台班;
定额基价:973 元/100 m^3。
(6)6 m^3 搅拌运输车运混凝土 3 km。
查定额表 640 -5 -3 -32 -(20 +21 ×5)可知:
6 m^3/h 以内混凝土搅拌运输车 1.38 +0.08 ×5 =1.78(台班);
定额基价:1 699 +98 ×5 =2 189(元/100 m^3)。

复习思考题

1. 简述概算定额的作用和主要内容。

2. 确定某桥梁工程的预制钢筋混凝土 T 型梁的概算定额。已知混凝土标号 C30,采用蒸汽养护施工。

3. 某工程采用厂拌稳定土基层,设计厚度 36 cm,设计配合比石灰:粉煤灰:碎石为 4:12:85,试确定其概算定额。

第五章　公路工程估算指标

本章重点提示　注意估算指标的作用、主要内容、适用范围、工程项目划分和使用方法。

一、《公路工程估算指标》的概念和作用

《公路工程估算指标》(以下简称《估算指标》)和《公路基本建设工程投资估算编制办法》由交通部颁发。《估算指标》是一种比概算指标更为扩大的单位工程指标或单项工程指标,它是以某项目或某单位工程或单项工程为对象,综合项目全过程投资和建设技术型经济指标,具有和概预算定额不同的特点和作用。其作用如下:

(1)《估算指标》是项目建议书和可行性研究报告的编制基础;

(2)《估算指标》是建设项目经济性比较的基础;

(3)《估算指标》是建设项目造价确定的控制依据。

二、《估算指标》的主要内容

(一)《估算指标》的构成

《估算指标》由总说明、综合指标、分项指标、附录一至附录四等部分构成。

(二)《估算指标》第一部分综合指标表的构成

(1)表名:位于表左上端,是指某等级公路某项目名;

(2)新建工程:位于表左上端,指估算指标适用范围;

(3)单位:位于表右上端,指指标所表示的单位为1 km;

(4)序号:位于表第一列,指指标所含项目的顺序;

(5)项目:位于表第二列,指指标所含的工料机等项目内容;

(6)单位:位于表第三列,指指标所含工料机的计量单位;

(7)代号:位于表第四列,指指标所含工料机等的计算机识别代码;

(8)省、市:指指标所示的工程项目所在地,其下的数据代号称为栏号;

(9)指标基价:指指标表示的工料机价格之和。

(三)《估算指标》第二部分分项指标表的构成

(1)表名:位于表左上端,指该项目名称;

(2)工程内容:位于表名下方,指项目所含的主要工作内容;

(3)单位:位于表右上方,指该项目所表示的单位;

(4)序号:位于表第一列,指项目所需的工料机等的先后顺序;

(5)项目:位于表第二列,指项目所需的工料机的名称;

(6)单位:位于表第三列,指项目所需的工料机等的计量单位;

(7)代号:位于表第四列,是指项目所需的工料机等的计算机识别代码;

(8)子目:表示该项目所含的子目名称,其数据代号为栏号;

(9)指标基价:表示该项目所含的工料机价格和。

(四)《估算指标》总说明

(1)《估算指标》是全国公路专业工程估算指标,适用于公路基本建设新建、改建工程。

(2)《估算指标》分为综合指标和分项指标两大部分。综合指标是编制项目建议书投资估算的依据。分项指标是编制可行性研究报告投资估算的依据,也可作为技术方案比较的参考。

(3)《估算指标》是根据交通部对公路建设项目建议书和可行性研究报告的工作深度要求,以现行的《公路工程技术标准》(JTG B01—2003)、技术规范、《公路工程概算定额》、各项费用定额,以及近几年公路建设项目的设计和竣工资料为依据而制订的,反映了我国当前公路建设的实际情况。因此,编制投资估算时应按本指标的说明及附注(包括允许换算说明)正确使用本指标,不要随意抽换指标内容,以免造成重算或漏算的失误。

对《估算指标》中缺少的项目可以编制地区补充指标。地区补充指标应按照《估算指标》的编制原则、方法进行编制,由各省、自治区、直辖市交通厅(局)批准执行,抄交通部公路工程定额站备案。

当项目建议书阶段的工作深度已达到可行性研究报告的深度时,可采用《估算指标》中的分项指标编制项目建议书投资估算;当可行性研究报告的工作深度已达到初步设计的深度时,可采用《公路工程概算定额》编制可行性研究报告投资估算。

(4)《估算指标》是以主要工程项目的人工、主要材料、其他材料费、机械使用费的消耗量、指标基价为表现形式的指标。主要工程以外的其他工程项目不列工料机消耗量,按主要工程费的百分数计算。编制投资估算时应按《公路工程投资估算编制办法》关于人工费、材料费、机械使用费及各项费用的计算规定计算全部投资。

(5)《估算指标》的基价是按1996年的价格计算的,仅作为计算各项费用的基数,不能作为编制投资估算的依据。

(6)采用《估算指标》做建设项目的工、料数量消耗计划时,应根据建设项目实际所综合的其他工程组合情况予以增列。

(7)《估算指标》的公路路基宽度是按《公路工程技术标准》(JTG B01—2003)中规定的数值的一半取定的(见表5-1)。如设计路基宽度与指标取定值不同,可按有关规定对指标予以调整。

(8)指标表中注明"×××以内"或"×××以下"者,均包括×××本身;而注明"×××以外"或"×××以上"者,则不包括×××本身。

(五)综合指标说明

综合指标适用于编制项目建议书投资估算。综合指标按公路等级以及地形条件分别编制。

1.综合指标包括的内容

综合指标包括建设项目的路基、路面、桥涵、交叉、安全措施、服务措施等主要工程,但不包括全长 1 000 m 以上(含 1 000 m)特大桥工程、隧道工程、辅道工程、支线工程等主要工程。

表 5-1　各级公路路基宽度

公路等级		高速公路、一级公路									二级公路、三级公路、四级公路					
设计速度(km/h)		120			100			80		60	80	60	40	30	20	
车道数		8	6	4	8	6	4	6	4	4	2	2	2	2	2 或 1	
路基宽度(m)	一般值		45.00	28.00	44.00	33.50	26.00	32.00	24.50	23.00	12.00	10.00	8.50	7.50	6.50	4.50
	最小值		42.00	26.00	41.00	—	24.50	—	21.50	20.00	10.00	8.50	—	—	—	

注:①“一般值”为正常情况下的采用值;“最小值”为条件受限制时采用的值。

②8 车道高速公路路基宽度“一般值”为设置左侧硬路肩、内侧车道采用 3.50 m 时的宽度。8 车道高速公路路基宽度“最小值”为不设置左侧硬路肩、内侧车道采用 3.75 m 时的宽度。

上述主要工程以外的其他工程也不包括在综合指标内。其他工程包括:清除场地,拆除旧建筑物、构造物,绿化工程,公路交工前养护,临时轨道铺设,便道,便桥,临时电力线路,临时电信线路,临时码头,改河土方,其他零星工程等。

2. 路线工程项目主要工程计算

(1)路线工程项目按综合指标计算,指标单位为 1 km,工程量按建设项目公路公里总长度计算。如已知建筑项目所含各类工程的工程量,可与指标中附录五所列工程比较;如含量有较大出入,可按调整指标或分项指标的相应项目予以增减。指标中的高速公路、一级公路的路面面积已包括硬路肩的面积,大桥面积的计算规定见分项指标说明。

北京市、天津市、上海市的指标,可采用邻近省份的指标计算,或通过测算编制新的指标报交通部批准后执行。

(2)路线工程项目中如有 1 000 m 以上(含 1 000 m)特大桥工程、隧道工程或设置的辅道工程、支线工程,则应按以下方法另行增列:1 000 m 以上(含 1 000 m)特大桥工程按分项指标的大(中)桥工程有关项目计算;特大桥的调治工程(如导流坝等)按分项指标路基工程的土方及防护工程项目计算;隧道工程按分项指标的隧道工程有关项目计算;辅道工程、支线工程按综合指标中相应等级公路的指标计算。

(3)指标中未综合城市进出口处的大型互通式立体交叉工程,如有此类工程项目,应按分项指标有关项目另行增列。

3. 独立大(中)桥工程项目主要工程的计算

桥梁工程按综合指标中的大(中)桥工程项目计算;调治工程(如导流坝等)按分项指标路基工程的土方及防护工程项目计算;引道工程按综合指标中相应等级公路的项目计算。

4. 其他工程的计算

其他工程不列工料指标,以主要工程费为基数,路线工程、隧道工程、独立大(中)桥工程和路线工程项目中的 1 000 m 以上(含 1 000 m)特大桥工程分别按指标附录一规定的百分数计算。

本指标仅为新建工程项目,如为改建工程,使用本指标时,可按如下调整系数调整本指标：

$$K = \frac{L_1 + L_2 \times 0.8}{L} \tag{5-1}$$

式中 K——调整系数；

L——建设项目路线总长度；

L_1——建设项目中新建路段的长度；

L_2——建设项目中利用旧路的路段长度。

本指标是按一定的路基宽度编制的（见本章（四）第（7）条），如设计路基宽度与指标取定值不同，可按路基宽度比例调整。

（六）分项指标说明

分项指标按路基、路面、桥涵、小桥及标准跨径小于20 m的中桥、标准跨径大于20 m的中桥及大桥、交叉工程及沿线设施等主要工程项目分别编制，主要工程项目以外的工程为“其他工程”，按主要工程费的百分数计算。

分项指标中凡只列有二级公路的项目，二级汽车专用公路及一般二级公路均适用。

1. 主要工程的计算

1）路基工程

路基工程指标分路基土方、路基石方、粉煤灰及填石路堤、排水与防护、特殊路基处理等5个项目。

（1）路基土方：指标单位为1 000 m^3，工程量按设计断面计价方数量计算，即填方数量加挖方数量扣除利用方数量。如设计仅提供断面方数量，平原微丘区项目断面方应乘以系数0.85折成计价方，山岭重丘区项目断面方应乘以系数0.75折成计价方。如断面方绝大部分是借土填方时则不乘折减系数。指标中已综合了耕地填前压实、清除表土后压实、软土地段填土下沉及路基边缘压实加宽等所需增加土方量和洒水用量。机械施工项目不分机械种类均适用，当平均运距超过指标规定的运距时，其超过部分可按远运指标计算。路基借土需赔偿土地费时，其费用计入“拆迁赔偿费”项目内。

（2）路基石方：指标单位为1 000 m^3，工程量按开挖天然密实断面方计算。

（3）粉煤灰及填石路堤：指标单位为1 000 m^3，工程量按设计断面压实方计算。本指标高速公路、一级公路填石路堤指标适用于购买或采集石渣填筑路堤，要求是石渣最大粒径不得大于20 cm，路槽底面以下80 cm范围内不得大于12 cm。二级、三级、四级公路填石指标适用于利用路基石方填筑路堤，其石方调运应在路基石方中计算。

（4）排水与防护：指标单位为100 m^3圬工和1公路公里。工程量：砌石圬工包括浆砌及干砌，按挡土墙、护岸墙、护坡、边沟、急流槽等砌石圬工实体数量计算；混凝土圬工按护坡、现浇混凝土挡土墙、锚锭板式挡土墙等混凝土圬工实体数量计算；加筋土挡土墙按面板、基础垫板、檐板等混凝土圬工实体数量计算；其他排水防护工程按建设项目路线总长度公路公里计算。加筋土挡土墙指标中已综合了防渗层、泄水层、基底垫层、填内心以及墙角铺砌等工程。中间带排水设施、非圬工防护工程（如铺草皮护坡、铁丝护坡等）、边沟涵以及其他零星排水防护工程等已综合在其他排水防护工程指标中。

（5）特殊路基处理：指标单位为1 km，工程量按需要处理的路基长度计算。二级以下等级公路的软土处理指标中已综合了因地基含水量过大而进行表土换填或翻挖掺灰处理方法。高速公路及一级公路软土处理指标中未综合该方法的费用,如高速公路或一级公路仅采用换土或翻挖掺灰方法处理地基时,可采用二级公路软土处理指标计算。指标中未综合防雪设施,需要时可采用《公路工程概算定额》(JTG /T B06—01—2007)中的有关项目计算。本指标是按一定的路基宽度编制的,如设计路基宽度与取定值不同,可按路基宽度比例调整。

(6)路基土(石)方远运指标的计算:不足第一个指标运距单位的,均按第一个指标运距单位计算;超过第一个指标单位时,其运距尾数不足一个指标单位的,均按一个指标单位计算。

2)路面工程

路面工程指标分路面垫层,稳定土基层,其他路面基层,沥青路面,水泥混凝土路面,其他路面,拦水带、沥青路面镶边及路缘石等7个项目。

沥青路面及水泥混凝土路面指标单位为100 m^3,工程量按路面实体计算。

基层、垫层及其他路面指标单位为1 000 m^2,工程量按面积计算。

拦水带、沥青路面镶边及路缘石指标单位为1 000 m,工程量按需要设置的长度(指单边长度)计算。路面面层、稳定土基层、级配碎(砾)石基层的压实厚度在15 cm以内,填隙碎石基层的压实厚度在12 cm以内,垫层及其他种类的基层压实厚度在20 cm以内,机械使用费按指标数量计算。如实际压实厚度超过上述压实厚度,需要进行分层拌和、碾压时,机械使用按指标附录的规定增列。

挖路槽、填路肩已综合在有关指标项目中。

3)隧道工程

隧道工程指标分洞身,洞门,装饰、照明及通风等三个项目。

(1)洞身:指标单位为100 m^2,工程量按隧道正洞面积计算。

(2)洞门:指标单位为每端,一座隧道应按两端洞门计算。

(3)装饰、照明及通风:指标单位为100 m^2,工程量按隧道正洞面积计算。

隧道正洞面积为隧道长度与隧道宽度的乘积。隧道长度指进出口洞门端墙墙面之间的距离,即两端墙墙面与路面的交线同路线中线交点间的距离。隧道宽度指行车道加侧向宽度加人行道或检修道的宽度。本指标均指隧道洞内工程,即隧道进出口洞门端墙墙面之间的工程。距洞口500 m以内的编制,若工作面距洞口长度超过500 m,每增长500 m(不足500 m时按500 m计),人工工日及机械使用费应按指标增加5%。指标中隧道洞身项目列出了衬砌圬工的数量,如工程可行性研究设计达到一定的深度,能提出隧道衬砌圬工数量时,可按衬砌材料调整指标换算洞身指标。衬砌圬工的工程量计算规定:混凝土衬砌为喷射混凝土、现浇拱顶、边墙、仰拱混凝土衬砌圬工;石料衬砌为拱顶、边墙砌石衬砌圬工。指标中未综合隧道内消防及救援设施、消声设施等,需要时可根据《公路工程概算定额》(JTG/T B06—01—2007)、《公路工程预算定额》(JTG/T B06—02—2007)中的有关项目另行计算。指标中三级公路指标同样适用于四级公路,当四级公路采用行车道净宽小于3.5 m时,可按三级公路指标乘以1.3的系数计算。

4）涵洞工程

涵洞工程指标单位为1道，工程量不分涵洞类型，按总道数计算。

跨径小于0.5 m的灌溉涵洞已综合在指标中，不得将这些灌溉涵的道数作为工程量参加计算。指标是按一定的路基宽度编制的（路基宽度取定值见总说明第（7）条），如设计路基宽度与指标宽度取定值不同，可按如下系数调整本指标：

路基设计宽度大于取定值：

$$K = 1 + (\gamma - 1) \times n \tag{5-2}$$

路基设计宽度小于取定值时：

$$K = \frac{1}{1 + (\gamma - 1) \times n} \tag{5-3}$$

式中 K——指标调整系数幅度；

γ——路基宽度每增减1 m调整系数，见表5-2。

n——路基宽度增减幅度，m。

表5-2 路基宽度每增减1 m调整系数

公路等级	高速公路	一级公路	二级公路	三级公路	四级公路
调整系数 γ	1.020	1.025	1.040	1.050	1.055

5）桥梁工程

桥梁工程指标分小桥及标准跨径小于20 m的中桥和标准跨径大于20 m的中桥及大桥两项，标准跨径大于20 m的中桥及大桥又分为一般结构桥梁（如预应力空心板、T形梁等）和技术复杂结构桥梁（如斜拉桥等）两部分。指标均包括基础、下部、上部、桥台锥坡等工程。当设置导流坝、丁坝等调治构造物时，其圬工及土方工程应分别按防护工程指标及路基土方指标另行计算。而改河土方工程的投资则已包括在“其他工程”指标中。四级公路采用行车道净宽3.5 m时，指标乘以1.3的系数。

（1）小桥及标准跨径小于20 m的中桥：指标单位为100 m^2 桥面，不分结构类型。工程量按各种结构桥梁的桥面面积之和计算。

（2）标准跨径大于20 m的一般结构中桥及大桥：指标单位为100 m^2 桥面，分结构类型编列。工程量按桥面面积计算。

（3）技术复杂大桥：

①基础工程：指标单位为10 m^3 实体。扩大基础工程量，按基础设计混凝土圬工实体计算。沉井基础工程量：钢筋混凝土沉井按井体、封底、封顶、填心等设计混凝土圬工实体计算；钢壳沉井按井壁、封底、封顶、填心等设计混凝土圬工实体计算。灌注桩基础工程量按设计桩径的混凝土圬工实体计算。承台及围堰工程量按承台及承台封底混凝土圬工实体计算。

②下部构造：指标单位为10 m^3 实体。工程量按墩台或索塔设计混凝土圬工实体计算。

③上部构造：指标单位为100 m^2 桥面。工程量按桥面面积计算。桥面面积为桥梁全长与桥面宽度的乘积。有桥台的桥梁全长为两岸桥台侧墙或八字墙尾端间的距离；无桥

台的桥梁为桥面系行车道的长度。桥面宽度为行车道加人行道或安全带或桥梁护栏并计算至外缘。指标中均已综合混凝土集中拌和、混凝土运输及拌和站安拆,混凝土构件蒸汽养生及蒸汽养生室建筑,行车道桥头搭板等项目。指标中的预应力混凝土简支箱梁项目同样适用于先简支后连续的预应力混凝土连续箱梁工程。指标中的沉井基础仅适用于水深在 10 m 以内的桥梁工程,水深在 10 m 以上时,应编制补充指标计算。

如工程可行性研究设计达到一定的深度,能提出技术复杂大桥上部构造用高强钢丝(钢绞丝)和基础工程用的钢壳沉井或双壁钢围堰,以及上部构造、下部构造、基础等各部位用的Ⅰ、Ⅱ级钢筋数量,使用本指标时,可按实际设计数量调整上部构造、下部构造和基础工程指标中高强钢丝(钢绞丝)及Ⅰ、Ⅱ级钢筋的数量和钢壳沉井指标或承台及围堰指标中加工钢材的数量。

6)交叉工程

交叉工程指标分互通式立体交叉、分离式立体交叉、平面交叉、通道、人行天桥及渡槽等 5 个项目。

(1)互通式立体交叉:按跨线桥、匝道、被交道分别编制。

①跨线桥:指标单位为 100 m^2 桥面,工程量按桥面面积计算。桥面面积的计算规定同大(中)桥。指标包括基础、下部、上部、桥台锥坡等全部工程。指标适用于匝道桥。

②匝道:指标单位为 1 km,工程量按设计长度计算。指标包括除匝道以外的路基、路面、构造物以及其他附属设施等全部工程。指标是按匝道路基宽度 7 m 编制的,如设计匝道宽度与指标取定值不同,可按如下系数调整指标:

$$K = \frac{W_1 - W_0 \times 0.8}{W_0} + 1 \tag{5-4}$$

式中 K——指标调整系数;

W_1——设计匝道路基宽度,m;

W_0——指标取定匝道路基宽度,m。

③被交道:指标单位为 1 km,工程量按设计整修长度计算。指标包括路基、路面、构造物以及其他附属设施等全部工程。指标中路况差指被交道路面需全部重新修建或大部分路面需补强;路况好指被交道路面基本完好,只需进行小面积的处理。指标仅指被交道的整修工程,如被交道属改线或为规划路、等级提高(改建)等情况,应根据设计数量套用相应的分项指标计算或按照相应等级的综合指标进行估算,单列工程项目。

(2)分离式立体交叉:按跨线桥、被交道分别编制。

①跨线桥:指标单位为 100 m^2 桥面,工程量按桥面面积计算。桥面面积的计算规定同大(中)桥。其中:顶进箱涵的工程量为公路路基宽度与桥涵长度的乘积。指标包括基础、下部、上部、桥台锥坡等全部工程。

②被交道:指标单位为 1 km,工程量按设计整修长度计算。指标包括路基、路面、构造物以及其他附属设施等全部工程。指标仅指被交道的整修工程,如被交道属改线或为规划路、等级提高(改建)等情况,应根据设计数量套用相应的分项指标计算或按照相应等级的综合指标进行估算,单列工程项目。

(3)平面交叉:指标单位为 1 处,工程量按需要设置的交叉处数计算。指标包括路基、路面、构造物以及其他附属设施等全部工程。

(4)通道:指标单位为1道,分涵洞式通道和小桥式通道编列,工程量不分涵洞或小桥的结构类型,按需要设置的总道数计算。指标包括通道本身、通道内路面、被交道等全部工程。指标仅适用于跨径为8 m以内的通道工程,跨径超过8 m的通道工程按分离式立体交叉指标计算。指标是按一定的路基宽度编制的(路基宽度取定值见本章(四)第(7)条),如设计路基宽度与指标取定值不同,涵洞式通道可按涵洞工程的调整方法调整本指标,小桥式通道可按路基宽度比例调整本指标。

(5)人行天桥及渡槽:指标单位为1座,工程量不分结构类型,按需要设置的总数量计算。指标包括基础、下部、上部及其他附属设施等工程。

7)安全设施

安全设施指标单位为1公路公里,工程量按建设项目路线总长度计算。

8)服务、管理设施

服务、管理设施指标单位为1公路公里,工程量按建设项目路线总长度计算。

本指标中未综合通信、监控、供电、收费等设备费用,仅包括设备的安装费用和土建工程的费用,设备费应按《公路工程投资估算办法》中的有关规定另行计算。

2. 其他工程的计算

其他工程包括清除场地,拆除旧建筑物、构造物,绿化工程,公路交工前养护,临时轨道铺设,便道,临时电力线路,临时电信线路,临时码头,改河土方,其他零星工程等。

(七)附录

(1)附录一为综合指标及分项指标其他工程指标表。其他工程不列工料机指标,以主要工程费为基数,路线工程、隧道工程、独立大(中)桥工程和路线工程中的1 000 m以上(含1 000 m)特大桥工程分别按指标附录一规定的百分比计算。

(2)附录二为材料预算价格的规格取定表。各种材料的预算价格应按照不同的规格分别取用,其基价可从附录二查得。

(3)附录三为综合指标各等级公路路面的面层结构厚度、总厚度取值表。如果设计的各等级公路路面的垫层结构厚度、总厚度与实际的厚度、总厚度不一样,也可以查本附录予以增减。

(4)附录四为分项指标路面压实厚度超过规定厚度机械费加倍取值表。

(5)附录五为综合指标所含主要工程项目工程量。各省、自治区、直辖市的各等级公路路基土方、路基石方、排水防护、路面、大(中)桥、互通式立交、分离式立交等主要工程项目工程量可以由此表查得。

三、估算指标的应用

估算指标的内容比较多,其应用有许多注意事项,在使用时应按照指标的要求细心计算,特别要求注意不可将综合指标与分项指标混淆。

【例5-1】某高速公路有水泥稳定碎石基层3.2万m^3,压实厚度28 cm。请使用分项指标确定其工、料、机消耗量。

解:(1)指标号为《公路工程估算指标》(交公发[1996]611号)(以下简称《指标》)第

124 页 2 − 2(3 + 4 × 13)。

(2)按指标 108 页说明，稳定土基层压实厚度在 15 cm 以内，超过规定值应按指标 207 页附录四对机械费加倍取值。

(3)工程量实际基层面积为 32 000/0. 28 = 114 285. 71(m^2)。

(4)工、料、机消耗量：

人工：(68 + 3 × 13 + 3. 2) × 114. 285 71 = 12 594(工日)；

水泥：(19. 87 + 1. 31 × 13) × 114. 285 71 = 4 217(t)；

砂、砂砾：9. 7 × 114. 285 71 = 1 109(m^3)；

片石：114 m^3；

碎石：212. 6 + 14. 2 × 13 = 397. 2(m^3)；

块石：0. 9 × 114. 285 71 = 103(m^3)；

其他材料费：(12 + 1 × 13) × 114. 285 71 = 2 857(元)；

机械使用费：(4 339 + 212 × 13 + 826) × 114. 285 71 = 905 257(元)；

指标基价：(18 724 + 1 122 × 13 + 877) × 114. 285 71 = 3 907 086(元)。

【例 5-2】江苏省某高速公路全长 270 km，路基宽度 26 m，其中路基土方 4 000 万 m^3，排水与防护砌石圬工 120 万 m^3，路面 600 万 m^2，互通式立交 20 处，分离式立交 160 处。试用综合指标确定所需工、料、机消耗量。

解：指标号为第 6 页 6 − 1 − 1 − 7；第 208 页附录五 − 1 − 7；第 24 页 24 − 1 − 4 − 82、24 − 1 − 4 − 84、24 − 1 − 4 − 85、24 − 1 − 4 − 86、24 − 1 − 4 − 87、24 − 1 − 4 − 88。

计算结果见表 5-3 和表 5-4。

表 5-3　270 km 工程量变化

工程项目	单位	实际工程量	指标工程量	变化工程量
路基土方	1 000 m^3	40 000	30 834	+9 166
排水与防护	100 m^3	12 000	12 879	−879
路面	1 000 m^2	6 000	6 007. 5	−7. 5
大中桥	100 m^2	2 800	2 656. 8	+143. 2
互通式立交	处	20	20. 736	−0. 736
分离式立交	处	160	112. 32	+47. 68

注：①表中指标工程量为第 208 页附录五 − 1 − 7 中指标数乘以公路里程得到。如表中 30 834 = 114. 2 × 270。

②表中变化工程量为实际工程量减去指标工程量，其值可以为正，可以为负，也可以为零。如表中 9 166 = 40 000 − 30 834。

③变化工程量是增加消耗量的计算基数。

表 5-4　综合指标工、料、机消耗量

项目	单位	代号	第一部分基本指标消耗量	第二部分增加指标消耗量	合计消耗量 = 第一部分基本指标消耗量 ×270 + 第二部分增加指标消耗量 × 相应变化工程量
计算方法或表号			表 6 - 1 - 1 - 7	24 - 1 - 4 - 82(- 84 - 85 - 86 - 87 - 88)	见表 5-3 中变化工程量
人工	工日	1	100 642	61 - 368 - 336 - 1587 - 120427 - 15137	28 266 830
原木	m^3	10	31.33	0 - 0.11 - 0 - 0.62 - 37.21 - 3.08	8 570.7
锯材	m^3	11	87.34	0 - 0.09 - 0 - 2.37 - 63.9 - 12.75	24 403
1 级钢筋	t	16	89.18	0 - 0 - 0.02 - 3.67 - 88.36 - 25.54	25 739.3
2 级钢筋	t	17	178.36	0 - 0 - 0 - 6.73 - 304.24 - 73.66	52 357.6
预应力粗钢筋	t	18	1.04	0 - 0 - 0 - 0.02 - 0 - 0	283.7
钢绞线	t	20	27.31	0 - 0 - 0 - 1.84 - 26.83 - 9.19	8 055.6
高强钢丝	t	25	无此项目	0 - 0 - 0 - 0 - 0 - 0	0
钢材	t	30	109.41	0 - 0 - 0 - 1.35 - 25.47 - 8.09	30 101
波形钢板及型钢立柱	t	47	43.74	0 - 0 - 0 - 0 - 1.5 - 0	11 808.7
加工钢材	t	50	31.27	0 - 0 - 0 - 1.79 - 15.5 - 3.32	8 845.2
钢板标志	t	158	1.34	无此项目	361.8
铝合金标志	t	159	0.86	无此项目	232.2
钢板网及铁丝编制网	m^2	165	995.3	0 - 0 - 0 - 0 - 75.3 - 89.8	268 675.6
水泥	t	240	3 083.59	0 - 9.01 - 15.92 - 64.82 - 3953.5 - 646.16	861 711.5
石油沥青	t	260	651.31	0 - 0.04 - 25.52 - 0.75 - 946.15 - 12.47	175 632.7
生石灰	t	278	1 753.47	0 - 0 - 0.08 - 59.65 - 2974.35 - 60.90	473 633.8
砂、砂砾	m^3	289	1 591.2	0 - 74.1 - 281.4 - 122.4 - 15844.5 - 1516.2	4 317 738.1
片石	m^3	305	7 984.5	0 - 0 - 100.1 - 1.3 - 7254.4 - 554.7	2 091 518.1
碎砾石	m^3	325	17 879.9	0.4 - 3.4 - 454.4 - 121.2 - 27368.2 - 1978.5	4 916 390.5
块石	m^3	343	1 541.9	0 - 11 - 4.5 - 1.1 - 372.3 - 31.2	407 981.4
其他材料费	元	391	8 919 945	3 - 467 - 4317 - 17287 - 561182 - 79645	226 829 720
设备摊销费	元	392	38 155	0 - 0 - 55 - 2703 - 4825 - 3111	11 103 288
机械使用费	元	400	5 248 893	21755 - 160 - 27079 - 69417 - 5695 303 - 344855	1 642 230 800
指标基价	元	999	12 834 142	22747 - 14957 - 102259 - 203886 - 14031654 - 1429379	3 746 825 200

注:①表中第一部分基本指标消耗量由《指标》中第 6 页表 6 - 1 - 1 - 7 查得。

②第二部分增加指标消耗量由《指标》中第 24 页新建工程调整指标 24 - 1 - 4 - 82(- 84 - 85 - 86 - 87 - 88)共 6 栏中查得。

③合计消耗量为基本消耗量与增加消耗量之和。

④基本消耗量等于基本指标消耗量乘以实际工程量 270 km。

⑤增加消耗量等于增加指标消耗量乘以相应的变化工程量。

⑥如表 5-4 中人工 100 642 工日为基本指标数,则人工基本消耗量 = 100 642 × 270 = 27 173 340(工日),表中 61 - 368 - 336 - 1587 - 120427 - 15137 分别是指标中第 24 页新建工程调整指标 24 - 1 - 4 - 82(- 84 - 85 - 86 - 87 - 88)共 6 栏中查得的路基土方、排水与防护、路面、大中桥、互通式立体交叉、分离式立体交叉的人工指标数量。共增加消耗量 = 61 × 9 166 - 368 × 879 - 336 × 7.5 + 1 587 × 143.2 - 120 427 × 0.736 + 15 137 × 47.68 = 1 093 490.3,则合计量 = 27 173 340 + 1 093 490.3 = 28 266 830(工日)。

复习思考题

1. 简述估算指标的作用和主要内容。

2. 拟对某平原微丘区的一条一般二级公路进行改建,路线长度 55 km,可利用原有路段 25 km,新建路段 30 km,试按综合指标计算每公里所需的工、料、机及各项指标。

第六章　公路工程预算单价的确定

本章重点提示　公路工程建筑安装工程直接费包括人工费、材料费和施工机械使用费，是工程概预算的主要组成部分，它是根据实物法来计算的，故其费用的多少不仅取决于人工、材料、机械的实物消耗数量的多少，而且取决于人工、材料、施工机械台班的预算价格。因此，合理地确定人工、材料、机械台班的预算单价是正确计算工程直接费的前提。本章重点介绍了人工、材料、机械台班预算单价的概念、组成和计算方法，要求学生会应用相应的计算公式按实计算人工、材料、机械台班的预算单价。

第一节　人工预算单价的确定

一、人工预算单价的概念与组成

人工预算单价又称为人工费单价，即每工日人工费。人工费是指列入概预算定额的直接从事建筑安装工程施工的生产工人开支的各项费用，内容包括以下方面。

(一)基本工资

基本工资是指发放给生产工人的基本工资、流动施工津贴和生产工人劳动保护费，以及为职工缴纳的养老、失业、医疗保险费和住房公积金等。

生产工人劳动保护费是指按国家有关部门规定标准发放的劳动保护用品的购置费及修理费，徒工服装补贴，防暑降温费，在有碍身体健康环境中施工的保健费用等。

(二)工资性补贴

工资性补贴指按规定标准发放的物价补贴，煤气、燃气补贴，交通补贴，地区津贴等。

(三)生产工人辅助工资

生产工人辅助工资是指生产工人年有效施工天数以外非作业天数的工资，包括开会和执行必要的社会义务时间的工资，职工学习、培训期间的工资，调动工作、探亲、休假期间的工资，因气候影响停工期间的工资，女工哺乳时间的工资，病假在六个月以内的工资及产、婚、丧假期的工资。

(四)职工福利费

职工福利费是指按国家规定标准计提的职工福利费。

二、人工预算单价的计算方法

(一)计算公式

人工费以概预算定额人工工日数乘以每工日人工费(即人工预算单价)计算，公路工程生产工人每工日人工费(即人工预算单价)按如下公式计算：

$$人工预算单价(元/工日)=[生产工人基本工资(元/月)+地区生活补贴(元/月)+工资性津贴(元/月)]\times(1+14\%)\times12月\div240(工日) \quad (6\text{-}1)$$

(二)各项说明

(1)生产工人基本工资:按不低于工程所在地政府主管部门发布的最低工资标准的1.2倍计算。

(2)地区生活补贴:指国家规定的边远地区生活补贴、特区补贴。

(3)工资性津贴:指物价补贴,煤气、燃气补贴,交通费补贴等。

以上各项标准由各省、自治区、直辖市公路(交通)工程造价定额管理站根据当地人民政府的有关规定核定后公布执行,并抄送交通部公路司备案,应根据最低工资标准的变化情况及时调整公路工程生产工人工资标准。

(4)14%:国家规定的职工福利费。

(5)12:指每年12个月。

(6)240:指全年365天中扣除节假日、双休日及生产工人辅助工资中所列内容折算的天数之后的有效劳动天数。

人工工资单价仅作为编制概预算的依据,不作为施工企业实发工资的依据。

【例6-1】某地区,已知生产工人的基本工资为650元/月,物价补贴120元/月,交通费补贴60元/月,试确定工资单价。

解:由公式(6-1)得:

$$工资单价(元/工日)=(650+120+60)\times(1+14\%)\times12\div240=47.31(元/工日)$$

第二节　材料预算单价的确定

一、材料预算单价的概念与组成

材料费是指施工过程中耗用的构成工程实体的原材料、辅助材料、构(配)件、零件、半成品、成品的用量和周转材料的摊销量,按工程所在地的材料预算价格计算的费用。

材料预算价格是指材料由其来源地或交货地,到达工地仓库或中心堆场后的出库价格。由材料原价、运杂费、场外运输损耗、采购及仓库保管费组成。计算公式如下:

$$公路工程材料预算单价=(材料原价+运杂费)\times(1+场外运输损耗率)\times(1+采购及仓库保管费率)-包装品回收价值 \quad (6\text{-}2)$$

二、材料预算单价的计算方法

(一)材料原价

1.外购材料

国家或地方的工业产品(如水泥、钢材、木材、沥青等),按工业产品出厂价格或供销部门的供应价格计算,并根据情况加计供销部门手续费和包装费。如供应情况、交货条件不明确,可采用当地规定的价格计算。

材料供销部门手续费是指某些材料不能直接向生产厂家采购、订货,需经某些物资供应部门供应,其应支付的手续费(包括物资承包公司的劳务费)。

材料包装费,是指为了便于运输材料和保护材料而进行包装所需的一切费用。具体计算时应注意以下两点:

(1)凡由生产厂家负责包装的材料其包装费已计入原价内的,不再另行计算包装费,但包装材料回收价值应予扣除。

其公式如下:

$$\text{包装材料回收价值} = \frac{\text{包装材料原价} \times \text{回收率} \times \text{回收价值率}}{\text{包装器材标准容量}} \tag{6-3}$$

(2)采购单位自备包装品的,应按原包装品的出厂价格根据使用次数分摊计算包装费。

其公式如下:

$$\text{自备包装的包装费} = \frac{\text{包装材料原价} \times (1 - \text{回收率} \times \text{回收价值率}) + \text{使用期维修费}}{\text{周转使用次数} \times \text{包装容器标准容量}} \tag{6-4}$$

2. 地方性材料

地方性材料包括外购的砂、石材料等,按实际调查价格或当地主管部门规定的预算价格计算。

3. 自采材料

自采的砂、石、黏土等材料,按《公路工程预算定额》(JTG/T B06—02—2007)第 8 章“材料采集及加工”定额中的开采单价加辅助生产间接费和矿产资源税(如有)计算。按《公路工程基本建设项目概算预算编制办法》(JTG B06—2007)规定,辅助生产间接费是按人工费的5%计算的。即自采材料原价(也称料场单价)是按下式计算的:

$$\text{自采材料原价} = \text{定额人工费} \times (1 + 5\%) + \text{定额材料费} + \text{定额机械使用费} \tag{6-5}$$

若开采的料场需开挖盖山土石方,可将其综合分摊在料场价格内,以简化计算工作。至于发生的料场的征地赔偿费和复耕费应计入征地补偿费。

4. 说明

(1)材料原价应按实计取。一般由各省、自治区、直辖市公路(交通)工程造价定额管理站通过调查,编制本地区的材料价格信息,供编制概预算使用。

(2)同一种材料有几种原价的,应加权平均计算综合原价。例如:一种地方性材料,经调查有甲、乙两个供货地点,甲出厂价格 230 元/t,乙出厂价格 270 元/t;甲供货量占 60%,乙供货量占 40%。则该地方性材料的综合原价为:230 × 60% + 270 × 40% = 246(元/t)。

【例 6-2】某料场机械压碎石,筛分,碎石最大粒径为 6 cm。已知人工单价为 49.2 元/工日,片石 34 元/m^3,装料口径为 400 mm × 250 mm 的电动碎石机 149.44 元/台班,滚筒式筛分机 164.36 元/台班。试求碎石的原价(即料场单价)。

解:查预算定额编号[965 -(8-1-9) - 16]如本例所示,得:

每 100 m^3 碎石(6 cm)的定额值为:

人工:41.7 工日;片石:111.10 m^3;400 mm×250 mm 电动颚式碎石机 2.71 台班;滚筒式筛分机 2.75 台班。

根据公式(6-5)得:

碎石(6 cm)料场单价 = 41.7×49.2×(1+5%)+111.10×34+2.71×149.44+2.75×164.36
= 6 788.59(元/100 m^3)
= 67.89(元/m^3)

8-1-9　机械轧碎石

工程内容:1)取运片石;2)机轧、筛分碎石;3)接运碎石;4)成品堆方。　　单位:100 m^3 堆方

顺序号	项目	单位	代号	筛分								
				碎石机装料口径(mm×mm)								
				250×150				400×250				
				碎石规格(最大粒径 cm)								
				1.0	1.5	2.0	2.5	4.0	5.0	6.0	7.0	8.0
				10	11	12	13	14	15	16	17	18
1	人工	工日	1	52.3	49.7	48.3	45.9	45.0	42.5	41.7	41.2	40.9
2	片石	m^3	931	119.05	117.60	116.90	115.30	114.90	113.00	111.10	110.50	109.90
3	150 mm×250 mm 电动颚式破碎机	台班	1756	7.91	7.01	6.49	4.80					
4	400 mm×250 mm 电动颚式破碎机	台班	1757					3.42	2.89	2.71	2.58	2.45
5	滚筒式筛分机	台班	1775	8.04	7.13	6.60	4.88	3.48	2.94	2.75	2.63	2.49
6	基价	元	1999	6 426	6 025	5 800	5 183	4 863	4 546	4 423	4 351	4 286

(二)运杂费

运杂费是指材料自供应地点至工地仓库(施工地点存放材料的地方)的运杂费用,包括装卸费、运费,有时还应计囤存费及其他杂费(如过磅、标签、支撑加固、路桥通行等费用),即运杂费=运费+装卸费+杂费。

1.运费的计算

它分社会运输和自办运输两种情况考虑运费的计算。

(1)社会运输:即通过铁路、水路和公路运输部门运输,应按铁路、航运和当地交通部门规定的运价计算运费。公式如下:

公路运杂费={{[运价率×(1+运价率加减成系数)+基本运价率×回空费率]×运距+吨位数}×(1+水陆运输附加费率)+过磅费+

堆高费（含拆垛）+装卸费×（1+装卸费加减成系数）+过路（渡）费+燃油差价×运距｝×单位毛重或毛重系数 （6-6）

船舶运杂费=｛｛［基本运价×（1+运价率加减成系数）×（1+小船队加成系数）+（难行航道加收率×难行航道营运里程）+待闸过闸费］×（1+航区加成系数）+回空运费×30%+基本运价×（1+报站加成系数）｝×（1+水陆运输附加费率）+过磅费+堆高费+装卸费×（1+装卸费加减成系数）+延搁费+燃油差价×运距｝×单位毛重或毛重系数 （6-7）

（2）自办运输：根据概预算编制办法，按运距不同分别计算：

①单程运距在15 km以上的长途汽车运输按当地交通部门规定的统一运价计算运费。

计算公式为：

运费=运价率×运距×单位毛重 （6-8）

式中 运费——每吨货物的运输费用，元/t；

运价率——每吨货物每运输1 km所需的运费（元/（t·km）），按当地运输部门规定采用；

运距——材料供应点到工地仓库的距离，当一种材料有两个以上供应地点时，根据不同的运距、运量、运价，采用加权平均的方法计算运费；

单位毛重——单位毛重=单位重×毛重系数。其中单位重根据《公路工程预算定额》（JTG/T B06—2007）附录四采用。毛重系数按表6-1确定。

表6-1 材料毛重系数及单位毛重

材料名称	单位	毛重系数	单位毛重
爆破材料	t	1.35	—
水泥、块状沥青	t	1.01	—
铁钉、铁件、焊条	t	1.10	—
液体沥青、液体燃料、水	t	桶装1.17，油罐车装1.00	—
木料	m^3	—	1.000 t
草袋	个	—	0.004 t

【例6-3】已知某工地运输筒装液体沥青，运距35 km，运价率0.55元/（t·km），试求单位运费。

解：由公式（6-8）得：

运费=0.55×35×1×1.17（毛重系数）=22.52（元/t）

②单程运距5～15 km的汽车运输按当地交通部门规定的统一运价计算运费。当工程所在地交通不便、社会运输力量缺乏时，如边远地区和某些山岭区，允许按当地交通部门规定的统一运价加50%计算运费。

计算公式为：

运费=1.5×运价率×运距×单位毛重 （6-9）

③单程运距 5 km 以内的汽车运输以及人力场外运输，按《公路工程预算定额》(JTG/T B06—02—2007)第九章计算运费。其中人力运输另按人工费加计 5% 的辅助生产间接费。

计算公式为：

人力运输时

$$运费 = 人工费 \times (1 + 5\%) \tag{6-10}$$

机械运输时

$$运费 = 机械费 = 台班定额 \times 运距 \times 台班单价 \tag{6-11}$$

2. 装卸费的计算

装卸费的计算分为两种情况：

(1)按当地运输部门规定计算，应考虑不同的装卸方法、环节、次数以及物品的单件重量、危险物品等的计算规定。

(2)按《公路工程预算定额》(JTG/T B06—02—2007)第 9 章"材料运输"的相应装卸定额计算，如砂、石材料的装卸。

计算公式如下：

人工装卸时

$$装卸费 = 人工费 \times (1 + 5\%) \tag{6-12}$$

机械装卸时

$$装卸费 = 机械费 = 台班定额 \times 台班单价 \tag{6-13}$$

【例 6-4】已知人工装卸、挑抬运碎石 30 m，人工单价为 49.2 元/工日。求运费和装卸费。

解：查预算定额编号[970 − 9 − 1 − 1 − 5(−6)]如下：

9 1 1　人工挑抬运输

工程内容：1)装料；2)挑(抬)运；3)卸料；4)空回。　　单位：100 m^3 及 100 t

顺序号	项目	单位	代号	土、砂、石屑		黏土		砂砾、碎(砾)石、碎(砾)石土		片石、大卵石		块石	
				100 m^3									
				装卸	挑运 10 m	装卸	挑运 10 m	装卸	挑运 10 m	装卸	挑运 10 m	装卸	挑运 10 m
				1	2	3	4	5	6	7	8	9	10
1	人工	工日	1	9.1	1.9	11.2	1.8	13.1	2.0	15.8	2.5	18.2	3.4
2	基价	元	1999	448	93	551	89	645	98	777	123	895	167

由公式(6-10)得：

运费 = 2.0 × 3 × 49.2 × (1 + 5%) = 309.96(元/100 m^3) = 3.10(元/m^3)

由公式(6-12)得：

装卸费 = 13.1 × 49.2 × (1 + 5%) = 676.75(元/100 m^3) = 6.77(元/m^3)

【**例6-5**】已知采用1 m^3 以内轮胎式装载机装、3 t以内自卸汽车运输片石5 km,装载机台班单价为402.37元,自卸汽车台班单价为295.08元。求运费和装卸费。

解:查预算定额编号[981 -9 -1 -6 -7(-8)]如本例表:

9-1-6　自卸汽车运输(配合装载机装车)

工程内容:1)等待装车;2)运送;3)卸料;4)空回。

Ⅰ.3 t以内自卸汽车　　　　单位:100 m^3 及100 t

顺序号	项目	单位	代号	土、砂、石屑		黏土		砂砾、碎(砾)石、碎(砾)石土		片石、大卵石	
				100 m^3							
				第一个1 km	每增运1 km	第一个1 km	每增运1 km	第一个1 km	每增运1 km	第一个1 km	每增运1 km
				1	2	3	4	5	6	7	8
1	3 t以内自卸汽车	台班	1382	1.33	0.38	1.26	0.36	1.45	0.41	1.56	0.41
2	基价	元	1999	392	112	372	106	428	121	460	121

由公式(6-11)得:

运费 = (1.56 × 1 + 0.41 × 4) × 295.08 = 944.26(元/100 m^3) = 9.44(元/m^3)

查预算定额编号[990 -9 -1 -10 -2]如本例表:

9-1-10　装载机装汽车

工程内容:1)铲料;2)装车。

Ⅰ.1 m^3 以内轮胎式装载机　　　　单位:100 m^3 及100 t

顺序号	项目	单位	代号	土、砂、石屑、黏土、碎(砾)石、碎(砾)石土、煤渣、矿渣、粉煤灰	片石、大卵石	块石	生石灰	煤
				100 m^3			100 t	
				1	2	3	4	5
1	1 m^3 以内轮胎式装载机	台班	1048	0.26	0.31	0.38	0.29	0.26
2	基价	元	1999	105	125	153	117	105

由公式(6-13)得:

装卸费 = 0.31 × 402.37 = 124.73(元/100 m^3) = 1.25(元/m^3)

3. 杂费的计算

杂费指单位材料(1 t,1 m^3,1 kg等)所需的囤存费、过磅费、支撑加固费等。根据具体情况有则计,无则不计。

（三）场外运输损耗

场外运输损耗，是指有些材料（如松散材料：砂、石、散装水泥等），在到达工地仓库或堆场前在正常的场外运输过程中发生的损耗，这部分损耗应摊入材料预算单价内。场外运输损耗以材料的原价加运杂费之和为基数，乘以损耗率计算。材料场外运输损耗率见表6-2。

表6-2　材料场外运输损耗率　（%）

材料名称		场外运输（包括一次装卸）	每增加一次装卸
块状沥青		0.5	0.2
石屑、碎砾石、砂砾、煤渣、工业废渣、煤		1.0	0.4
砖、瓦、桶装沥青、石灰、黏土		3.0	1.0
草皮		7.0	3.0
水泥（袋装、散装）		1.0	0.4
砂	一般地区	2.5	1.0
	多风地区	5.0	2.0

注：汽车运水泥如运距超过500 km，增加损耗率：袋装0.5%。

（四）采购及保管费

材料采购及保管费，是指材料供应部门（包括工地仓库以及各级材料管理部门）在组织采购、供应和保管材料过程中，所需的各项费用及工地仓库的材料储存损耗。包括各级采购及保管人员的工资、职工福利费、办公费、差旅交通费、办公用房和仓库等固定资产使用费、工具用具使用费、劳动保护费、检验试验费以及其他零星费用。

材料采购及保管费以材料的原价加运杂费及场外运输损耗的合计数为基数，乘以采购及保管费率计算。采购及保管费率按如下两种情况选用：

（1）外购的构件、成品及半成品的采购及保管费率为1%；商品混凝土的采购保管费率为0。

（2）除上述材料之外的所有材料，采购及保管费率为2.5%。

（五）包装品回收价值

包装费已计入材料原价的，当包装品可以回收时，应在材料预算价格中扣回包装品的回收价值。计算方法如公式（6-3）所示。

包装费如有专门规定者，应按规定计算。例如《公路工程基本建设项目概算预算编制办法》（JTG B06—2007）规定：桶装沥青、汽油、柴油按每吨摊销一个旧汽油桶计算包装费（不计回收）。

若无规定，可参考下列数据计算：

（1）用木材制品包装者，以70%的回收量，按包装材料原价的20%计算。

（2）用铁桶、铁皮、铁丝制品包装者，铁桶以95%、铁皮以50%、铁丝以20%的回收量，按包装材料原价的50%计算。

(3)用纸皮、纤维品包装者，以60%的回收量，按包装材料原价的50%计算。

【例6-6】某工地距料场300 m，采用机械开采块石，人工装卸，翻斗车运输。已知人工单价50元/工日，空心钢钎7.5元/kg，合金钻头50元/个，硝铵炸药6.5元/kg，导火线0.90元/m，普通雷管0.80元/个，9 m^3/min机动空压机548.73元/台班，1 t以内翻斗车126.55元/台班。求块石的预算单价。

解：依题意得：

(1)材料原价，即料场单价 = 人工费 ×(1 + 5%) + 材料费 + 机械费。

查预算定额[961 − 8 − 1 − 6 − 5]如下，得：

8-1-6　开采片石、块石

工程内容：片石：开采：打眼、爆破、撬石、锲开、解小、码方。

捡清：撬石、解小、码方。

块石：开采：打眼、爆破、锲开、劈石、粗清、码方。

捡清：选石、劈石、粗清、码方。

单位：100 m^3 码方

顺序号	项目	单位	代号	片石			块石		
				人工开采	机械开采	捡清	人工开采	机械开采	捡清
				1	2	3	4	5	6
1	人工	工日	1	68.5	39.2	27.7	202.5	118.4	101.0
2	钢钎	kg	211	3.8			3.0		
3	空心钢钎	kg	212		2.1			0.9	
4	合金钻头	个	213		3.0			3.0	
5	硝铵炸药	kg	841	20.4	20.4		11.9	11.9	
6	导火线	m	842	52	52		36	36	
7	普通雷管	个	845	49	49		35	35	
8	煤	t	864	0.024			0.018		
9	9 m^3/min机动空压机	台班	1842		1.31			3.95	
10	小型机具使用费	元	1998		54.9			165.3	
11	基价	元	1999	3 596	2 996	1 363	10 109	8 368	4 969

原价 = 118.4 × 50 × (1 + 5%) + 0.9 × 7.5 + 3.0 × 50 + 11.9 × 6.5 + 36 × 0.90 + 35 × 0.80 + 3.95 × 548.73 + 165.3 = 8 843.28(元/100 m^3) = 88.43(元/m^3)

(2)运杂费:查预算定额表[974 -9 -1 -3 -9(-10)]及[987 -9 -1 -7 -5],得:

$$运杂费 = (4.86 + 0.41 \times 2) \times 126.55 + 8.4 \times 50 \times (1 + 5\%)$$
$$= 1\ 159.80(元/100\ m^3) = 11.60(元/m^3)$$

9-1-3　机动翻斗车运输(配合人工装车)

工程内容:1)等待装料;2)运走;3)卸料;4)空回。　　单位:100 m^3 及 100 t

顺序号	项目	单位	代号	块石		煤渣、矿渣		粉煤灰		生石灰	
				100 m^3						100 t	
				第一个100 m	每增运100 m	第一个100 m	每增运100 m	第一个100 m	每增运100 m	第一个100 m	每增运100 m
				9	10	11	12	13	14	15	16
1	1 t 以内机动翻斗车	台班	1408	4.86	0.41	2.27	0.29	2.23	0.29	3.31	0.29
2	基价	元	1999	611	52	285	36	280	36	416	36

(3)场外运输损耗率:0%。

(4)采购及保管费率:2.5%。

(5)包装品回收价值:0。

则:块石预算单价 = (88.43 + 11.60) × (1 + 0%) × (1 + 2.5%) = 102.53(元/m^3)

9-1-7　人工装机动翻斗车

工程内容:装车。　　单位:100 m^3 及 100 t

顺序号	项目	单位	代号	土、砂、石屑	黏土	砂砾、碎(砾)石、碎(砾)石土	片石、大卵石	块石	煤渣、矿渣	粉煤灰	生石灰
				100 m^3							100 t
				1	2	3	4	5	6	7	8
1	人工	工日	1	4.1	4.6	5.5	7.4	8.4	3.1	2.9	5.9
2	基价	元	1999	202	226	271	364	413	153	143	290

由于确定材料预算价格的各种文件和规定随国家政策及市场物价的变化而经常改变,因此在编制和使用材料预算价格时应注意按新文件或规定执行。

第三节　施工机械台班预算单价的确定

一、施工机械台班预算单价的概念和组成

施工机械台班预算单价亦称施工机械台班使用费。施工机械使用费以“台班”为计

量单位，一台某种机械工作 8 h（潜水设备、变压器和配电设备除外），称为一个台班。为使机械正常运转，一个台班中所支出和分摊的各种费用之和，称为机械台班使用费或机械台班单价。

根据《公路工程机械台班费用定额》（JTG/T B06—03—2007），施工机械台班单价由 7 项费用组成，这些费用按其性质划分为第一类费用、第二类费用。第一类费用是指在机械台班预算价格中，不因施工地点和条件的不同而发生变化的那部分费用，它是一项比较固定的费用，亦称为不变费用。包括折旧费、大修理费、经常修理费和安装拆卸及辅助设施费。第二类费用是指在机械台班预算价格中，随着施工地点和条件不同而发生较大变化的那部分费用。它只有在机械运转工作时才会发生，属于支出性质的费用，亦称为可变费用。包括机上人员人工费、动力燃料费、养路费及车船使用税。

根据交通部颁布的《公路工程机械台班费用定额》（JTG/T B06—03—2007），编制机械台班单价时，除青海、西藏、新疆等边远地区外，不变费用应直接采用；可变费用中的人工工日数及动力燃料消耗量，应以机械台班费用定额中的数值为准。台班人工费工日单价同生产工人人工费单价，工程船舶和潜水设备的工日单价按当地有关部门规定计算。动力燃料费用则按当地的动力物资的工地预算价格规定计算。养路费及车船使用税，如需缴纳，应根据各省、自治区、直辖市及国务院有关部门的规定标准，按机械的年工作台班分摊计入台班单价中。

二、施工机械台班预算单价的计算方法

（一）第一类费用的计算

1. 折旧费

折旧费是指机械设备在规定的使用期限内陆续收回其原值及偿付贷款利息等的费用。其计算公式为：

$$台班折旧费=\frac{机械预算价格\times(1-残值率)+贷款利息}{耐用总台班} \tag{6-14}$$

式中 机械预算价格——机械出厂价格，加上供销部门手续费和机械由出厂地点（或交货地点）运至使用单位验收入库的全部运杂费用；

残值率——机械报废时其回收残余价值占原值的比率，国家规定的净残值率为固定资产原价的 3% ~5%。《公路工程施工机械费用定额》（JTG/T B06—03—2007）确定的各类施工机械残值率为：运输机械 2%，特大型机械 3%，中小型机械 4%，掘进机械 5%；

耐用总台班——机械设备从开始投入使用至报废前所使用的总台班数，耐用总台班 = 大修理间隔台班 × 大修理周期；

贷款利息——用于支付购置机械设备所需贷款的利息。

2. 大修理费

大修理费指机械设备按规定的大修理间隔，台班必须进行大修理，以恢复其正常功能所需的费用。其计算公式为：

$$台班大修理费=\frac{一次大修理费\times大修理次数}{耐用总台班} \tag{6-15}$$

式中　一次大修理费——机械设备按规定的大修理范围、工作内容,进行一次全面修理所消耗的工时、配件、辅助材料及送修运输等全部费用;

大修理次数——大修理次数 = 大修理周期 - 1。

3. 经常修理费

经常修理费指机械设备除大修理以外必须进行的各级保养(包括一、二、三级保养)及临时故障排除所需费用;为保障机械正常运转所需替换设备、随机使用工具、附具摊销和维护的费用;机械运转与日常保养所需润滑油脂、擦拭材料费用和机械在规定年工作台班以外的维护、保养费用等。其计算公式为:

$$\text{台班经常修理费} = \text{台班大修理费} \times \text{台班经常维修系数} \tag{6-16}$$

4. 安装、拆卸及辅助设施费

安装、拆卸及辅助设施费指机械在施工现场进行安装、拆卸所需的人工费、材料费、机械费、试运转费以及安装所需的辅助设施费。辅助设施费包括安置机械的基础、底座及固定锚桩等费用。

(二)第二类费用的计算

1. 人工费

人工费指随机操作人员的工作日工资(包括基本工资、各类津贴、补贴、辅助工资、劳动保护费以及各类保险和住房公积金等)。其计算公式为:

$$\text{台班人工费} = \text{随机操作人员人工工日数} \times \text{人工工日单价} \tag{6-17}$$

2. 动力燃料费

动力燃料费指机械在运转施工作业中所耗用的电力、固体燃料(煤、木柴)、液体燃料(汽油、柴油)和水等费用。其计算公式为:

$$\text{台班动力燃料费} = \text{台班动力燃料消耗量} \times \text{动力燃料的预算单价} \tag{6-18}$$

3. 养路费及车船使用税

养路费及车船使用税指机械按国家规定应缴纳的机械养路费和车船使用税等。其计算公式为:

$$\text{养路费及车船使用税} = \frac{\text{养路费(元/(t·月))} \times \text{计算吨位(t)} \times 12\text{(年工作月)} + \text{车船使用税(元/(t·年))} \times \text{计算吨位}}{\text{年工作台班}} \tag{6-19}$$

【例 6-7】已知人工 55 元/工日,柴油 5.8 元/kg,求 135 kW 以内的稳定土拌和机的台班单价。

解:查《公路工程机械台班费用定额》(JTG/T B06—03—2007)得,该机械代号为 1153,如表 6-3 所示。由此可知:

不变费用:486.98 元。

可变费用:人工费:55 × 2 = 110(元);

柴油费:5.8 × 84.86 = 492.19(元);

合计:110 + 492.19 = 602.19(元)。

则:台班单价 = 486.98 + 602.19 = 1 089.17(元)。

表 6-3

序号	代号	机械名称			主机型号	不变费用(元)					可变费用									定额基价（元）
						折旧费	大修理费	经常修理费	安拆及辅助设施费	小计	人工（工日）	汽油（kg）	柴油（kg）	重油（kg）	煤（kg）	电（kW·h）	水（m^3）	木柴（kg）	养路费及车船使用税（元）	
二、路面工程机械																				
106	1151	稳定土拌和机	功率（kW）	88 以内	WBL－190	87.30	32.58	82.75		202.63	2		55.32							572.10
107	1152	稳定土拌和机	功率（kW）	118 以内	WB210	135.73	50.65	128.65		315.03	2		74.17							776.86
108	1153	稳定土拌和机	功率（kW）	135 以内	WB210	209.80	78.30	198.88		486.98	2		84.86							1 001.19
109	1154	稳定土拌和机	功率（kW）	165 以内	WB220	296.59	110.69	281.15		688.43	2		103.72							1 295.06
110	1155	稳定土拌和机	功率（kW）	235 以内	WB230	397.41	148.31	376.71		922.43	2		147.72							1 744.66

复习思考题

1. 已知某地区生产工人的基本工资为680元/月，物价补贴为150元/月，交通补贴为50元/月，试确定其工资单价。

2. 某钢材供应价为3 500元/t，用4 t载重汽车人工装卸运输5 km。已知人工52元/工日，汽车296.64元/台班，求钢材的预算单价。

3. 某工地距料场300 m，采用人工开采，手扶拖拉机运输(配合人工装卸)片石。已知拖拉机130.23元/台班，人工单价48元/工日，钢钎5.5元/kg，硝铵炸药5.8元/kg，导火线0.7元/m，普通雷管0.6元/个，煤255元/t，求片石的预算单价。

4. 已知人工50元/工日，柴油5.50元/kg，求9~16 t轮胎式压路机的台班单价。

第七章　公路工程预算定额的应用

本章重点提示　合理套用定额是工程造价人员的主要工作之一，使用定额首先要读懂定额，定额有章节说明、工程量的计算规则，概预算人员应根据具体工程的结构特点和施工组织计划等因素进行套用，另外还要注意定额单位。本章重点掌握《公路工程预算定额》(JTG/T B06—02—2007)(以下简称《预算定额》)中各分部工程的计量规则和具体应用技巧。

公路工程概预算文件是根据设计内容，预先计算和确定基本建设工程价格的经济文件，概算金额是国家控制投资的最高限额，预算金额是签订工程合同，办理工程拨款、贷款的依据，是施工企业加强经营管理、进行经济核算的依据。在概预算的编制过程中，定额是重要的计价依据之一，正确应用定额确定各分项工程工、料、机消耗量，是保障概预算金额测算精度的重要环节。为了正确运用定额，必须全面了解定额，深刻理解定额，熟练掌握定额。本章以应用示例形式来介绍定额应用的方法与技巧。

《预算定额》内容包括以下方面：

(1)总说明：总说明是对定额使用的全面规定和权威解释，为后面的应用提供依据。

(2)主要有路基工程、路面工程、隧道工程、桥涵工程、防护工程、交通工程及沿线设施、临时工程、材料采集及加工、材料运输九章分部工程。各章包括章节说明和定额表格，各章(节)说明主要讲述各章(节)的工程内容、工程量的计量规定以及计算中用于定额值调整的附表，它是正确应用定额的基础；各定额表格是定额各指标数量的具体体现，表后的附注是对定额表中内容的补充说明。

(3)附录：附录表是定额量的基础数据或是当设计内容与定额中的工作内容不同时进行定额抽换的依据。

下面分节来介绍《预算定额》中各分部工程的计量规则和具体应用技巧。

第一节　总说明

《预算定额》的首页是"总说明"。总说明是对定额使用的全面规定和权威解释，只有正确理解、熟练记忆，才能为后面的应用提供依据，《预算定额》的"总说明"共 22 条。现就其重要内容介绍如下：

(1)《预算定额》的性质是生产要素消耗量定额，而非费用定额。

总说明第二条：本定额是以人工、材料、机械台班消耗量表现的工程预算定额。

(2)《预算定额》具有权威性和法定性。

总说明第四条：本定额是按照合理的施工组织和一般正常的施工条件编制的。定额中所采用的施工方法和工程质量标准，是根据国家现行的公路工程施工技术及验收规范、质量评定标准及安全操作规程取定的，除定额中规定允许换算者外，均不得因具体工程的施工组织、操作方法和材料消耗与定额规定不同而变更定额。

(3)《预算定额》中的材料定额值中已包括正常的场内损耗，但不包括场外损耗。

总说明第七条：本定额中的材料消耗量系按现行材料标准的合格料和标准规格料计算的。定额内材料、成品、半成品均已包括场内运输及操作损耗，编制预算时，不得另行增加。其场外运输损耗、仓库保管损耗应在材料预算价格内考虑。

(4)《预算定额》中的材料定额在一定条件下允许抽换，定额抽换的条件如下：

①总说明第八条：本定额中周转性的材料、模板、支撑、脚手杆、脚手板和挡土板等的数量，已考虑了材料的正常周转次数并计入定额内。其中，就地浇筑钢筋混凝土梁用的支架及拱圈用的拱盔、支架，如确因施工安排达不到规定的周转次数时，可根据具体情况进行换算并按规定计算回收，其余工程一般不予抽换。

②总说明第九条：定额中列有混凝土、砂浆的强度等级和用量，其材料用量已按附录中配合比表规定的数量列入定额，不得重算。如设计采用的混凝土、砂浆强度等级或水泥强度等级与定额所列强度等级不同时，可按配合比表进行换算。但实际施工配合比材料用量与定额配合比表用量不同时，除配合比表说明中允许换算者外，均不得调整。

混凝土、砂浆配合比表的水泥用量，已综合考虑了采用不同品种水泥的因素，实际施工中不论采用何种水泥，不得调整定额用量。

(5)《预算定额》中商品混凝土材料处理办法如下：

总说明第十一条：本定额中各类混凝土均按施工现场拌和进行编制，当采用商品混凝土时，可将相关定额中的水泥、中(粗)砂、碎石的消耗量扣除，并按定额中所列的混凝土消耗量增加商品混凝土的消耗。

(6)《预算定额》的定额表符号规定如下：

总说明第十九条：定额表中注明“×××以内”或“×××以下”者，均包括×××本身；而注明“×××以外”或“×××以上”者，则不包括×××本身。定额内数量带“( )”者，则表示基价中未包括其价值。

(7)《预算定额》中的基价如下：

总说明第二十一条：本定额的基价是人工费、材料费、机械使用费的合计价值。基价中的人工费、材料费基本上是按北京市 2007 年的人工、材料预算价格计算的(详见附录四)，机械使用费是按 2007 年交通部公布的《公路工程机械台班费用定额》计算的。定额表的基价是各细目对应的北京地区 2007 年预算价，仅是预算参考价。

其他部分自行阅读。

第二节　路基工程

路基是公路工程的重要组成部分，它是沿线修筑的有一定技术要求的带状构造物，尤其是山岭区公路的路基工程量相当庞大，正确运用本章定额对造价测算具有重要的意义。

一、定额应用要点

《预算定额》中"路基工程"的说明包括章说明 2 条和节说明 20 条，明确规定了路基工程的工程量计量方法和计算内容。学习时应特别注意以下内容。

（一）路基土方与石方应分类计量

路基土、石方的开挖、压实工作对于不同类别的土壤和岩石，其施工的难易程度不同，所需的费用也不同。因此，编制概预算时，应将不同类别的土壤和岩石分类统计。

章说明第 1 条：按开挖的难易程度将土壤、岩石分为六类。

土壤分为三类：松土、普通土、硬土。

岩石分为三类：软石、次坚石、坚石。

（二）路基土石方工程量计算规则

第 1 节说明第 8 条内容如下：

(1)土石方体积的计算：除定额中另有说明者外，土方挖方按天然密实体积计算，填方按压(夯)实后的体积计算；石方爆破按天然密实体积计算。当以填方压实体积为工程量，采用以天然密实方为计量单位的定额时，所采用的定额应乘以下列系数：

公路等级	土类			
	土方			石方
	松土	普通土	硬土	
二级及以上等级公路	1.23	1.16	1.09	0.92
三、四级公路	1.11	1.05	1.00	0.84

其中：推土机、铲运机施工土方的增运定额按普通土栏目的系数计算；人工挖运土方的增运定额和机械翻斗车、手扶拖拉机运输土方、自卸汽车运输土方的运输定额在上表系数的基础上增加 0.03 的土方运输损耗，但弃方运输不应计算运输损耗。

(2)零填及挖方地段基底压实面积等于路槽底面的底宽(m)和长度(m)的乘积。

(3)抛坍爆破的工程量，按抛坍爆破设计计算。

(4)整修边坡的工程量，按公路路基长度计算。

（三）需要增补的工程量

第 1 节说明第 7 条：下列数量应由施工组织设计提出，并入路基填方数量内计算。

(1)清除表土或零填方地段的基底压实、耕地填前夯(压)实后，回填至原地面标高所需土、石方数量。

(2)因路基沉陷需增加填筑的土、石方数量。

(3)为保证路基边缘的压实度须加宽填筑时，所需的土、石方数量。

（四）需要调整的工程量

第 1 节说明第 3 条：机械施工土、石方，挖方部分机械达不到需由人工完成的工程量由施工组织设计确定。其中人工操作部分，按相应定额乘以 1.15 系数。

(五)定额表的“工作内容”及附“注”

在查用定额时,应注意对照定额表上方的“工作内容”与实际发生的操作内容是否一致,防止重算或漏算;定额表下方的附“注”对定额值起到修正、说明的作用。它们对定额值的确定至关重要。如:

(1)定额表 1-1-1“伐树、挖根、除草、清除表土”的附“注”:①砍挖灌木林,每 1 000 m^2 220 棵以下为稀,220 棵以上为密;②挖竹根按挖坑体积计算;③挖芦苇根按挖竹根乘以 0.73 系数计算;④清除表土和除草定额不可同时套用。清除的表土如需远运,按土方运输定额另行计算。

(2)定额表 1-1-6“人工挖运土方”的附“注”:①当采用人工挖、装,机动翻斗车运输时,其挖、装所需的人工按第一个 20 m 挖运定额减去 30.0 工日计算;②当采用人工挖、装、卸,手扶拖拉机运输时,其挖、装、卸所需人工按第一个 20 m 挖运定额计算;③如遇升降坡,除按水平距离计算运距外,并按附表增加运距。

(3)定额表 1-1-9“挖掘机挖装土、石方”的附“注”:①装载机装土方如需推土机配合推松、集土时,其人工、推土机台班的数量按“推土机推运土方”第一个 20 m 定额乘以 0.8 系数计算;②装载机与自卸汽车的常见配合见附表。

(4)定额表 1-1-10“装载机装土、石方”的附“注”:土方不需装车时,应乘以 0.87 系数。

(5)定额表 1-1-13“铲运机铲运土、石方”的附“注”:①采用自行式铲运机铲运土方时,铲运机台班数量应乘以 0.7 系数;②上坡推运的坡度大于 10% 时,按坡面的斜距乘以表列系数作为运距。

其他内容自行阅读。

二、定额应用示例

定额的查用步骤如下。

(一)确定定额的编号

根据概预算的项目划分表的分项工作内容依次确定定额的编号,定额编号的表示方法一般采用[页-表-栏]的形式。如《预算定额》中的[12-1-1-9-2],是指所选定额是第 12 页表 1-1-9 中的第 2 栏,即 0.6 m^3 斗容的挖掘机挖装普通土预算定额。

(二)仔细阅读定额中的相关说明

在查到定额表号后,应仔细核对定额表左上方的“工作内容”,检查所选用的定额表号是否有误。然后仔细阅读定额中与该分项有关的总说明、分章说明、节说明及表下方的“注”,检查分项项目的工作内容与所选定额是否吻合。若分项项目的工作内容与所选定额完全吻合,则直接抄录工、料、机械的定额值;若分项项目的工作内容与定额中有出入,则依据相关规定调整确定工、料、机械的定额值。

(三)合理进行定额的抽换

定额是按一般正常合理的施工组织和正常的施工条件编制的,因此通常情况下不允许变更定额。只有符合总说明中的抽换条件,才允许按相关规定予以抽换,使定额的使用更符合实际情况。

【例 7-1】某地区人工挖运松土，平均运距为 40 m，试确定其预算定额和基价。

解：根据分项工程内容，有增运运距，查目录可知，人工挖运松土的定额编号为［9－1－1－6－1＋4］，每 1 000 m^3 天然密实方预算定额为：

人工：1　　122.6＋18.2×2＝159（工日）

基价：1 999　　6 032＋895×2＝7 822（元）

【例 7-2】某路基工程采用挖掘机挖装普通土方，但机械无法操作处，需由人工挖装，机动翻斗车运输的工程量为 4 500 m^3，试确定人工操作的预算定额和所需总人工工日数。

解：（1）根据分项工程内容，查目录可知：人工挖装，机动翻斗车运输对应的定额编号为［9－1－1－6－2］。

（2）按附注（1）当采用人工挖、装，机动翻斗车运输时，其挖、装所需的人工按第一个 20 m 挖运定额减 30 工日计算，确定每 1 000 m^3 挖普通土方预算定额为：

人工：1　　181.1－30＝151.1（工日）

（3）由第 1 节说明第 3 条：机械施工土、石方，挖方部分机械达不到需由人工完成的工程量由施工组织设计确定。其中人工操作部分，按相应定额乘以 1.15 系数。可知实际定额为：151.1×1.15＝173.77（工日）。

（4）4 500 m^3 挖方所需总人工数为：173.77×4 500/1 000＝781.97（工日）。

【例 7-3】试确定自卸汽车配合挖土机联合作业 1 000 m^3 硬土的预算定额。（8 t 自卸汽车运距 2 km，挖土机挖斗容积 1 m^3）

解：（1）根据分项工程内容，查目录可知：8 t 自卸汽车运土分项对应的定额编号为［15－1－1－11－9＋10］。

（2）分析“工作内容”，缺少“挖土”的环节，应补充“1 m^3 挖掘机挖装土方”的定额编号［12－1－1－9－6］；分析“工作内容”，“装土”工作重复，按附“注”：不需装车时，应乘以 0.87 系数来计算。

（3）每 1 000 m^3 硬土定额为：

人工：1　　5.0×0.87＝4.35（工日）

机械：1003 75 kW 推土机　　0.53×0.87＝0.461（台班）

1035 1 m^3 挖掘机　　2.46×0.87＝2.14（台班）

1385 8 t 自卸汽车　　10.18＋1.41×（2－1）/0.5＝13（台班）

基价：1999　　2 602×0.87＋4 952＋686×2＝8 587.74（元）

【例 7-4】某二级公路路基工程填方总量为 2 000 m^3，全部采用 2 m^3 以内的装载机配合 10 t 自卸汽车运 1 km 从取土场借普通土，试确定机械台班消耗量。

解：（1）根据分项工程内容，查目录可知：10 t 自卸汽车配合装载机运土对应的定额编号为［15－1－1－11－13］。

（2）分析“工作内容”，缺少“挖土”的环节，应补充“2 m^3 装载机装土、石方”的定额编号［14－1－1－10－2］。

(3)每 1 000 m^3 天然密实方预算定额为：

机械：[1050] 2 m^3装载机 1.42 台班

[1386] 10 t 自卸汽车 7.58 台班

(4)2 000 m^3 填方实体是按断面尺寸计算出来的压实方，根据第 1 节说明第 8 条，应换算为天然密实方，开挖、装卸的换算系数为 1.16，运输的换算系数为 1.19，则：

开挖、装卸的土方量为：$2\ 000 \times 1.16 = 2\ 320\ (m^3)$；

运输的土方量为：$2\ 000 \times 1.19 = 2\ 380(m^3)$。

(5)2 000 m^3 填方实体的机械台班消耗量：

[1050] 2 m^3装载机 $1.42 \times 2\ 320/1\ 000 = 3.29$（台班）

[1386] 10 t 自卸汽车 $7.58 \times 2\ 380/1\ 000 = 18.04$（台班）

【例 7-5】某路基工程用 10 m^3 以内的自行式铲运机铲运硬土，平均运距 500 m，重力上坡 18%，试确定预算定额。

解：(1)根据分项工程内容，查目录可知：10 m^3 以内的自行式铲运机铲运硬土对应的定额编号为[22－1－1－13－7＋8]。

(2)分析工作内容发现：

①定额编制中采用的机械是“拖式铲运机”，应按附注 1：采用自行式铲运机铲运土方时，铲运机台班数量应乘以 0.7 系数来调整。

②重力上坡 18%，应按附注 2：上坡推运坡度大于 10% 时，应按坡面斜距乘以附表列系数(1.5)作为运距，则运距为：$\sqrt{500^2 + (500 \times 18\%)^2} \times 1.5 = 762(m)$。

(3)由此确定每 1 000 m^3 天然密实方预算定额为：

人工：[1] 5.0 工日

机械：[1003] 75 kW 推土机 0.47 台班

[1019] 12 m^3 自行式铲运机 $[2.82 + 0.39 \times (762 - 100)/50] \times 0.7 = 5.588$（台班）

第三节　路面工程

路面是直接为汽车提供安全、经济、舒适服务的带状构造物，是公路工程的重要组成部分，路面材料单价高，施工技术复杂多样，尤其是高等级公路的路面工程金额占预算总造价的 50% 以上，正确运用定额对造价测算影响较大。

一、定额应用要点

《预算定额》中“路面工程”的章说明共 7 条和节说明共 20 条，在学习时应特别注意以下内容。

（一）路面工程的定额计量单位规定

章说明第 1 条：本章定额包括各种类型路面以及路槽、路肩、垫层、基层等，除沥青混合料路面、厂拌基层稳定土混合料运输以 1 000 m^3 路面实体为计算单位外，其他均以 1 000 m^2 为计算单位。

应注意工程量与定额单位之间的换算。

（二）路面混合料的运输定额规定

章说明第 7 条：自卸汽车运输稳定土混合料、沥青混合料和水泥混凝土定额项目，仅适用于平均运距在 15 km 以内的混合料运输。当平均运距超过 15 km 时，应按社会运输的有关规定计算其运输费用；当运距超过第一个定额运距单位时，其运距尾数不足一个增运定额单位的半数时不计，超过或等于半数时按一个增运定额运距单位计算。

（三）路面基层结构层厚度的规定

第 1 节说明第 1 条：各类稳定土基层、级配碎石、级配砾石基层的压实厚度在 15 cm 以内，填隙碎石一层的压实在 12 cm 以内，垫层、其他种类的基层和底基层压实厚度在 20 cm 以内，拖拉机、平地机和压路机的台班消耗按定额数量计算。如超过上述压实厚度进行分层拌和、碾压时，拖拉机、平地机和压路机的台班消耗按定额数量加倍计算，每 1 000 m^2 增加 3 个工日。

（四）路面基层结构层材料的设计配合比与定额配合比不一致时的定额值抽换依据

第 1 节说明第 2 条：各类稳定土基层定额中的材料消耗是按一定配合比编制的，当设计配合比与定额标明的配合比不同时，有关材料可分别按下式换算：

$$C_i = [C_d + B_d \times (H - H_0)] \times L_i / L_d$$

式中 C_i——按设计配合比换算后的材料数量；

C_d——定额中基本压实厚度的材料数量；

B_d——定额中压实厚度每增减 1 cm 的材料数量；

H_0——定额的基本压实厚度；

H——设计的压实厚度；

L_d——定额中标明的材料百分比；

L_i——设计配合比的材料百分比。

（五）底基层定额值的调整规定

第 1 节说明第 6 条：各类稳定土底基层采用稳定土基层定额时，每 1 000 m^2 路面减少 12 ~ 15 t 光轮压路机 0.18 台班。

（六）路面面层结构层厚度的规定

第 2 节说明第 1 条：泥结碎石、级配碎石、级配砾石、天然砂砾、粒料改善土壤路面面层的压实厚度在 15 cm 以内，拖拉机、平地机和压路机的台班消耗按定额数量计算。如超过上述压实厚度进行分层拌和、碾压时，拖拉机、平地机和压路机的台班消耗按定额数量加倍计算，每 1 000 m^2 增加 3 个工日。

其他部分说明和表后附注自行阅读。

二、定额应用示例

【例 7-6】某公路路基宽 7.5 m，长 5 km，基层为 20 cm 厚的水泥稳定碎石，厂拌法施工，用 8 t 自卸汽车运输混合料 3 km，试确定自卸汽车的台班数。

解:(1)根据工程内容,查目录可知:该工程对应的定额编号为[119 - 2 - 1 - 8 - 9 + 10]。每 1 000 m^3 水泥稳定碎石基层运输定额为:

机械:[1385] 8 t 自卸汽车　　10.79 + 1.33 × (3 - 1)/0.5 = 16.11(台班)。

(2)水泥稳定碎石基层的工程量:7.5 × 5 000 × 0.2 = 7 500(m^3)。

(3)自卸汽车的台班数:16.11 × 7 500/1 000 = 120.825(台班)。

【例 7-7】某级配碎石路面,压实厚度为 18 cm,人工摊铺集料,拖拉机带铧犁分层拌和碾压,试确定其预算定额。

解:(1)根据分项工程内容,查目录可知:该工程对应的定额编号为[130 - 2 - 2 - 2 - 1 + 4],每 1 000 m^2 级配碎石路面定额为:

人工:[1]		18.6 + 1.8 × (18 - 8) = 36.6(工日)
材料:[911]	黏土	14.52 + 1.81 × (18 - 8) = 32.62(m^3)
[961]	石屑	43.55 + 5.44 × (18 - 8) = 97.95(m^3)
[965]	路用碎石(1.5 cm)	32.85 + 4.11 × (18 - 8) = 73.95(m^3)
[966]	路用碎石(2.5 cm)	16.43 + 2.05 × (18 - 8) = 36.93(m^3)
[967]	路用碎石(3.5 cm)	16.43 + 2.05 × (18 - 8) = 36.93(m^3)
[997]	设备摊销费	0.9 + 0.1 × (18 - 8) = 1.9(元)
机械:[1063]	75 kW 拖拉机	0.27 台班
[1075]	6 ~ 8 t 压路机	0.14 台班
[1078]	12 ~ 15 t 压路机	1.45 台班
[1405]	6 000 L 以内洒水汽车	0.2 + 0.02 × (18 - 8) = 0.4(台班)

(2)由于路面厚度为 18 cm,根据第 2 节说明第 1 条规定,当压实厚度超过 15 cm,进行分层拌和碾压时,拖拉机与压路机台班按定额数量加倍,且每 1 000 m^2 增加 3.0 工日。

每 1 000 m^2 级配碎石路面定额调整为:

人工:[1]		36.6 + 3 = 39.6(工日)
材料:同上,不调整		
机械:[1063]	75 kW 拖拉机	0.27 × 2 = 0.54(台班)
[1075]	6 ~ 8 t 压路机	0.14 × 2 = 0.28(台班)
[1078]	12 ~ 15 t 压路机	1.45 × 2 = 2.9(台班)
[1405]	6 000 L 以内洒水汽车	0.4 台班

【例 7-8】某水泥、石灰、稳定土基层工程,稳定土拌和机拌和,设计配合比为 5∶3.5∶91.5,厚度 22 cm,试确定预算定额。

解:(1)根据分项工程内容,查目录可知:该工程对应的定额编号为[104 - 2 - 1 - 6 -

21 +22]。

(2)由于定额中标明的水泥: 石灰: 土的配合比是6: 4: 90,而设计要求水泥: 石灰: 土的配合比是5: 3.5: 91.5,根据第1节说明第2条规定,可以对水泥、石灰稳定土基层的材料定额用量进行调整,计算公式为: $C_i = [C_d + B_d \times (H_i - H_0)] \times L_i / L_d$。

(3)由于路面厚度为18 cm,根据第2节说明第1条规定,当压实厚度超过15 cm,进行分层拌和碾压时,拖拉机与压路机台班按定额数量加倍,且每1 000 m^2 增加3.0工日。

每1 000 m^2 级配碎石路面预算定额为:

人工:(压实厚度超标,需调整)

[1] 18.5 +0.9 ×(22 −15) +3 =27.8(工日)

材料:(配合比不同,需调整)

[832] 32.5级水泥: [15.147 +1.01 ×(22 −15)] ×5/6 =18.514(t)

[891] 石灰: [10.393 +0.693 ×(22 −15)] ×3.5/4 =13.339(t)

[895] 土: [195.29 +13.02 ×(22 −15)] ×91.5/90 =291.204(m^3)

机械:(压实厚度超标,需调整)

[1057] 120 kW以内平地机 0.37 ×2 =0.74(台班)

[1075] 6 ~8 t压路机 0.27 ×2 =0.54(台班)

[1078] 12 ~15 t压路机 1.27 ×2 =2.54(台班)

[1155] 235 kW稳定土拌和机 0.29 +0.02 ×(22 −15) =0.43(台班)

[1405] 6 000 L以内洒水车 0.85 +0.04 ×(22 −15) =1.13(台班)

第四节 隧道工程

隧道是公路工程的重要构筑物,尤其是山岭区高速公路占有较大比例,其建筑单价远高于路线部分,应正确运用定额确定其工程造价。

一、定额应用要点

《预算定额》中“隧道工程”的章说明8条和节说明21条,在学习时应特别注意以下内容:

(1)章说明第1条:本章定额按现行隧道设计、施工技术规范将围岩分为六级即Ⅰ级至Ⅵ级。

(2)章说明第4条:洞内出渣运输定额已综合洞门外500 m运距,当洞门外运距超过此运距时,可按照路基工程自卸汽车运输土石方的增运定额加计增运部分的费用。

(3)第1节第7条:本定额中凡是按不同隧道长度编制的项目,均只编制到隧道长度在4 000 m以内。但隧道长度超过4 000 m时,应按以下规定计算:

①洞身开挖:以隧道长度4 000 m以内定额为基础,与隧道长度4 000 m以上每增加

1 000 m 定额叠加使用。

②正洞出渣运输:通过隧道进出口开挖正洞,以换算隧道长度套用相应的出渣定额计算。换算隧道长度计算公式为:

换算隧道长度 = 全隧长度 - 通过辅助坑道开挖正洞的长度

当换算隧道长度超过 4 000 m 时,以隧道长度 4 000 m 以内定额为基础,与隧道长度 4 000 m 以上每增加 1 000 m 定额叠加使用。

(3)通风、管线路定额,按正洞隧道长度综合编制,当隧道长度超过 4 000 m 时,以隧道长度 4 000 m 以内定额为基础,与隧道长度 4 000 m 以上每增加 1 000 m 定额叠加使用。

(4)第 1 节第 11 条:洞身工程的工程量计算规则:

①本定额所指隧道长度均指隧道进出口(不含与隧道相连的明洞)洞门端墙墙面之间的距离,即两端端墙面与路面的交线同路线中线交点间的距离。双线隧道按上、下行隧道长度的平均值计算。

②洞身开挖、出渣工程量按设计断面数量(成洞断面加衬砌断面)计算,包含洞身及所有附属洞室的数量,定额中已考虑超挖因素,不得将超挖数量计入工程量。

③现浇混凝土衬砌中浇筑、运输的工程数量,均按设计断面衬砌数量计算,包含洞身及所有附属洞室的衬砌数量。定额中已综合因超挖及预留变形需回填的混凝土数量,不得将上述因素的工程量计入计价工程量中。

其他内容自行阅读。

二、定额应用示例

【例 7-9】某隧道工程全长 1 460 m,设计开挖断面面积为 150 m^2,开挖土石方数量为 221 780 m^3,其中Ⅳ级围岩 40%,Ⅴ级围岩 60%,洞外出渣运距为 1 500 m,试确定隧道洞身开挖的工、料、机消耗量。

解:(1)根据工程内容,查目录可知:Ⅳ级围岩开挖自卸汽车运输工程对应的定额编号为[200 - 3 - 1 - 3 - 10 + 41],故每 100 m^3 天然密实方土石,Ⅳ级围岩对应定额为:

人工:[1] 57 + 7.9 = 64.9(工日)

材料:[101] 原木: 0.022 m^3

[102] 锯材: 0.020 m^3

……

其他材料见定额表,不需调整。

机械:[1102] 气腿式凿岩机 3.56 台班

[1837] 10 m^3/min 空压机 0.23 台班

[1838] 20 m^3/min 空压机 1.13 台班

[1050] 2 m^3 以内装载机 0.35 台班

[1387] 12 t 以内自卸汽车　　1. 10 台班

Ⅴ级围岩开挖自卸汽车运输对应的定额编号为[200 - 3 - 1 - 3 - 11 + 41],定额值略。

(2)洞外运输。由于洞外出渣长度为 1 500 m,根据章说明第 4 条:洞内出渣运输定额已综合洞门外 500 m 运距,当洞门外运距超过此运距时,可按照路基工程自卸汽车运输土石方的增运定额加计增运部分的费用,故应增加路基工程自卸汽车运输定额[15 - 1 - 1 - 11 - 46],故每 1 000 m^3 天然密实方土石,Ⅳ级围岩对应增运定额为 1. 38 × (1 500 - 500)/500 = 2. 76(台班)。

调整:[1387] 12 t 自卸汽车　　1. 10 + 2. 76 × 100/1 000 = 1. 376(台班)

(3)洞身开挖工程量。由于 150 × 1 460 = 219 000 (m^3),说明题目中给定的洞身开挖数量中包含有超挖数量,根据第 1 节节说明第 11 条(2),超挖部分不能计价。故Ⅳ级围岩的工程量为 219 000 × 40% = 87 600 (m^3),Ⅴ级围岩的工程量为 219 000 × 60% = 131 400 (m^3)。因此,Ⅳ级围岩开挖工料机消耗量为:

人工:[1]　　64. 9 × 87 600/100 = 56 852. 4(工日)

材料:[101] 原木:　　0. 022 × 87 600/100 = 19. 272 (m^3)

[102] 锯材:　　0. 020 × 87 600/100 = 17. 52 (m^3)

……

其他材料类似处理。

机械:[1102] 气腿式凿岩机　　3. 56 × 87 600/100 = 3 118. 56(台班)

[1837] 10 m^3/min 空压机　　0. 23 × 87 600/100 = 201. 48(台班)

[1838] 20 m^3/min 空压机　　1. 13 × 87 600/100 = 989. 88(台班)

[1050] 2 m^2 装载机　　0. 35 × 87 600/100 = 306. 6(台班)

[1387] 12 t 自卸汽车　　1. 376 × 87 600/100 = 1 205. 376(台班)

Ⅳ级围岩开挖工料机消耗量为定额 × 131 400/100 可得。

第五节　桥涵工程

桥涵是公路工程的重要构筑物,构件结构复杂,类型多,施工方法多样,是预算定额中内容最多、篇幅最长的一章,本章定额包括开挖基坑,围堰、筑岛及沉井工程,打桩工程,灌注桩工程,砌筑工程,现浇混凝土及钢筋混凝土,预制、安装混凝土及钢筋混凝土构件,构件运输,拱盔、支架工程,钢结构工程和杂项工程等共 11 节,每节都包含若干条款的节说明,学习时应注意准确理解和正确运用。

一、定额应用要点

《预算定额》中"桥涵工程"的章说明共 5 条、节说明 117 条,在学习时应特别注意以下内容。

（一）混凝土工程的定额施工方法规定

章说明第1条：

（1）定额中混凝土强度等级均为按一般图纸选用，其施工方法除小型构件采用人拌人捣外，其他均按机拌机捣计算。

（2）定额中混凝土工程除小型构件、大型预制构件底座、混凝土搅拌站安拆和钢桁架桥式码头项目中已考虑混凝土的拌和费用外，其他混凝土项目中均未考虑混凝土的拌和费用，应按有关定额另行计算。

（3）定额中混凝土均按露天养生考虑，如采用蒸汽养生，应从各有关定额中扣减人工1.5个工日及其他材料费4元，并按蒸汽养生有关定额计算。

（4）定额中混凝土工程均已包括操作范围内混凝土运输。现浇混凝土工程的混凝土平均运距超过50 m时，可根据施工组织设计的混凝土平均运距，按第11节杂项工程混凝土运输定额增列混凝土运输。

（5）定额中采用泵送混凝土的项目均已包括水平和向上垂直泵送所消耗的人工、机械，当水平泵送距离超过定额综合范围时，可按附表增列人工及机械消耗量。向上垂直泵送不得调整。

（二）工程量计算一般规则

章说明第5条：

（1）现浇混凝土、预制混凝土、构件安装的工程量为构筑物或预制构件的实际体积，不包括其中空心部分的体积，钢筋混凝土项目的工程量不扣除钢筋（钢丝、钢绞线）、预埋件和预留孔道所占的体积。

（2）构件安装定额中在括号内所列的构件体积数量，表示安装时需要制备的构件数量。

（3）钢筋工程量为钢筋的设计质量，定额中已计入施工操作损耗，一般钢筋因接长所需增加的钢筋质量已包括在定额中，不得将这部分质量计入钢筋设计质量内。但对于某些特殊的工程，必须在施工现场分段施工采用搭接接长时，其搭接长度的钢筋质量未包括在定额中，应在钢筋的设计质量内计算。

（三）各分项工程的增运运距处理规定

第1节说明第2条：开挖基坑土、石方运输按弃于坑外10 m范围内考虑，如坑上水平运距超过10 m时，另按土石方增运定额计算。

第2节说明第2条：草土、草（麻）袋、竹笼、木笼铁丝围堰定额中已包括50 m以内人工挖运土方的工日数量，定额中括号内所列“土”的数量不计价，仅限于取土运距超过50 m时，按人工挖运土方的增运定额，增加运输用工。

第8节说明第1条：构件运输中，各种运输距离以10 m、50 m、1 km为计算单位，不足第一个10 m、50 m、1 km者，均按10 m、50 m、1 km计，超过第一个定额运距单位时，其运距尾数不足一个定额单位的半数时不计，超过半数时按一个定额运距单位计算。

（四）辅助设备的定额规定

第1节说明第4条：电动卷扬机配抓斗及人工开挖配卷扬机吊运基坑土、石方定额中,已包括移动摇头扒杆用工,但摇头扒杆的配置数量应根据工程需要按吊装设备定额另行计算。

(五)基坑排水台班的补充

第1节说明第1条:干处挖基指开挖无地面水及地下水位以上部分的土壤,湿处挖基指开挖在施工水位以下部分的土壤。挖基坑石方、淤泥、流沙不分干处、湿处均采用同一定额。

第1节说明第9条:挖基定额中未包括水泵台班,挖基及基础、墩台修筑所需的水泵台班按"基坑水泵台班消耗"表的规定计算,并计入挖基项目中。

第1节说明第11条:基坑水泵台班消耗,可根据覆盖层土壤类别和施工水位高度采用表列数值计算:

(1)墩(台)基坑水泵台班消耗 = 湿处挖基工程量 × 挖基水泵台班 + 墩(台)座数 × 修筑水泵台班。

(2)基坑水泵台班消耗表中水位高度栏中"地下水"适用于岸滩湿处的挖基,水位高度指施工水位至坑底的高度,其工程量应为施工水位以下的湿处挖基工程数量,施工水位至坑顶部分的挖基,应按干处挖基对待,不计水泵台班。

(3)表列水泵台班均为ϕ150 mm水泵。

(六)拱盔、支架的工程计量规定

第9节说明第1条:桥梁拱盔、木支架及简单支架均按有效宽度8.5 m计,钢支架按有效宽度12.0 m计,如实际宽度与定额不同时,可按比例换算。

第9节说明第8条:涵洞拱盔支架、板涵支架定额单位的水平投影面积为涵洞长度乘以净跨径。

第9节说明第9条:桥梁拱盔定额单位的立面积是指起拱线以上的弓形侧面积,其工程量按下式计算:$F = K$(表列系数)$\times d$(净跨径)^2。

第9节说明第10条:桥梁支架定额单位的立面积为桥梁净跨径乘以高度,拱桥高度为起拱线以下至地面的高度,梁式桥高度为墩、台帽顶至地面的高度,这里的地面指支架地梁的底面。

第9节说明第12条:钢管支架定额指采用直径大于30 cm的钢管作为立柱,在立柱上采用金属构件搭设水平支撑平台的支架,其中下部指立柱顶面以下部分,上部指立柱顶面以上部分。下部工程量按立柱重量计算,上部工程量按支架水平投影面积计算。

其他部分说明和表后附注自行阅读。

二、定额应用示例

【例7-10】某桥梁的草袋围堰工程,装草袋的土人工挑抬运距220 m,围堰高2.2 m。试确定该工程的预算定额和基价。

解:(1)根据分项工程内容,查目录可知:该工程对应的定额编号为[287-4-2-2-6]。

(2)根据第2节说明第2条,草土、草(麻)袋、竹笼、木笼铁丝围堰定额中已包括50 m以内人工挖运土方的工日数量,取土运距超过50 m时,按人工挖运土方的增运定额,增加运输用工。应补充人工挖运的增运定额[9-1-1-6-4]:

每 1 000 m^3 天然密实方人工增加量：18.2 ×（220 − 50）÷ 10 = 309.4（工日），因此每 10 m 围堰的预算定额为：

人工：[1]　　38.8 + 309.4 × 68.41/1 000 = 59.97（工日）

材料：[819] 草袋　　1 139 个

[895] 土　　68.41 m^3

（3）基价调整：

基价 = 3 150 + 增列超距运输基价 = 3 150 + [895 ×（220 − 50）÷ 10 ÷ 1 000 × 68.41] = 3 150 + 1 041 = 4 191（元）

【例 7-11】试确定预制 2 ~ 15 m 双曲拱桥 C35 钢筋混凝土拱肋的预算定额。已知：碎石 D_{max} = 40 mm，42.5 级水泥，人拌人捣现浇混凝土，蒸汽养生。

解：（1）根据分项工程内容，查目录可知：该工程对应的定额编号为［573 − 4 − 7 − 22 − 1］（混凝土工程）、［573 − 4 − 7 − 22 − 6］（钢筋工程）。

（2）根据章说明第 1 条的混凝土施工条件，结合本题目实际工作条件，应进行如下调整：

①人拌人捣，不抽换；

②应补充蒸汽养生的定额［693 − 4 − 11 − 8 − 2］；

③蒸汽养生从定额中减 1.5 工日，其他材料费减 4 元；

④定额中采用 C25 混凝土，而设计为 C35 混凝土，应按总说明第九条进行定额抽换。

抽换依据见 P995 附录二基本定额的（二）2、混凝土配合比表，最大粒径为 40 mm（P1011 的 25 栏），每 1 m^3 C20 混凝土需 425 号水泥 372 kg，中砂 0.46 m^3，碎石 0.83 m^3。又根据 P1014 表后附注 2：当采用人工捣固时，每立方米混凝土应增加水泥用量 25 kg。所以，每 1 m^3 C35 混凝土的 42.5 级水泥用量为 372 + 25 = 397（kg），中砂 0.46 m^3，碎石 0.83 m^3。而由定额［573 − 4 − 7 − 22 − 1］序号 4 可知，10 m^3 实体中共需混凝土 10.10 m^3，所以各相应材料调整用量：水泥为 10.10 × 397 = 4 009.7（kg）= 4.01 t；中砂 = 10.10 × 0.46 = 4.65（m^3）；碎石 = 10.10 × 0.83 = 8.38（m^3）。

（3）每预制 10 m^3 钢筋混凝土拱肋实体的混凝土定额为：

人工：[1]　　39.8 − 1.5 + 8.1 = 46.4（工日）

材料：[102] 锯材　　0.575 m^3

[651] 铁件　　11 kg

[653] 铁钉　　6.6 kg

[666] 铁皮　　14 kg

[833] 42.5 级水泥　　4.01 t

[866] 水　　16 m^3

[899] 中砂　　4.65 m^3

952 碎石　　　　　　0.838 m^3

996 其他材料费　　　28.2 - 4 + 18.8 = 43(元)

机械：1499 卷扬机　　　0.71 台班

1848 工业锅炉　　　1.7 台班

1998 小型机具使用费　　16.5 元

(4)预制拱肋钢筋工作，每 1 t 钢筋的定额为：

人工：1　　　　　　7.2 工日

材料：111 光圆钢筋　　0.18 t

112 带肋钢筋　　0.845 t

231 电焊条　　　3.1 kg

656 20～22 号铁丝　　3.2 kg

机械：1726 电焊机　　0.58 台班

1998 小型机具使用费　　19.2 元

注：(2)、(3)分项不能累加，二者的定额单位不一致。

【例 7-12】某河中桥墩挖基工程，施工地面水位深 1 m，试确定人工挖基、摇头扒杆卷扬机吊运普通土的预算定额。

解：(1)根据分项工程内容，查目录可知：人工挖基摇头扒杆卷扬机吊运普通土对应的定额编号为[277 -4 -1 -2 -2]。

(2)对照"工作内容"，缺少隐含的"排水"环节，根据第 1 节节说明第 9 条，挖基定额中未包括水泵台班。挖基及基础、墩台修筑所需的水泵台班按"基坑水泵台班消耗"表的规定计算。应补充基坑水泵排水的定额 P274 附表，确定每 10 m^3 墩台基础开挖的水泵排水定额为：1653 ϕ150 mm 水泵 0.11 台班

则每 1 000 m^3 桥墩基础的定额为：

人工：1　　　　　　593.8 工日

机械：1499 卷扬机　　13.28 台班

1653 ϕ150 mm 水泵　　0.11 × 1 000/10 = 11(台班)

(3)对照"工作内容"，缺少"扒杆"制作，根据第 1 节节说明第 4 条，电动卷扬机配抓斗及人工开挖配卷扬机吊运基坑土、石方定额中，已包括移动摇头扒杆用工，但摇头扒杆的配置数量应根据工程需要按吊装设备定额另行计算。应补充定额[605 -4 -7 -33 -3]，确定每 1 个摇头扒杆制作的定额为：

人工：1　　　　　　22.7 工日

材料：101 原木　　　1.316 m^3

221 钢丝绳　　　　　0.020 t

……

机械：1499 卷扬机　　　　　2.4 台班

机械：1998 小型机具使用费　　5.5 元

【例 7-13】某 6 孔跨径为 30 m 的混凝土拱桥，拱盔宽 18 m，拱矢比为 1/4，起拱线至地面的高度为 10 m，制备 2 孔满堂式木拱盔和支架，试确定该桥的拱盔立面积、支架立面积和拱盔的预算定额。

解：(1)拱盔立面积(2 孔)。根据第 9 节节说明第 9 条：桥梁拱盔定额单位的立面积是指起拱线以上的弓形侧面积，其工程量按下式计算：$F = K \times d$(净跨径)^2，K 由附表查得为 0.172，故 $F = 2$(孔)$\times 0.172 \times 30^2 = 309.6(m^2)$。

(2)支架立面积(2 孔)。根据第 9 节节说明第 10 条：桥梁支架定额单位的立面积为桥梁净跨径乘以高度，拱桥高度为起拱线以下至地面的高度，梁式桥高度为墩、台帽顶至地面的高度，这里的地面指支架地梁的底面。故：$F = 2$(孔)$\times 30 \times 10 = 600(m^2)$。

(3)根据分项工程内容，查目录，满堂式木拱盔制作对应的定额编号为[631－4－9－2－3]。又根据第 9 节节说明第 1 条：桥梁拱盔、木支架及简单支架均按有效宽度 8.5 m 计，钢支架按有效宽度 12.0 m 计，如实际宽度与定额不同时，可按比例换算。故每 10 m^2 立面满堂式木拱盔的定额值为：

人工：1　　　　　　　$37.9 \times 18/8.5 = 80.26$(工日)

材料：101 原木　　　　$0.954 \times 18/8.5 = 2.020(m^3)$

102 锯材　　　　$0.566 \times 18/8.5 = 1.199(m^3)$

651 铁件　　　　$35 \times 18/8.5 = 74.12(kg)$

653 铁钉　　　　$0.9 \times 18/8.5 = 1.91(kg)$

由已知条件知，拱盔的实际周转次数是 3 次，由 P1024 的附录三(一)－1，查得木拱盔的周转性材料的规定周转次数是：木料 5 次，铁件 5 次，铁钉 4 次，故应对定额值进行抽换 $E_1 = E \times K, K = n/n_1$。其中，$E_1$ 为实际周转次数的周转性材料定额；E 为定额规定的周转性材料定额；K 为换算系数；n 为规定的材料周转次数；n_1 为实际的材料周转次数。

则实际材料定额应抽换为：

原木 $= 2.020 \times 5/3 = 3.367(m^3)$

锯材 $= 1.199 \times 5/3 = 1.998(m^3)$

铁件 $= 74.12 \times 5/3 = 123.53(kg)$

铁钉 $= 1.91 \times 4/3 = 2.55(kg)$

机械：848 木工圆锯机　　　$0.83 \times 18/8.5 = 1.76$(台班)

1998 小型机具使用费　　$18.4 \times 18/8.5 = 38.96$(元)

(4)制备 2 孔满堂式木拱盔的消耗量为：

人工：1　　80.26×308.6/10=247.68(工日)

材料：101 原木　　3.367×308.6/10=103.91(m^3)

102 锯材　　1.998×308.6/10=61.66(m^3)

651 铁件　　123.53×308.6/10=3 812.14(kg)

653 铁钉　　2.55×308.6/10=78.69(kg)

机械：848 木工圆锯机　　0.83×308.6/10=25.61(台班)

1998 小型机具使用费　　18.4×308.6/10=567.82(元)

制备2孔支架的消耗量计算步骤同上，本题略。

第六节　防护工程

防护工程是公路工程的重要构筑物，路基防护工程包括挡土墙、驳岸、护坡、导流坝、石笼等构造。学习时应注意正确运用定额。

一、定额应用要点

《预算定额》中“防护工程”的章说明共8条，在学习时应特别注意以下内容：

(1)章说明第1条：本章定额中未列出的其他结构形式的砌石防护工程，需要时按“桥涵工程”项目的有关定额计算。

(2)章说明第2条：本章定额中除已注明者外，均不包括挖基、基础垫层的工程内容，需要时按“桥涵工程”项目的有关定额计算。

(3)章说明第8条：

①铺草皮工程量按所铺边坡的坡面面积计算。

②护坡定额中以100 m^2 或1 000 m^2 为计量单位的子目的工程量按设计需要防护的边坡坡面面积计算。

③木笼、竹笼、铁丝笼填石护坡的工程量按填石体积计算。

④本章定额砌筑工程的工程量为砌体的实际体积，包括构成砌体的砂浆体积。

⑤本章定额预制混凝土构件的工程量为预制构件的实际体积，不包括预制构件中空心部分的体积。

⑥预应力锚索的工程量为锚索(钢绞线)长度与工作长度的质量之和。

⑦抗滑桩挖孔工程量按护壁外缘所包围的面积乘设计孔深计算。

二、定额应用示例

【例7-14】某浆砌块石挡土墙工程，设计采用M10砂浆，42.5级水泥，试确定其预算定额。

解：(1)根据工程内容，本项目应划分为挡土墙基础和墙身两个子目。查目录可知：挡土墙基础砌筑对应的定额编号为[748-5-1-15-6]，挡土墙墙身砌筑对应的定额编号为[748 -5 -1 -15 -8]。

(2)由定额表可知,砌筑需5号水泥砂浆,而设计采用M10水泥砂浆(42.5级水泥),其强度等级不同,对其组成原材料32.5级水泥和中粗砂应抽换。抽换依据见P995附录二基本定额的(二)1、砂浆配合比表(P1009的3栏),每1 m^3 M10水泥砂浆需32.5级水泥311 kg,中砂1.07 m^3,42.5级水泥不予抽换。

(3)砌筑基础定额中,每10 m^3 实体需5号水泥砂浆2.7 m^3,即需M10水泥砂浆2.7 m^3,需42.5级水泥2.7×311 =839.7 (kg) =0.840 t,中(粗)砂2.7×1.07 =2.889 (m^3)。

则基础砌筑每10 m^3 实体的定额为:

人工:1　　8.1 工日

材料:833　42.5级水泥　　0.840 t

866　水　　7 m^3

899　中(粗)砂　　2.889 m^3

911　黏土　　0.03 m^3

981　块石　　10.5 m^3

996　其他材料费　　2.3 元

(4)砌筑墙身定额中,每10 m^3 实体砌筑需M5水泥砂浆2.7 m^3,勾缝用M10水泥砂浆0.04 m^3,共需砂浆2.74 m^3。即M10水泥砂浆应抽换为2.74 m^3,需42.5级水泥2.74×311 =852.14(kg) =0.852 t,中(粗)砂2.74×1.07 =2.932(m^3)。故每10 m^3 实体的定额为:

人工:1　　14.2 工日

材料:101　原木　　0.03 m^3

……

833　42.5级水泥　　0.852 t

866　水　　7 m^3

899　中(粗)砂　　2.932 m^3

……

其他材料用量同定额值,不变。

第七节　交通工程及沿线设施

公路工程的“交通工程及沿线设施”主要包括沿线安全设施、监控收费系统、通信系统、光缆电缆敷设、配管、配线及接地工程、绿化工程等安装工程,随着人们对道路服务功能的提高,所需沿线设施在公路工程中占有一定比例。学习时应注意正确运用定额。

一、定额应用要点

《预算定额》中“交通工程及沿线设施”的章说明共4条,在学习时应特别注意以下内容：

(1)章说明第1条：本章定额包括交通安全设施、服务设施和管理设施等项目。

(2)各节说明中均包括本节的子项项目、工程量的计量规则等。在定额使用时应仔细阅读。

(3)定额表的重要附注。如表6-1-5的“注”：①中间带的绿化，可按设计另行计算；填土如需远运时，可按“路基工程”项目的土方运输定额另行计算。②隔离墩上如不安装钢管栏杆或防眩板时，应在钢筋子目中扣除人工4工日，钢板0.081 t，电焊条7.7 kg，30 kVA交流电焊机2.3台班。

其他内容自行阅读。

二、定额应用示例

【例7-15】某高速公路隔离栅工程，设计为钢筋混凝土柱上挂刺铁丝网形式，柱距为2 m，试确定该工程的预算定额。

分析：本隔离栅工程项目应包括钢筋混凝土立柱安装和网面编织两个工序，分混凝土、钢筋、刺铁丝三个子目。因各子目的定额单位各不相同，所以三子目定额值应分别单列。

解：(1)根据分项工程内容，查目录可知：该工程三个子目对应的定额编号分别为[783-6-1-4-1]、[783-6-1-4-2]、[783-6-1-4-6]。

(2)根据第1节说明第3条(3)的工程量计算规则，分别计算各子目工程量。

(3)每10 m^3 混凝土定额值为：

人工：[1] 78.9 工日

材料：[101] 原木 0.019 m^3

……

其他材料略。

机械：[1272] 250 L混凝土搅拌机 0.43 台班

……

其他机械略。

同理，每1 t钢筋和每1 t刺铁丝的定额值如表[783-6-1-4-2]、表[783-6-1-4-6]中所列，无抽换。

第八节 临时工程

临时工程是形成公路工程建筑的必需的工程设施，学习时应注意正确运用定额。

一、定额应用要点

《预算定额》中“临时工程”的章说明共7条，在学习时应特别注意以下内容：

(1)章说明第2条：汽车便道按路基宽度为7.0 m和4.5 m分别编制，便道路面宽度按 6.0 m 和 3.5 m 分别编制，路基宽度 4.5 m 的定额中已包括错车道的设置。汽车便道项目中未包括便道使用期内养护所需的工、料、机数量，如便道使用期内需要养护，编制预算时，可根据施工期按附表增加工料机数量。

(2)章说明第 3 条：临时汽车便桥按桥面净宽 4 m、单孔路径 21 m 编制。

(3)章说明第 4 条：重力式砌石码头定额中不包括拆除的工程内容，需要时可按“桥涵工程”项目的“拆除旧建筑物”定额另行计算。

(4)材料回收的规定。章说明第 7 条：本章定额中便桥、输电、电信线路的木料、电线的材料消耗均按一次使用量计划，编制预算时应按规定计算回收；其他各项定额分别不同情况，按其周转次数摊入材料数量。

二、定额应用示例

【例 7-16】某平原微丘区临时汽车便道工程，长 1.5 km，路基宽度为 4.5 m，天然砂砾路面宽 3.5 m，压实厚度 15 cm，使用养护期为 8 个月，试确定该工程的工、料、机消耗量。

解：(1)根据分项工程内容，查目录可知：该工程对应的定额编号为[944 -7 -1 -1 -3 +6]，根据章说明第 2 条，汽车便道项目中未包括便道使用期内养护所需的工、料、机数量，如便道使用期内需要养护，编制预算时，可根据施工期按附表增加工、料、机数量。

(2)每 1 km 临时汽车便道的定额为：

人工：	1	28.8 + 167.3 + 2 × 8 = 212.1(工日)
材料：	866 水	67 m^3
	908 天然级配	716.04 + 10.8 × 8 = 802.44 (m^3)
机械：	1003 75 kW 推土机	7.46 台班
	1075 6 ~ 8 t 压路机	0.64 + 1.32 × 8 = 11.2(台班)
	1076 8 ~ 10 t 压路机	0.48 + 0.97 = 1.45(台班)
	1078 12 ~ 15 t 压路机	1.86 + 1.94 = 3.8(台班)
	1083 手扶式振动碾	5.65 台班

(3)1.5 km 临时汽车便道的工、料、机消耗量为：

人工：	1	212.1 × 1.5 = 318.15(工日)
材料：	866 水	67 × 1.5 = 100.5(m^3)
	908 天然级配	802.44 × 1.5 = 1 203.66(m^3)
机械：	1003 75 kW 推土机	7.46 × 1.5 = 11.2(台班)
	1075 6 ~ 8 t 压路机	11.2 × 1.5 = 16.8(台班)
	1076 8 ~ 10 t 压路机	1.45 × 1.5 = 2.175(台班)
	1078 12 ~ 15 t 压路机	3.8 × 1.5 = 5.7(台班)

1083 手扶式振动碾 $5.65\times1.5=8.475$(台班)

第九节 材料采集及加工

在公路工程施工中,有些材料如自采的砂、黏土、草皮、碎石等可以由施工单位自行采集和加工,称之为自采性材料。在材料采集和加工过程中工、料、机的消耗量应以本章定额为依据,按照《公路工程基本建设项目概算预算编制办法》(JTG B06—2007)中的相关规定可以计算自采性材料的料场单价。

一、定额应用要点

《预算定额》中"材料采集及加工"的章说明共3条,在学习时应特别注意以下内容:

(1)章说明第1条:材料计量单位标准,除有特别说明者外,土、黏土、砂、石屑、碎(砾)石、碎(砾)石土、煤渣、矿渣均按堆方计算;片石、块石、大卵石均按码方计算;料石、盖板石均按实方计算。

(2)章说明第2条:开炸路基石方的片(块)石如需利用时,应按本章捡清片(块)石项目计算。

(3)章说明第3条:材料采集及加工定额中,已包括采、筛、洗、堆及加工等操作损耗在内。

(4)定额表的"工作内容"及附"注",重要的附"注"如:

①定额表8-1-1"开挖盖山土、石"的附"注":盖山土石厚度超过1 m时,按"路基工程"项目开挖(炸)土、石方定额计算。

②定额表8-1-4"采筛洗砂及机制砂"的附"注":

a. 需要清除表土及备水时,其工日另计(每1 m^3 砂按0.5 m^3 用水量计);

b. 如人工采、筛、洗、堆联合作业时,按"采、筛、堆"及"洗、堆"工日之和扣减一次堆方,每100 m^3 扣减3个工日计算,其中洗堆定额中的砂不计价;

c. 定额中砂系自然砂。

③定额表8-1-5"采砂砾、碎(砾)石土、砾石、卵石"的附"注":如需备水洗石时,每1 m^3 石料用水量按0.3 m^3 计算,运水工另行计算。

二、定额应用示例

【例7-17】某工地用砂,其成品率为80%,试确定其人工采、筛、洗、堆联合作业的预算定额和基价。

解:(1)根据分项工程内容,查目录可知:该人工"采、筛、洗、堆"砂对应的定额编号为[957-8-1-4-5+6],对照"工作内容",多一次堆方。根据附"注"(2):如采、筛、洗、堆联合作业时,按"采、筛、堆"及"洗、堆"工日之和扣减一次堆方,每100 m^3 扣减3工日计。因此,该项目每100 m^3 堆方的定额值:

人工:1 $21.3+45.2-3=63.5$(工日)

材料：897 砂　　115.0 m^3

(2)基价调整：

①原基价 1999 为 1 048 + 2 224 = 3 272(元)；

②人工基价的调整为 −3 × 49.2 = −147.6(元)；

③调整后的基价为 3 272 − 147.6 = 3 124.4(元)。

第十节　材料运输

在公路工程施工过程中，根据施工组织设计，有些材料由施工单位自行运输，工程上称为自办运输。自办运输的单程运距在 5 km 以上的汽车运输应按照当地交通部门规定的运费计算办法执行，而单程运距在 5 km 及以内的汽车运输、场外人力运输、装卸车等，应以本章定额为依据计算其工、料、机消耗量，按照《公路工程基本建设项目概算预算编制办法》(JTG B06—2007)中的相关规定计算自办运输材料的运杂费。材料自办运输的形式包括：人工挑抬、手推车、人工装卸机动翻斗车运、人工装卸手扶拖拉机运、人工装卸载重汽车运、装载机装自卸汽车运等，根据施工单位具体情况综合确定。

一、定额应用要点

《预算定额》中"材料运输"的章说明共 4 条，在学习时应特别注意以下内容：

(1)章说明第 4 条：本章定额中未列名称的材料，可按下列规定执行，其中不是以质量计量的应按单位质量进行换算。①水按运输沥青、油料定额乘以 0.85 系数计算；②与碎石运输定额相同的材料有天然级配、石渣、风化石；③定额中未列的其他材料，一律按水泥运输定额计算。

(2)定额表的"工作内容"及附"注"，重要的附"注"如：①定额表 9-1-1"人工挑抬运输"的附"注"：遇有升降坡时，除按水平距离计算运距外，并按附表增加运距；②定额表9-1-2"手推车运输"的附"注"：遇有升降坡时，除按水平距离计算运距外，并按附表增加运距。

二、定额应用示例

【例 7-18】某工地距料场 350 m，采用人工装卸手扶拖拉机运输片石，确定其预算定额。

解：(1)根据分项工程内容，查目录可知："手扶拖拉机运输"对应的定额编号为[975 − 9 − 1 − 4 − 7 + 8]，确定每 100 m^3 的片石运输定额为：

机械：1415　　5.36 + 0.37 × (350 − 100)/100 = 6.285(台班)

(2)根据分项工程内容，应补充"人工装卸手扶拖拉机"对应的定额编号为[988 − 9 − 1 − 8 − 4]，确定每 100 m^3 的片石装卸定额为：

人工：1　　11 工日

第十一节　附　录

《预算定额》共包括四个附录，依次为：路面材料计算基础数据表、基本定额、材料周转及摊销，以及定额基价人工、材料单位质量、单价表。其中附录四执行的是2007年北京地区的预算单价标准。

一、附录一　路面材料计算基础数据表

该附录主要是提供定额所用各种路面组成材料的压实混合料干密度数据（t/m^3），为预算过程中进行体积与质量的换算提供依据。

二、附录二　基本定额

基本定额是指在正常的施工技术与组织条件下，为生产单位数量的半成品、中间产品所规定的各种人工、材料、机械等消耗量标准。

（一）基本定额分类与组成（见图7-1）

基本定额分类与组成

- 桥涵模板工作
  - 1. 定型钢模板工作
  - 2. 现浇组合钢模板工作
  - 3. 预制组合钢模板工作
  - 4. 预制木模板工作
  - 5. 预制木模钉铁皮和地模工作
  - 6. 现浇木模板工作
- 砂浆及混凝土材料消耗
  - 1. 砂浆配合比表
  - 2. 混凝土配合比表
  - 3. 砌筑工程石料及砂浆消耗
- 脚手架、踏步、井字架工料消耗
  - 1. 轻型上、下架材料消耗
  - 2. 门式钢支架材料消耗
  - 3. 钢管脚手架井字架工料消耗
  - 4. 木脚手架及井字架工料消耗
  - 5. 踏步工料消耗
  - 6. 工作平台1 m^2 材料消耗
  - 7. 脚手架和轻型上下架的配备
- 基本定额材料规格与质量

图7-1　基本定额分类与组成

（二）基本定额的作用

（1）若水泥混凝土、水泥砂浆等半成品材料的设计强度等级与定额强度等级不一致，基本定额的砂浆及混凝土材料配合比表是进行原材料定额值抽换的依据。如前面例7-11和例7-14等。

（2）当设计中出现定额表中查不到的模板等工作时，基本定额的桥涵模板工作、脚手

架、踏步、井字架工料消耗表是分析分项工程或半成品所需工、料、机消耗量的依据。

(三)应用示例

【例 7-19】试确定预制 T 型梁木模板工作的预算定额。

解:T 型梁是桥梁上部桥面系的重要组成部件,预制 T 型梁的木模板定额应在附录二基本定额(一) –4. 预制木模板工作(P1003 第 11 栏)中查得,由表可知,每 10 m^2 模板接触面积的预制 T 型梁木模板的预算定额为:

人工:	1	2.73 工日
材料:	102 锯材	0.089 m^3
	651 铁件	2.85 kg
	653 铁钉	0.98 kg
机械:	1998 小型机具使用费	1.47 元

三、附录三　材料周转与摊销

在公路工程中使用的材料,按照使用次数的多少可以分为两类:一类是一次性消耗的材料,如水泥、砂、石等;另一类是可以重复使用的材料,如模板、拱盔、支架等,我们称之为周转性材料。周转性材料的定额值是按照正常周转次数经过摊销后制订的。本附录主要规定了周转材料在施工中合理使用的周转或摊销的次数。

(一)分类与组成(见图 7-2)

材料周转与摊销次数
- 混凝土及钢筋混凝土构件、块件模板材料周转及摊销次数
  - 1. 现浇混凝土的模板及支架、拱盔、隧道支撑
  - 2. 预制混凝土构件的木模板
  - 3. 组合钢模板材料的周转次数
  - 4. 定型钢模板材料的周转次数
- 脚手架、踏步、井字架、金属门式吊架、吊盘等摊销次数
- 临时轨道铺设材料摊销次数
- 基础及打桩工程材料摊销次数
- 灌注桩设备材料摊销次数
- 吊装设备材料摊销次数
- 预制构件和块件的堆放、运输材料的摊销次数

图 7-2　材料周转与摊销次数

(二)作用

(1)规定各种周转性材料的周转、摊销次数。

(2)根据总说明第八条,如就地浇筑钢筋混凝土梁用的支架及拱圈用的拱盔、支架,如确因施工安排达不到规定的周转次数时,可根据附录三进行换算并按规定计算回收。

抽换的方法是:实际定额用量 = 图纸一次使用量 ×(1 + 场内运输及操作损耗)/实际周转次数(或摊销次数) = 规定的周转次数/实际的周转次数 × 规定定额用量。

(三)应用示例

【例 7-20】某跨径 16 m 的石拱桥,制备 1 孔木拱盔,满堂式,周转 2 次。试确定其实

际周转次数的周转性材料预算定额。

解:(1)根据分项工程内容,查目录可知:制备拱盔对应的定额编号为[631-4-9-2-2],每制作10 m^2 立面积的拱盔的材料定额为:

101	原木:	0.471 m^3
102	锯材:	1.625 m^3
651	铁件:	41.8 kg
653	铁钉:	1.1 kg

(2)由P1024的附录三(一)-1,查得木拱盔的周转性材料的规定周转次数是:木材5次,铁件5次,铁钉4次。而实际周转次数为2次。本例符合抽换条件,应对定额值进行抽换 $E_1 = E \times K$。$K = n/n_1$。其中,E_1 为实际周转次数的周转性材料定额;E 为定额规定的周转性材料定额;K 为换算系数;n 为规定的材料周转次数;n_1 为实际的材料周转次数。

则实际定额为:原木 $=0.471 \times 5/2 = 1.178(m^3)$

锯材 $=1.625 \times 5/2 = 4.06(m^3)$

铁件 $=41.8 \times 5/2 = 104.5(kg)$

铁钉 $=1.1 \times 4/2 = 2.2(kg)$

四、附录四　定额基价人工、材料单位质量、单价表

附录四的作用是:

(1)在《预算定额》的定额表中,为了便于工料机的检索与对照,对工料机进行了编号,其中:人工代号为1~2,混凝土及砂浆代号为11~87,原材料代号为101~995,机械代号为1002~1993;其他表中未列工料机代号可以根据需要补充。

(2)表内所列原材料的单位质量(kg)为预算过程中体积与质量的换算、个数与质量的换算提供依据。

(3)表内所列各类材料的单价,是2007年北京地区的预算单价,是定额表内基价计算的依据,同时也是定额基价调整的依据。

复习思考题

1. 定额中的总说明、章节说明、附注的主要作用是什么?

2. 查用定额的步骤是什么?

3. 某人工挖运硬土,重力上坡10%,运距60 m,试确定其预算定额。

4. 某立交匝道路面,采用22 cm厚4%的水泥稳定碎石基层(厂拌法,8 t自卸汽车运4 km),试确定其预算定额。

5. 试确定某桥梁工程的预制钢筋混凝土T型梁的预算定额。已知混凝土为30号,32.5级水泥,采用蒸汽养生(计蒸汽养生室的建筑)。

6. 确定下列分项的定额编号:

(1)浆砌片石锥形护坡；
(2)浆砌片石挡土墙；
(3)人工开挖盖山土；
(4)人工开挖基坑土；
(5)人工挑抬土；
(6)人工挖运普通土土方。
7. 简述《预算定额》的四个附录的作用。

第八章　公路工程造价概述

本章重点提示　熟悉公路工程造价的概念、种类、价格构成；了解公路建设的内容、特点、建设程序和项目划分；了解工程造价的职能、管理方向和方法及现行的管理制度。

第一节　公路工程造价基本概念

一、公路基本建设概述

（一）公路基本建设的内容与项目组成

1. 公路基本建设的含义

公路基本建设是指有关公路固定资产的建筑、购置、安装活动，以及与其相关的如征地拆迁、勘测设计、施工监理等工作。

公路基本建设按经济内容可分为生产性建设和非生产性建设。生产性建设，是指用于物质生产和直接为生产服务的建设；非生产性建设，是指用于满足人民生活需要，以及为政治、国防需要所进行的建设，如旅游公路、国防专用公路等就是非生产性建设。

公路基本建设内容就投资的构成和工作性质来说，可划分为：建筑安装工程；设备、工具、器具及家具购置；其他基本建设部分，如征地拆迁、试验研究、勘测设计、施工监理等。

2. 公路基本建设的主体

公路基本建设的主体原则上有四个：建设单位（业主）、勘察设计及技术咨询单位、工程建设监理咨询机构和施工单位。另外，金融部门、政府质量监督部门也参与基本建设。

1）建设单位（业主）

凡是负责执行国家公路基本建设的单位都称为建设单位，建设单位亦称业主。它在行政上有独立的组织形式，在经济上进行独立核算。建设单位作为公路基本建设的组织者和监督者，原则上都实行项目业主责任制。其主要工作包括：负责筹集建设资金；提出项目的建设规模、产品方案、产址选择和需要落实的建设条件；负责组织工程设计、监理、设备采购和施工招标工作，审定招标方案，自主确定设计、监理设备供应和施工的中标单位；按照国家有关规定，审查和审定工程设计、概算、集资计划和用款计划；审定项目（企业）年度投资和建设计划，审定项目（企业）财务预算、决算；按合同规定，审定归还贷款和其他债务的数额，审定利润分配方案；根据项目的具体情况，业主可自行聘任和解聘项目（企业）总经理，如需经政府有关部门批准的，可由业主推荐上报政府有关部门批准，总经理的职责范围由业主确定；根据国家有关规定，确定企业的产品、劳务价格；审定项目（企业)机构编制、劳动用工及职工工资福利方案;批准项目(企业)总经理的工作报告;处理工程中的重大问题;业主需决定的其他事项。

2)勘察设计及技术咨询单位

交通勘察设计及技术咨询单位应持有上级主管发证机关颁发的勘察设计许可证和相应的资质等级证书。设计单位的任务,既可接受建设单位或主管部门的委托获取,也可以参加国内外设计任务的招投标,通过市场竞争争取。其主要工作包括:根据已批准的可行性研究或设计任务书(或委托合同)及业主提供的初步资料,制订设计方案,计算主要工程数量,拟订施工方案,编制设计概算或施工预算。对技术复杂的项目还应进行技术设计,通过试验研究,解决技术难题,提出修正的施工方案,计算工程数量,编制修正工程概算,提供必要的文字说明或图表资料,为施工准备提供依据。

3)工程建设监理咨询机构

工程建设监理咨询机构是获得交通主管部门颁发的公路工程或交通工程施工监理资质证书且具有独立法人资格的单位。它受业主委托,根据合同文件的要求,在公路工程或交通工程施工准备阶段、施工阶段及缺陷责任期阶段对工程的质量、进度、费用等合同事宜承担监理业务。

监理的一般任务是:从组织、技术、合同和经济的角度采取措施,使项目在决策阶段避免失误,力求决策优化;在项目实施阶段,则是如何控制建设项目的目标即投资标准、工期标准、质量目标,使其合理地实现。

4)施工单位(承包人)

施工单位是承担公路工程或交通工程建筑安装的单位。它通过施工投标或其他方法取得某项目的施工权。按施工单位性质可分全民企业、集体企业、中外合资企业、私营企业等几种形式。施工单位一般又称承包单位或承包人等。施工单位必须具备下列条件:能独立组织生产,具备必需的劳力、施工机具和各种建筑材料(可以采购);能独立经营,在行政上和经济上具有一定的独立性,对外有法人资格,"具有自主经营、自负盈亏、自我发展、自我约束"的商品生产能力;能独立核算,在财务上有自己支配的固定资金和流动资金,能独立核算工程成本,以自己的销售收入抵偿生产支出;还应具有相应的施工等级资质证书。

5)政府质量监督部门

政府监督是指我国主管建设的职能部门即工程质量监督站对项目实施阶段进行的监督和管理;社会监理则是咨询监理公司根据 FIDIC 条款规定或交通部门有关规定接受业主委托进行项目实施阶段的监理。

政府监督的主要任务是:贯彻执行国家建设监理法规,根据需要制订实施办法,并组织实施;组织或参与审批本建设项目的设计文件和开工报告;组织或参与检查、处理本工程建设重大事故;组织或参与本建设项目的竣工验收;组织或参与监理工程师的资格考核、颁发证书和审批社会监理单位的资质;指导和管理社会监督工作;参与本部门投资项目建设实施的直接监理或委托监理。

3. 公路基本建设的内容

公路基本建设的内容就投资构成和工作性质而言可分为如下三大部分:

建筑安装工程:即建筑工程,如路基路面、桥涵、隧道、防护等工程项目的建设。

设备安装工程:如高速公路、大桥所需的各种机械、设备的安装调试等。

设备、工器具及家具的购置:即公路建设所需的设备、工器具及家具购置。

基本建设的其他工作:如勘测设计、征地拆迁等。

4. 公路基本建设的项目组成

公路基本建设工程按照概预算编制的要求依次可划分为如下几项:

公路基本建设项目:指某项独立的基本建设工程,它一般具有计划任务书和总体设计文件,经济核算和组织形式独立的建设项目,如沪宁高速公路。

单项工程:指具有独立的设计文件,竣工后可以独立发挥作用的工程项目,如沪宁高速公路马群立交桥。

单位工程:指一般不能单独发挥作用,但具有独立施工条件的工程项目,如隧道工程中的照明工程。

分部工程:分部工程是单位工程的组成部分,如路基工程、路面工程等。

分项工程:分项工程是分部工程的组成部分,如基础工程中的围堰、开挖等分项工程。

公路基本建设的项目组成见图 8-1。

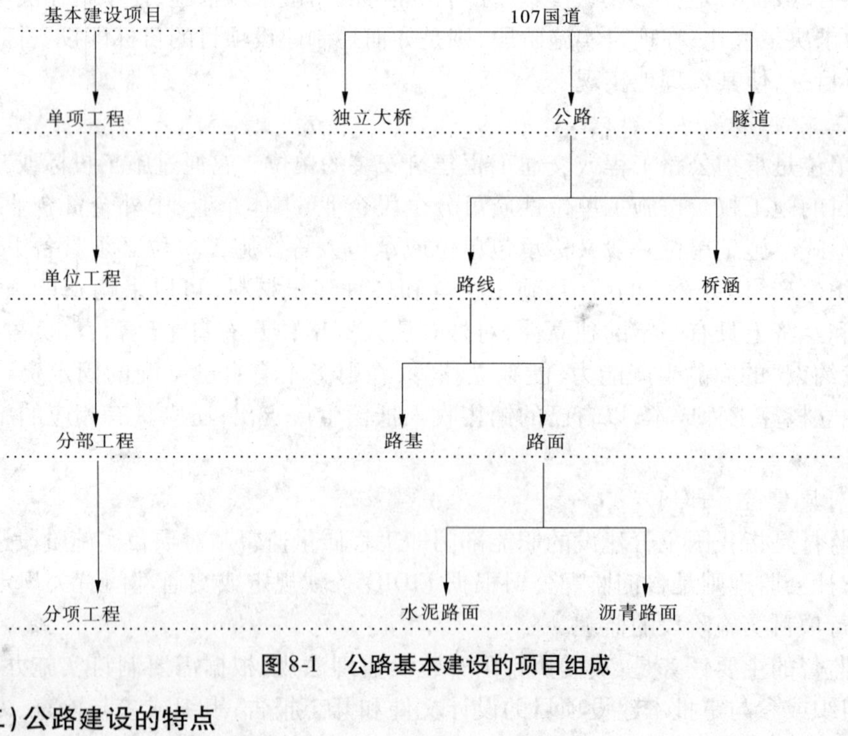

图 8-1　公路基本建设的项目组成

(二)公路建设的特点

1. 公路建筑产品的特点

1)产品的固定性

公路建筑产品建成后的地点一般是固定的,这就要求项目建设前期选址、定址要十分慎重,否则一旦建成后再改动,势必给国家造成极大的损失。

2）产品的多样性

由于公路的具体使用目的、技术等级、自然条件、结构形式、主体功能等不同，而使公路的组成部分、形体构造千差万别和复杂多样。

3）产品形体的庞大性

公路工程为线型构造物，其组成部分的形体一般比较庞大，公路路线少则几公里，多则几千公里。同样桥梁长度虽然比不上路线，但其形体也是比较庞大的。

4）产品部分结构的易损性

公路工程受行车及自然因素影响的作用，其暴露于大自然的部分及受行车直接作用的部分，常易损坏。因此，加强公路养护管理十分必要。

2. 公路建设的特点

1）劳动对象分散

公路建设点多线长，工程分布极为分散，从而需要采取相应的工程管理方法。

2）生产流动性强

由于公路建设产品的固定性，必须组织人力或机械围绕这一固定的劳动对象，在同一工作面不同时间，或同一时间不同工作面进行生产活动。此外，当某一公路工程竣工之后，施工队伍就要向新的施工现场移动。

3）受自然因素影响大

公路工程施工大部分是露天生产，受自然条件影响大，如气候冷暖、地势高低、洪水、雨雪等，均对工期和工程质量有很大影响。

4）需要个别设计、个别组织施工

由于产品的多样性，每项工程具有不同的功能、不同的施工条件，从而使每项工程不仅需要个别设计，而且需要采取不同的施工方法，分别组织施工。

5）生产周期长

由于产品形体的庞大性，需耗用大量的人工、材料，致使生产周期长，要在较长时间内占用大量劳动力和资金。

6）生产协作性高

由于产品的多样性，特别是公路生产施工环节很多，生产程序复杂，每项工作都需要建设单位、设计单位、施工单位等部门密切配合，通力协作。因此，公路建设必须有严密的计划和科学的管理。

7）生产类型多，多以单件生产为主

这是由产品多样性决定的，不同地区、不同桥型，施工要求不同。即使桥型相同、路线线型相同，对于不同区域而言，其地质水文等条件不同，生产的形式肯定不同。因此，多以单件生产为主。

8）需要不断地养护和维修

这是由公路部分结构的易损性所决定的，不进行公路的维修、养护，就不能维持正常的运输生产。

9）组织的系统性

公路工程是线型构造物，它由路基、路面、桥涵等各部分组成，只有形成一个有效工作的整体,才能连续正常地发挥其运输功能。

(三)公路基本建设程序

公路基本建设有着细致的分工和广泛的外部协调关系。一条公路从计划到竣工交付使用,要经过项目可行性研究、决策、勘测、设计、施工、竣工验收、项目后评价等许多阶段和环节,它们相互衔接,循序渐进,其整个期间和过程中的各个阶段和先后次序即为基本建设程序。该程序是基本建设过程中的客观规律,必须遵守,不可随意更改或忽略其中的任何一个程序,否则,将会造成浪费,甚至造成不可估量的损失。

一般大、中型公路基本建设项目的建设程序包括以下内容:

(1)根据长远规划进行项目预可行性研究,编制项目建议书;

(2)根据批准的"项目预可行性研究"或"项目建议书"编制项目工程可行性研究报告;

(3)根据批准的"项目工程可行性研究"进行现场勘测,筹措资金,编制初步设计文件;

(4)根据批准的初步设计文件把该建设项目列入年度基本建设计划;

(5)进行施工前的准备工作和施工图设计,组织招投标;

(6)编制上报开工报告,组织施工、监理;

(7)编制竣工图表和工程决算,办理竣工验收;

(8)对建设项目进行后评估。

二、公路工程造价基本概念

(一)基本建设项目的投资与资金来源

建设项目投资即工程造价,是指工程建设项目有计划地一次性投入费用的总和。它主要由建筑安装工程费、设备工器具购置费、工程建设其他费及预留费等组成。

建筑安装工程费是指建设单位用于建筑和安装工程方面的投资,包含建筑物的建造、设备的安装等投资,以货币的形式表现。设备工器具购置费是指按照建设项目设计文件要求,建设单位(或其委托单位)购置或自制达到固定资产投资标准的设备和工器具及生产家具所需的投资。它由设备工器具原价和运杂费组成。在生产性建设项目中,设备工器具投资可称为"积极投资",它占项目投资费用比重越高,标志着技术越进步。工程建设其他费是指为保证工程建设顺利完成和交付使用后能够正常发挥效用而发生的其他费用总和。预留费是指由于工程建设造价的增长及不可预见因素而预留的费用。

当前基本建设投资资金的来源渠道主要有以下几方面。

1. 财政预算投资

由国家预算安排的、并列入年度基本建设计划的建设项目投资为财政预算投资,也称为国家投资。

2. 自筹资金投资

自筹资金投资是指各地区、各部门、各单位按照财政制度提留、管理和自行分配用于固定资产再生产的资金。自筹资金主要有:地方自筹资金,部门自筹资金,企业、事业单位自筹资金,集体、城乡个人筹集资金等。自筹资金必须纳入国家计划,并控制在国家确定的自筹资金投资规模内。地方和企业的自筹资金,应由建设银行统一管理,其投资要同预算内投资一样,事先要进行可行性研究和技术经济论证,严格按基本建设程序办事,以保障自筹投资有较好的投资效益。

3. 银行贷款投资

银行利用信贷资金发放基本建设贷款是建设项目投资资金的重要组成部分。

4. 利用外资

利用多种形式的外资，是我国实行改革开放政策、引进国外先进技术的一个重要措施，同时，外资也是我国建设项目投资不可缺少的重要资金来源。其主要形式有外国政府贷款、国际金融融资贷款、国外商业银行贷款。在国外金融市场上发放债券，吸收外国银行、企业、私人存款，利用出口信贷，吸收国外资本直接投资包括与外商合资经营、合作经营、合作开发以及外商独资等形式，补偿贸易，对外加工装配，国际租赁，BOT 方式等。

5. 利用有价证券市场筹措建设资金

有价证券市场，是指买卖公债、股票等有价证券，在不增加社会资金总量和资金所有权的前提下，通过融资方式，把分散的资金累积起来，从而有效地改变社会资金总量结构。有效证券主要指债券和股票。

1）债券

债券是借款单位为筹措资金而发行的一种信用凭证，它证明持券人有权取得固定利息并到期收回本金。我国发行的债权种类有：国家债券即公债、国库券，是国家以信用的方式从社会上筹措资金的一种重要工具；地方政府债券；企业债券；金融债券。债券发行后，可在债券流通市场上进行交易，债券的发行与转让分别通过债券发行市场和债券转让市场进行。债券的票面价格即指债券券面上所标明的金额；发行价格即指债券的筹集价格，是债券发行时投资者对债券所付的购买金额；债券的市场价格指债券发行后在证券市场上的买卖价格。

2）股票

股票是股份公司发给股东作为已投资入股的证书和索取股息的凭证。它是可作为买卖对象和（或）抵押品的有价证券。按股东承担风险和享有利益的大小，股票可分为普通股和优先股两大类。股票筹资是一种有弹性的融资方式，由于股息和红利不像利息必须按期支付，且股票无到期日，公司不需要偿还资金，因而融资风险低。但对投资者来说，因股票的投资报酬可能比债券高，故投资的风险也大。

（二）公路工程建设项目的投资损益分析

1. 投资损益分析

任何工程问题实质上都是以经济问题为目标的，公路工程也是如此，所以应对公路建设和运营过程中所涉及的费用及收益作出评价，为有关的决策提供依据。

公路工程项目是一种公共投资项目，目的是发展区域经济，繁荣社会，造福人民。然而，修路不可避免地会给社会带来某些损失。特别是大型高等级道路的兴建甚至可能导致局部地区生态及生活环境严重恶化。因此，修建某一项目，必须事先分析它将会给社会带来的各种效益和损失，如果益大于损，再进行项目实施。道路工程项目为社会带来的利益和损失，与项目的投资、功能、建设规模和影响范围等因素有关。一般来说，首先要明确拟建项目的作用和功能，其次要确定工程项目的投资和运营费用，调查项目所在地区的经济布局和周围环境，再次要确定项目的影响，最后是确定受益及受损内容和程度。

公路工程项目的投资运营费用包括很多内容:首先修建公路需要占用大量土地,因此公路的修建属于土地开发,而土地是一种不可再生资源,特别是我国人多地少,在规划时应予充分考虑;公路建筑工程安装费是工程的直接支出,它包括人工费、材料费、机械设备购置使用费、管理费、各种施工增加费以及其他各种间接费等,同时还应考虑物价上涨、意外事件等因素影响的预留费;公路的修建难免要拆迁一些原有建筑物,尤其是在城市,这些征地拆迁费应在规划或项目经济评价中考虑;道路结构物是一种人工建筑物,它的修建将破坏天然植被和原有自然景观,有时可能要大量砍伐树木,减少绿化面积,改变原有地形地貌,这将对环境带来负面影响,因此修建公路必须考虑环境保护;为了延长公路的使用寿命,应不断地对公路进行各种养护,包括日常养护、大中修、改扩建及公路工程防灾救灾等工作;公路使用者在使用过程中还需付出包括油料消耗、轮胎磨耗、机件磨耗、车辆保养和大中修等费用在内的各种费用;此外,还有交通事故处理等间接费用。上述各项费用是在公路建设及运营不同阶段发生的,由不同的部门或不同的公众群体负担。

当然公路工程的修建和使用,也使它们不同程度地受益。首先公路工程的修建将大大促进区域经济的发展,这是最主要的经济效益。由于增强了交通的迅捷性,促进了人员和商品的交换,加速了货物的周转,减少了库存,提高了劳动生产率,从而为当地提供了必不可少的开发和发展条件,改善了生活与投资环境;加之流动人口的增加,能够带动商品零售业的发展,这样便可有力地促进当地经济的发展,增加国民收入;公路的建设还将使沿线土地价格上升,为房地产业的发展提供有力的条件;在道路的设计、施工及运营管理方面,将增加许多新的就业机会;收费道路将会增加过路费的收入。另外,由于道路条件的改善,缩短了运输里程,改善了运输条件,减少了行程时间,使运量增加,运输成本降低,用户费用减少,道路使用者将会受益。

2. 道路工程的受益

道路工程的受益可分为直接受益和间接受益两类。直接受益是指由道路运输条件改善获得的效益,如由客货运量的增加导致的运输收入的增加;旅客、货物因通达条件改善而节约的在途时间;因道路条件改善而减少的运输成本;或由于建造立体交叉口使汽车延误时间的减少和制动启动费用的降低;建设者(即投资者)征收的道路养护费、过路费、过桥费等。间接受益是指项目影响的区域范围内,由于道路运输的发展而给本地带来巨大的收益,特别是道路建成后,对地方投资者来说,沿路地价上涨得到的收益优势大于过路费的收入,这一点大大提高了地方政府和群众的建筑积极性,对我国道路修建事业起到一定的推动作用。公路建设项目的直接效益包括如下内容。

1)公路晋级效益

公路晋级效益是指由于公路建设项目的修建提高了原有公路设施的等级,使得旅客、货物运输成本降低所产生的效益。运输成本降低额,按没有此公路时客货通过其他公路或运输方式的运输成本,与有了此公路时的客货公路成本之差额来计算。

2)减少拥挤效益

新建项目前原有公路的交通量不断增加,平均行车速度不断降低,单位运输成本亦不断提高。新建项目后使原有相关公路减少了拥挤,提高了行车速度,降低了运输成本,这些相关道路运输费用的节约即为本项收益。

3)缩短里程时间效益

改建公路缩短了里程,节约了旅客和货物运输费用,其节约余额,以改建前后交通情况下的货、客运输成本计算。

4)节约时间效益

改善交通条件后,货物运输速度提高,引起资金周期缩短而获得的效益,按在途物资所需资金利息(采取社会折现率)的减少来计算;旅客节约在途时间的价值按人均国民收入(净产值)的份额来计算。考虑到汽车运输企业大都达不到昼夜连续运送货物的水平,将平均 16 h 在途时间看做节约了 1 d 的货物流动资金周转时间;旅客则以 8 h 为一天计算平均每个旅客的国民收入,可根据当地统计的计算年度国民收入总额除以当地总人数得到。

5)减少事故效益(交通事故和货损事故)

拟建项目实施后导致交通事故减少而节约的费用,以事故率来考虑;减少公路货损事故所节约的费用,以货损率来考虑。

3. 道路工程项目的损失

损失是伴随着道路工程项目的实施而来的,它可分为直接受损和间接受损两类。直接受损是指道路工程构造物直接给社会各部门造成的损失,如修路占用了农田和引起房屋拆迁等;间接受损是指道路在运营期间的汽车噪声、废气、漏油对附近企业、农田、居民、野生动物、环境带来的危害等。其他受损项目还有投资者支付的项目建设费,包括人工、材料、机械、土地、拆迁赔偿等各项费用,此外,还有建设及使用期的道路管理费、使用期的养护和维修费用等。

(三)公路工程造价的构成

公路工程建设项目建成后,不同于一般的商品,它具有一般商品的属性,又具有其特殊性,因而公路工程项目的造价构成具有其特殊性。一般来说,工程项目造价大致由物资消耗、人工消耗和盈利三大部分构成,具体如表 8-1 所示。

表 8-1　工程造价的构成

<table>
<tr><td rowspan="3">建设项目工程造价</td><td>物资消耗</td><td>土地的价格;
设备、工器具的价格;
建筑材料、构件的价格;
施工机械等固定资产的折旧、维修、转移费</td></tr>
<tr><td>人工消耗</td><td>建设单位职工的工资、奖金和费用;
勘察设计人员的工资、奖金和费用;
施工企业职工的工资、奖金和转移费用;
监理单位人员的工资、奖金和费用;
质量监督单位人员的工资、奖金和费用;
其他相关人员的工资、奖金和费用</td></tr>
<tr><td>盈利</td><td>建设单位的税金;
勘察设计单位的利润和税金;
施工企业的利润和税金;
咨询监理公司的利润和税金;
独立核算的开发公司、工程承包公司的利润和税金</td></tr>
</table>

现行建设项目投资，按其费用和性质的不同，一般由建筑安装工程费用，设备、工器具购置费用，工程建设其他费用及预留费等组成。

1. 建筑安装工程费用

建筑安装工程费用通常包括新建、扩建和重建公路中建筑物工程费用和设备安装费用。它包括直接费、间接费、计划利润、其他费用和税金。

2. 设备、工器具购置费用

设备、工器具购置费用是指为公路营运、服务、管理、养护所需要购置的设备、工器具的费用。如各种监控设备、通信设备、收费系统等，以及测定设备安装工程质量的试验、单个设备进行的试车、修配和整理等全部建设费用。购置费用包括设备的出厂价格、包装费、由制造厂或交货地点运至建设工地仓库前的运输费、供销部门手续费和采购保管费等。

3. 工程建设其他费用

工程建设其他费用指上述费用以外的，根据建设文件要求和国家有关规定应从基本投资中支付的，并列入建设项目总概算或单项工程综合概预算的一些费用。它的特点是不属于建设项目中的任何一个工程项目，而是属于建设项目范围内的工程费用。工程建设其他费用一般由以下内容组成。

1）土地补偿费与安置补助费

当国家进行经济、文化、国防建设以及兴办社会公共事业需要征用集体所有土地时，应由用地单位支付补偿费。其内容按政府核定的标准对耕地进行补偿。对园地、鱼塘、藕塘、苇塘、宅基地、林地、牧场、草原的征用、大型水利水电工程的水库淹没处理补偿费，根据各专业部委规定支付。其内容有居民迁移费、工矿企业及其他工程迁建费、库区清理费和库区防护费。

城市房屋拆迁补偿安置费是指在城市规划区内国有土地上，因城市建设需要拆迁房屋及附属物的，拆迁人（指取得房屋拆迁许可证的建设单位和个人）应对被拆迁的房屋及其附属物的所有人（包括代管人、国家授权的国家及其附属物的管理人）按规定给予拆迁补偿和拆迁安置。

当国家建设使用国有荒山、荒地、滩涂等土地时，应按照《国家建设征用土地条例》规定的程序和审批权限无偿划拨。

为了促使土地资源得到更合理、更充分的利用，必须建立和完善社会主义土地市场。建立土地市场的要点是：土地使用者不是通过行政划拨而是通过有计划的市场竞争从国家那里取得土地使用权；土地使用权不是无限的，而是有限的，在限期内土地使用者可灵活运用其土地使用权；地价不是靠国家单方面确定的，而是在土地使用者之间的竞争中形成的。

2）建设单位管理费

建设单位管理费是指建设单位进行的建设项目筹建、建设、联合试运转、验收总结等工作发生的管理费用。不包括应计入设备、材料预算价格的建设单位采购及保管设备、材料所需的费用。费用内容包括：工作人员的工资、工资附加费、劳保支出、差旅费、工具用具使用费、固定资产使用费、劳动保护费、零星固定资产购置费、招募工人费、技术图纸资料费、合同公证费、工程质量监理监督检测费、完工清理费、建设单位临时设施费和其他管理费用性质的开支。

建设单位付给质量监督站、咨询监理公司等单位的酬金应在建设单位管理费中列支。公路(交通)工程定额站为收集定额资料、测定劳动定额、编制工程定额及定额管理所需要的定额编制、管理费,以及上级部门对工程建设可行性研究报告和勘察设计文件进行审查时发生的设计文件审查费也在建设单位管理费中计列。

3)勘察设计费和研究试验费

勘察设计费是指在建设项目前期工作过程中,委托勘察设计单位、咨询单位为本建设项目进行工程可行性研究、勘察设计时,在规定范围内由建设单位支付的勘察设计等工作所需的费用。研究试验费是指为本建设项目提供或验证设计数据、资料进行的研究试验,按照设计规定在施工过程中必须进行的试验所需的费用,以及支付科研成果、先进技术的一次性技术转让费。

4)施工机构迁移费

施工机构迁移费是指施工机构根据建设任务的需要,经有关部门决定,由原驻地迁移到另一地区所发生的一次性搬迁费用。其费用包括:职工及随同家属的差旅费,调迁期间的工资,施工机械、设备、工具、用具和周转材料的搬运费。

5)供电贴费

供电贴费是指按照国家规定,建设项目应支付的供电工程贴费、施工临时用电贴费。具体来说,是用户(施工企业)申请用电时由供电部门统一规划并负责建设的110 kV以下的各级电压外部供电工程的建设、扩充、改建费用的总称。供电贴费只能用于增加或改善用户用电而必须新建、扩建和改善的电网建设以及有关业务支出,由建设银行监督使用,不得挪作他用。这是解决我国当前电力建设资金不足的一项措施。

6)固定资产投资方向调节税及建设期贷款利息

固定资产投资方向调节税及建设期贷款利息是指按照国家规定,建设项目应支付的相应费用。为了贯彻国家产业政策,控制投资规模、引导投资方向,调整投资结构、加强重点行业建设,促进国民经济持续、稳定、协调发展,国家向中国境内进行固定资产投资的单位和个人征收的固定资产方向调节税(简称投资方向调节税)。投资方向调节税根据国家产业政策和项目经济规模实行差别税率。银行信贷资金是指银行利用信贷资金所发放的投资性贷款,在建设期内应归还的贷款利息也是建设项目投资资金的重要组成部分。

4.预留费

预留费是指在初步设计和概预算中难以预料的工程和费用,以及建设项目由于物价、汇率、税金、贷款利率等变化所引起的费用,其中包括工程造价增涨预留费和预备费。具体内容有:在进行技术设计、施工图设计和施工过程中,在批准的初步设计和概算范围内所允许增加的工程和费用;设备材料价格和工资单价的差价(不包括由于管理不善而造成的差价);由于自然灾害而造成的损失和预防自然灾害所采取的组织措施费用(但不包括由于施工质量不符合设计要求而返工的费用);建设项目在建设期内由于汇率、贷款利率、税率等变化而增加的费用;建设项目在建设期内由于设备、材料、人工、机械台班、征用拆迁等价格上涨而增加的费用等。

(四)公路工程造价的种类

1. 基本建设项目投资估算

投资估算是基本建设前期工作的重要环节之一。在拟建项目决策前进行的项目建议书和可行性研究报告的编制中,投资估算是必不可少的工作。它对建设项目或建设工程总造价起总体控制作用,是项目决策的重要依据之一。由于投资估算是在设计工作之前进行的,各有关专业设计尚未完全介入,工程数量和其他各类数据还不具体,因此编制的主要依据也不可能具体,许多条件的确定只能是粗线条的,这在一定程度上增加了估算工作的难度,影响了结论的准确性。基本建设项目投资估算包括公路建设项目建议书阶段(工程预可行性研究阶段)投资估算和公路建设项目设计任务书(工程可行性研究阶段)投资估算两部分。

1)公路建设项目建议书阶段(工程预可行性研究阶段)投资估算

根据《公路工程投资估算编制办法》和《公路工程估算指标》(以下简称《估算指标》),在项目建设前期必须估算工程造价并对项目经济效益进行评价。项目建议书阶段投资估算是以《估算指标》中第一部分综合指标为依据的。在编制建设项目建议书前的预可行性研究时,工程技术资料处于粗略的形式,只能从路网规划图及说明书中获得一定的技术数据。因此,综合指标计算单位为 1 km,工程数量按建设项目公路总长度计,但不包括路线中 1 000 m 及以上特大桥的桥长。特大桥需按有关项目另计。

2)公路建设项目设计任务书(工程可行性研究阶段)投资估算

项目建议书审查批准后,进入工程可行性研究阶段。通过必要的勘察(高等级公路必须做),包括大桥、隧道及不良地段的地质勘探,在取得必要的技术资料的基础上,对不同建设方案从经济上、技术上进行综合论证,提出推荐建设方案,审批后作为编制设计计划任务书的依据。《估算指标》中的第二部分分项指标是编制设计计划任务书前,工程可行性研究投资估算的依据,是以各项工程的人力、主要材料、其他材料费、机械使用费消耗量指标为表现形式的指标。这些指标以现行的《公路工程概算定额》和各项费用定额水平为依据综合编制,反映了我国当前公路建设的实际情况。因而,规定除指标中未包括的项目可以编制地区补充指标及指标中规定允许换算的以外,一般不得自行变更。涉及计划任务书阶段的投资估算不但能对建设工程造价起总体控制作用,由于能按照设计专业分块统计估计,它还能指导和控制各设计专业,如路基路面专业、桥梁(指独立设计的大、中桥)专业等的造价控制水平,从而使全线总造价水平的控制更有把握。

2. 初步设计及技术设计阶段的设计概算与修正概算

设计计划任务书得到批准以后,基建项目按建设程序进入设计阶段。公路工程基本建设项目一般分两阶段设计,即初步设计和施工图设计。对于技术简单、方案明确的小型建设项目可采用一阶段施工图设计;而对那些技术复杂而又缺乏基础资料的建设项目或建设项目中的特大桥、互通式立交、隧道等,则有必要在初步设计与施工图设计之间加入技术设计。概算或修正概算是初步设计文件或技术设计文件的重要组成部分。概算应控制在批准的建设项目可行性研究报告估算允许幅度范围内,概算经批准后是基本建设项目投资最高限额,是编制建设项目计划,签订建设项目总承包合同,实行建设项目包干、控制预算、考核设计经济合理性和建设成本的依据。不同阶段设计概算均由设计单位编制。

编制概算或修正概算，应全面了解工程所在地的建设条件，掌握各项基础资料，正确引用规定的定额、取费标准、工资单价和材料设备价格，按交通部颁发的《公路工程基本建设项目概算预算编制办法》(JTG B06—2007)的规定进行编制，使概算能够完整、准确地反映设计内容。概算根据设计内容计算各项工程数量并选择合理的施工方法和施工组织。对已批准的初步设计进行施工招标的工程，其标底应在批准的总概算范围内。技术设计是在批准的初步设计的基础上进行的，包括：进行必要的补充测试或实施定测；对重大、复杂的技术问题通过科学试验、专题研究，进一步落实施工技术方案，其中包括勘探调查工作的深化。修正概算是技术设计文件的重要组成部分，修正概算的编制与初步设计概算编制方法是一致的，可以通过技术设计后与初步设计相比较，如技术条件变化不大或者集中于局部地段，则只需对原概算相应部分进行修改即可。编制概算时应根据概算定额的各工程项目的人工、材料、机械台班消耗量和编制办法规定的概算工程所在地的人工费工日单价、材料预算单价和机械台班单价计算出各项工程项目工、料、机费用，并按编制办法规定计算各项费用，然后汇总得出反映工程项目总投资和各项经济指标的总概算表。由于初步设计会受外部条件限制，如工程地质勘探、设备、材料的供应、协作条件、物资采购供应价格的变化等，以及人们主观认识的局限性，往往会造成在施工图设计阶段直至建设施工过程中的局部修改、变更，这都是正常现象，也将使设计更加完善。因此，也必定会引起已确认的初步设计阶段工程造价的变化。这种正常的变化在一定范围内是允许的，但必须经过核算和调整。这种核算、调整工作就是概预算管理工作。当涉及建设规模、设计方案或工艺过程的重大变更时，原初步设计已经失去了指导施工图设计的意义，则必须重新编制或修改初步设计文件。随着初步设计的重编和修改，要将另行编制修改的初步设计概算报原审查单位审批。投资控制额即以新批准的修改初步设计概算额为准。

3. 施工图设计阶段的施工图预算

施工图预算是施工图设计文件的组成部分，它是确定建筑安装工程造价的文件对于预算经审定后，按预算承发包的工程，预算是确定工程造价、签订建筑安装工程合同、实行建设单位和施工单位投资包干和办理工程结算、实行经济核算和考核工程成本的依据。施工图预算是根据已批准的施工图设计文件、施工组织设计文件、建筑安装工程定额和各种费用取费标准等编制的，它是拟建工程设计概算文件的具体化。以一个单位工程为对象编制的施工图预算，称为单位工程预算；以一个单项工程为对象编制的施工图预算，称为单项工程综合预算。单位工程预算是单项工程综合预算的基础文件，汇总所有单位工程预算即可得出单项工程综合预算。汇总所有单项工程施工图预算，便是一个建设项目建筑安装工程的预算造价。公路基本建设，由于受公路建筑产品的特点和公路建设特点的制约，就是同一类型的工程，按同标准设计，各工程的总造价也会有差异。因此，其产品不能规定统一价格，而必须通过特殊的计算程序，个别地加以计算确定。为了编制公路工程概预算，国家、交通部以及地方交通主管部门颁发和确定了地区工资标准、材料预算价格、概预算定额、施工管理费定额、计划利润及税金等。据此结合工程设计即可单独编制公路工程概预算，并计算出建设工程的全部费用。在基本建设概预算获得批准后，它所规定的费用总额就是基本建设产品的计划价格。施工图预算由设计单位负责编制。对不实行设计招标的建设项目，如由几个单位共同设计时，由主管部门指定主体设计单位负责统一编制原则和依据，并汇编总预算；其他设计单位负责编制所承担设计的单项工程或单位工程预算。对实行设计招标的建设项目，预算由中标单位负责编制。

4. 施工准备阶段的施工预算

施工预算是施工企业在单位工程开工之前，根据施工图纸、施工定额、单位工程施工组织设计、降低工程成本的技术组织措施，并结合施工现场的实际情况，在施工图预算的控制下，以单位工程为对象而编制的经济文件。编制施工预算，分析施工所需要的各种人工、材料和机械台班消耗的数量和费用，采取有效措施使施工计划成本低于工程预算成本，确保施工单位获得良好的经济效益。编制施工预算是施工企业搞好内部经济核算的重要环节之一，是施工管理工作的一项重要制度和措施。在编制施工预算时，工程技术工作已得到加强或者已经确定，施工企业作为投标单位已全面介入工程技术工作。工程的施工图纸、设计说明书、设计资料及图纸会审纪要已与实际施工有了较好的对应关系。在单位工程的施工组织设计及其分部(项)工程的施工过程设计中，各工种工程的施工方法、使用机械的种类和型号，以及施工进度计划和现场平面布置等已经确定，这些资料为编制施工预算、计算工程量、选套施工定额、分析工料数量和计算费用，提供了不可缺少的符合施工实践的依据。此时确定的工程造价也是最切合实际的建设项目工程造价。施工企业在编制施工预算时，还可以根据其技术和管理水平及施工经验，套用企业内部编制的自用的施工定额。这样，能使施工预算成本体现出施工企业的特点与水平，并作为施工企业进行项目承包和经济核算的依据。施工图预算中的人工、材料和机械台班消耗的数量及其费用是施工预算中相应项目的最高限额。

5. 竣工验收阶段的竣工决算

当基本建设项目竣工验收结束后，需要对建设过程中所涉及的费用进行决算，以准确确定项目的造价。竣工决算以实物量和货币为计量单位，它综合反映了竣工验收的基本建设项目或单项工程的造价和投资效益，是竣工验收报告的重要组成部分。

6. 招投标阶段的招标标底与投标报价

招标是业主就拟建项目准备招标文件，发布招标广告或信函，招请若干投标人进行报价竞争，业主从中选择合适的承包人与之达成协议并按协议完成项目的过程。工程招标是业主进行项目管理的重要手段之一。而投标则是指承包人按照招标要求，对拟招标工程进行投标，就质量、工期、成本、技术、信誉、财务、合同等各方面进行竞争，以争取拟建项目的承包权。在招标投标过程中，招标单位测算的工程造价即是招标标底，它对投标单位保密；而投标单位测算的工程造价则是投标报价。一般来说，招标标底与投标报价是招标单位控制工程造价的依据。

公路基本建设过程中涉及的工程造价的种类见表8-2。

表8-2　工程造价的种类

建设阶段	工程造价的种类	建设阶段	工程造价的种类
预可行性研究	项目建议书投资估算	施工图设计	施工图预算
工程可行性研究	计划任务书投资估算	施工准备阶段	施工预算
初步设计	设计概算	竣工阶段	竣工决算
技术设计	修正概算	招标投标	招标标底与投标报价

第二节 公路工程造价的职能与管理

一、公路工程造价的职能

公路工程造价的职能既是价格职能的反映,也是价格职能在这一领域的特殊表现。公路工程造价的职能除一般商品价格职能外,还有自己特殊的职能。

(一)预测职能

公路工程造价的大额性和多变性,无论是投资者还是建筑商,都要对拟建工程进行预先测算。投资者预先测算工程造价不仅作为项目决策的依据,同时也是筹集资金、控制造价的依据。承包商预先测算工程造价,既为投标决策提供依据,也为投标报价和成本管理提供依据。

(二)控制职能

工程造价的控制职能表现在两方面:一方面是它对投资的控制,即在投资的各个阶段,根据对造价的多次性预测,对造价进行全方位多层次的控制;另一方面,是对以承包商为代表的商品和劳务供应企业的成本控制。在价格一定的条件下,企业实际成本开支决定企业的盈利水平。成本越高,盈利越低,成本高于价格就危及企业的生存。所以,企业要以工程造价来控制成本,利用工程造价提供的信息资料作为控制成本的依据。

(三)评价职能

工程造价是评价总投资和分项投资合理性和投资效益的主要依据之一。在评价土地价格、建筑安装产品和设备价格的合理性时,就必须利用工程造价资料;在评价建设项目偿还能力、获利能力和宏观效益时,也可依据工程造价。工程造价也是评价企业管理水平和经营成果的重要依据。

(四)调控职能

工程建设直接关系到经济增长,也直接关系到国家重要资源分配和资金流向,对国计民生都产生重大影响。所以,国家对建设规模、结构进行宏观调控是在任何条件下都必不可少的,对政府投资项目进行直接调控和管理也是非常必要的。这些都要用工程造价作为经济杠杆,对工程建设中的物质消耗水平、建设规模、投资方向等进行调控和管理。

二、工程造价的控制与管理

我国公路工程建设经历了一定的发展过程:从承发包制、投资包干制、实报实销制、经常费制到招投标制和工程量清单报价制,逐渐形成了现在的市场竞争机制。由业主投资经营,施工企业强化经营管理和成本管理,发挥监理工程师、银行等职能,形成协调统一的整体。由于公路工程造价由各种复杂因素组成,因此随着市场变化和构成造价的因素变化,工程造价亦会随着变化。加上工程造价的计算具有分阶段、分项目、分地区、按市场变化和规定计价等特点,所以加强管理,特别是工程造价管理,对节约工程成本、提高工程质量具有十分重要的意义。

建设工程造价的合理确定和有效控制是工程建设的重要组成部分。控制工程造价的目的不仅仅在于控制项目投资不超过批准的造价限额，更积极的意义在于合理使用人力、物力、财力，以取得最大的投资效益。

为了有效地控制工程造价，必须建立健全投资主管单位和建设、设计、施工等有关单位的全过程造价控制责任制，调动各有关单位和人员的积极性，在工程建设的各个阶段充分发挥竞争机制的作用，合理确定适合我国国情的建设方案和建设指标，努力降低工程造价，节约投资，在工程造价限额内，力求少投入、多产出。

为了工程建设管理在改革总体目标的实现，国家发展和改革委员会对建设工程造价的改革在总结改革过程中的问题与经验的基础上，提出了进一步改革的指导性意见。其主要内容为。

（一）工程造价分阶段的控制与管理

为了合理确定和有效地控制建设工程造价，建立健全各有关单位的造价控制责任制，实行对工程建设全过程的造价控制和管理，提高投资效益，作了如下规定。

1. 建设项目设计任务书（即可行性研究报告，下同）投资估算应对总造价起控制作用

建设项目设计任务书的投资估算是项目决策的重要依据之一，设计任务书一经批准，其投资估算应作为工程造价的最高限额，不得任意突破。设计任务书的编制单位必须严格按照设计任务书规定的编制深度，在优选建设方案的基础上，认真、准确地根据有关规定和估算指标合理确定投资估算，使其真正起到控制建设项目总造价的作用。各主管部门应根据国家的统一规定，结合专业特点，对投资估算的准确度、设计任务书的深度和投资估算的编制办法作出具体明确规定。报批的建设项目任务书的投资估算必须经有关有资质的咨询单位提出评估意见。大中型建设项目必须经中国国际工程咨询公司或其他委托单位提出评估意见。投资主管单位在审批设计任务书时，要认真审查估算，既要防止漏项少算，又要防止高估多算。

2. 必须加强工程设计阶段的造价控制

工程设计阶段是控制工程造价的关键环节。设计单位和设计人员必须树立经济核算的观念，克服重技术轻经济、设计保守浪费脱离国情的倾向。设计人员与工程人员要密切配合，严格按照设计任务书规定的投资估算做好多方案的技术经济比较，要在降低和控制工程造价上下工夫。工程设计人员在设计过程中应及时地对工程造价进行分析对比，反馈造价信息，能动地影响设计，以保证有效地控制造价。积极推行限额设计，既要按照批准的设计任务书及投资估算控制初步设计概算，按照批准的初步设计及总概算控制施工图设计及预算；又要在保证工程功能要求的前提下，按各专业分配的造价限额进行设计，保证估算、概算起到层层控制的作用，不突破造价限额。设计单位必须保证文件的完整性。设计概算预算是设计文件不可分割的组成部分。初步设计、技术简单项目的设计方案应有概算；技术设计应有修正概算；施工图设计应有预算；预算均应有主要材料表。凡没有设计预算、施工图没有钢材明细表的设计不是完整的设计。不完整的设计文件不得交付建设单位。设计文件的完整性和概预算的质量应作为评选优秀设计、审定设计单位的重要标准之一。

3. 投资主管单位、建设单位必须对造价控制负责

投资主管单位应通过项目招标，择优选定建设单位（工程总承包单位），签订承包合

同。签约双方应严格履行合同,管好用好投资,以保证不突破工程总造价限额。建设单位(工程总承包单位)对建设全过程造价控制负责。应认真组织设计方案招标、施工招标和设备采购招标,通过签订承包合同价把设计概算落到实处,做到投资估算、设计概算、设计预算和承包合同价之间相互衔接,避免脱节。工程造价管理力量薄弱的建设单位应委托或聘请有关咨询单位或有经验的工程经济人员,协助做好工程造价控制及管理工作。对重点项目,有条件的可实行总经济师制。各地区、各部门可积极创造条件,经过批准成立各种形式的工程造价咨询机构,接受建设单位、投资主管单位等的委托或聘请,从事工程造价的咨询业务。受委托的咨询机构和工程经济人员必须立场公正,协助有关单位做好工程总造价的控制和管理工作。要严格控制施工过程中的设计变更,健全设计变更审批制度。设计如有变更必须经设计审批单位审查同意,以切实防止通过变更设计任意增减设计内容、提高设计标准,从而提高工程造价。

4.施工企业应按照承包合同控制价格

施工企业应按照与招标单位签订的承包合同价,结合本企业情况建立多层次、多形式的内部经营承包制,改进经营管理,搞好经济核算,降低工程造价,落实承包合同价,保证按合同规定的工期、质量完成施工任务。

5.工程造价的确定必须考虑影响造价的动态因素

投资估算、设计概算的编制,应按当时当地的设备、材料预算价格计算。在投资估算、设计概算的预备费中应合理预测设备、材料价格的浮动因素,以及其他影响工程造价的动态因素。应研究确定工程项目设备材料指数,可按不同类型的设备和材料价格指数,结合工程特点、建设期限等综合计算。在施工过程中,由于设备、材料价格变动,设计修改等因素影响工程造价增加的费用,在签订承包合同时,应区别工程特点、工期长短,合理确定包干系数,进行包干。

6.改进工程造价的有关基础工作

国务院有关部委和省、自治区、直辖市主管部门应抓紧估算指标的编制工作,为编制建设项目建议书、设计任务书投资估算提供可靠依据。为适应招标承包制和简化设计预算的编制工作,预算定额应综合扩大。对现行的地区统一建筑预算定额,要在全国统一项目划分、统一工程量计算规则、统一编码等必要的统一规定的基础上进行全面修订。为了充分发挥市场竞争机制作用,促进施工企业提高经营管理水平,对于实行招标承包制的工程,将原施工管理费和各种施工增加费、计划利润等费率改为竞争性费率。适应价格浮动,必须相应地改进设备材料预算价格的编制和管理。各地区除编制必要的地区或建设项目材料预算价格外,还应编制材料的供应价及运杂费计算标准,以便及时、合理地调整材料的预算价格。各主管部门应根据设备价格的不同情况,适当归类,制订各种设备运杂费计算标准。各地基本建设综合管理部门应会同有关单位建立设备、材料价格信息系统,及时提供设备材料价格信息,定期发布材料价格和工程造价指数,以指导工程造价的预测和调整。

7.必须建立工程造价资料积累制度

工程竣工验收后,建设单位应在规定时间内提出工程竣工决算、承包合同价、决算价,以及相应的主要材料、设备用量及单价,报主管部门并抄送工程所在省、自治区、直辖市的基本建设综合管理部门及该建设项目的总体设计单位，大中型建设项目并抄送国家计委。国务院有关部委和各省、自治区、直辖市的基本建设综合管理部门以及设计单位，应指定专人负责收集、整理、分析各类有代表性的、有重复使用价值的已完工工程投资包干协议、承包合同价等各种造价资料数据库，为有关部门和单位提供工程造价信息资料。

8.加强对工程造价的管理和监督

工程造价管理应由各省、自治区、直辖市基本建设综合管理部门和国务院有关主管部门按规定的要求，组织协调各有关单位对工程造价进行监督和管理。其主要任务是，在总结经验的基础上，制订颁发有关工程造价管理办法；组织规划、制订发布有关确定工程造价的定额、价格等必要的依据并提供信息；研究处理有关工程造价问题；协同建设银行等有关监督部门对基建乱收费及不合理的承包合同价和结算进行监督。对于各部门、各地区的定额管理机构，应当充实干部队伍，提高人员素质，尽快地承担起上述各项具体任务。

（二）概预算定额的管理

我国公路工程造价的确定，包括计价定额、费用标准、劳务、材料等预算价格、计价方法及一整套预算制度，其中概预算定额的制订、执行与修订是工程造价管理工作中的重要环节。

目前，我国公路建设概预算定额的管理工作，也已完善并形成了建设主管部门和有关专业部门自上而下的专职定额管理体系。交通部公路工程定额站主管工程标准定额工作；各省、自治区、直辖市交通厅（局）设立定额站，行使相应的定额、工程造价的行政管理职能。

交通部根据基本建设的专业特点，编制和发布了有关专业基本建设的标准定额、指标和相应的估算及概预算的编制办法；各级定额（工程造价）管理站为完成工程建设概预算定额、设备材料预算价格、费用定额估算指标等编制任务，可收取由国家物价局、财政部批准的定额编制管理费。工程定额编制管理费属于行政事业性收费，目前为建安工程费的1.7‰。通用的全国统一预算定额由主编部门组织审查，报国家发展和改革委员会批准颁发；其余的均由主管部门审批，报国家发展和改革委员会备案。概算定额、预算指标和估算指标，分别由有关部门和各省、自治区、直辖市主管部门根据需要，在预算定额的基础上进行编制审批，报国家发展和改革委员会备案。工程定额的补充工作应作为一项重要任务，经常收集整理分析有关资料，及时制订必要的补充预算定额，以适应工作的需要。费用定额按有关规定由各部门、省、自治区、直辖市制订颁布。

各部门、各地区的定额处（站）为本部门、本地区的工程造价管理机构，其职能是：制订工程造价管理制度；制订并管理工程建设的估算指标、概预算定额、扩大材料消耗定额；收集、储存、分析已完成工程的造价资料，建立数据库；掌握材料设备价格信息，预测价格上涨系数及发布结算价格指数；监督检查工程预算或招标承包工程的标底及中标价是否合理。

三、造价工程师与工程造价咨询单位的管理

（一）工程造价咨询单位资质管理

工程造价咨询单位是指面向社会接受委托，承担建设项目可行性研究投资估算，项目

经济评价，工程概算、预算，工程结算，竣工决算，工程招标标底，投标标价的编制和审核，对工程造价进行监控，以及提供有关工程造价信息资料等业务工作，取得工程造价咨询单位资质证书，具有独立法人资格的企业、事业单位。

建设部负责管理全国工程造价咨询单位资质管理工作；省、自治区、直辖市建设行政主管部门负责本行政区的工程造价咨询单位资质管理工作；国务院有关部门负责本部门所属的工程造价咨询单位的资质管理工作（[1996]133 号）。

工程造价咨询单位按资质标准不同可分为甲、乙、丙三级，其工程咨询的业务范围为：

(1)甲级单位可跨地区、跨部门承担各类建设项目的工程造价咨询业务；

(2)乙级单位可在本地区、本部门范围内承担各类中型以下建设项目的工程造价咨询业务；

(3)丙级单位的业务范围由省、自治区、直辖市建设主管部门和国务院有关部门制订。

工程造价咨询单位的资质实行分级审批和管理。建设部负责甲级单位的资质审核和发证工作。甲级单位的审批应先由省、自治区、直辖市建设主管部门和国务院有关部门进行资质审查后，再报建设部审批。省、自治区、直辖市建设主管部门和国务院有关部门负责本地区、本部门内乙、丙级单位的资质审批和发证工作，并报建设部备案。

(二)造价工程师资格制度

为了加强工程造价管理，提高工程造价工作质量，维护国家和社会公共利益，国家对工程建设领域涉及工程造价的计价、评估、审定、控制等各项业务活动，实行造价工程师执业资格制度。凡是从事工程建设活动的设计、建设、施工、工程咨询、工程造价管理等单位和部门，在其关键岗位必须配备具有相应造价职业资格的专业人员。

造价工程师执业必须通过资格考试，经专门机构注册取得造价工程师执业资格证书。获得造价工程师执业资格证书，表明其已具备造价工程师的能力，可作为依法独立执业的依据。人事部和建设部共同负责全国造价工程师执业资格制度的制订、组织协调、资格考试、注册登记和监督管理工作。交通部根据公路工程建设的特点，实行公路工程造价甲、乙级资格考试和执业管理工作。

复习思考题

1. 试述公路基本建设的内容和特点。
2. 试述公路基本建设的程序和资金来源。
3. 试进行公路基本建设损益分析。
4. 试分析工程造价的构成和分类。
5. 简述我国工程造价的管理体制。

第九章 公路工程建设工程造价费用的构成

本章重点提示 在直接费确定以后，就确定了工程的直接成本，而工程中还有其他费用的发生，所以必须掌握公路工程造价包含的全部内容，掌握每个部分的计算方法和依据。

第一节 我国现行投资构成与公路工程造价构成

投资构成含固定资产投资和流动资产投资两个部分。对于公路工程建设工程造价指的是固定资产投资，它由建筑安装工程费，设备、工器具及家具购置费，工程建设其他费用，预备费及回收金额组成。具体构成如图9-1所示。

- 概预算总金额
  - 建筑安装工程费
    - 直接费
    - 间接费
    - 利润
    - 税金
  - 设备、工器具及家具购置费
    - 设备、工器具购置费
    - 办公及生活用家具购置费
  - 工程建设其他费用
  - 预备费
    - 价差预备费
    - 基本预备费

图9-1 公路工程造价构成

第二节 概预算费用标准和计算方法

在确定了工程的直接工程费后，便可以以此作为计费的依据，计取相关的费用，以计算出工程的总造价。

建筑安装工程费包括直接费、间接费、利润及税金。

其他工程费及间接费取费标准的工程类别划分如下：

(1)人工土方。

(2)机械土方。

(3)汽车运输。

(4)人工石方。

(5)机械石方。

(6)高级路面。

(7)其他路面。

(8)构造物Ⅰ。它是指无夜间施工的桥梁、涵洞、防护(包括绿化)及其他工程,交通工程及沿线设施工程(设备安装及金属标志牌、防撞钢护栏、防眩板(网)、隔离栅、防护网除外),以及临时工程中的便桥、电力电信线路、轨道辅设等工程项目。

(9)构造物Ⅱ。它是有夜间施工的桥梁工程。

(10)构造物Ⅲ。它是商品混凝土(包括沥青混凝土和水泥混凝土)的浇筑和外购构件及设备的安装工程。商品混凝土和外购构件及设备的费用不作为其他工程费和间接费的计算基数。

(11)技术复杂大桥。

(12)隧道。

(13)钢材及钢结构。

购买路基填料的费用不作为其他工程费和间接费的计算基数。

一、直接费

直接费由直接工程费和其他工程费组成。

(一)直接工程费

直接工程费是指施工过程中耗费的构成工程实体和有助于工程形成的各项费用,包括人工费、材料费、施工机械使用费。

1.人工费

人工费是指列入概预算定额的直接从事建筑安装工程施工的生产工人开支的各项费用,包括基本工资、工资性补贴、生产工人辅助工资及职工福利费。

人工费以概预算定额人工工日数乘以每工日人工费计算。

公路工程生产工人每工日人工费按如下公式计算:

人工费(元/工日)=[基本工资(元/月)+地区生活补贴(元/月)+工资性津贴(元/月)]×(1+14%)×12月÷240(工日)

式中 基本工资——按不低于工程所在地政府主管部门发布的最低工资标准的1.2倍计算;

地区生活补贴——国家规定的边远地区生活补贴、特区补贴;

工资性津贴——物价补贴,煤、燃气补贴,交通费补贴等。

人工费单价仅作为编制概、预算的依据,不作为施工企业实发工资的依据。

2.材料费

材料费是指施工过程中耗用的构成工程的原材料、辅助材料、构(配)件、零件、半成品、成品的用量和周转材料的摊销量,按工程所在地的材料预算价格计算的费用。

材料预算价格=(材料原价+运杂费)×(1+场外运输损耗率)×(1+采购及保管费率)-包装品回收价值

(1)材料原价应按实计取,在合同约定中写明需进行价差调整的材料及调价的方法,调价时还应注意时点的选取。

(2)运杂费:是指材料自供应地点至工地仓库(施工地点存放材料的地方)的运杂费

用，包括装卸费、运费，如果发生，还应计囤存费及其他杂费。对于施工单位来说，在计取运杂费时，应考虑到运距、运量、运价等因素。

(3)场外运输损耗是在正常的运输过程中发生的损耗，这部分损耗应摊入材料单价内。材料场外运输操作损耗率见表6-2。

(4)采购及保管费是以材料的原价加运费及场外运输损耗的合计数为基数，乘以采购保管费率计算。费率为2.5%；外购的构件、成品及半成品的预算价格，其计算方法与材料相同，但构件的采购保管费率为1%；商品混凝土预算价格的计算方法与材料相同，但其采购保管费率为0。

3. 施工机械使用费

施工机械台班预算价格应按交通部颁布的现行《公路工程机械台班费用定额》(JTG/T B06—03—2007)计算，台班单价由不变费用和可变费用组成。不变费用包括折旧费、大修理费、经常修理费、安装拆卸及辅助设施费等；可变费用包括机上人员人工费、动力燃料费、养路费及车船使用税。

(二)其他工程费

其他工程费是指除直接工程费以外施工过程中发生的直接用于工程的费用。公路工程中的水费、电费及因场地狭小等特殊情况而发生的材料二次搬运费等其他工程费已包括在概预算定额中，不再另计。具体构成见图9-2。

(1)冬季施工增加费：指按照公路工程施工及验收规范所规定的冬季施工要求，为保证工程质量和安全生产所需采取的防寒保温设施、工效降低和机械作业率降低以及技术操作过程的改变等所增加的有关费用。

冬季施工增加费以各类工程的直接工程费之和为基数，按工程所在地的气温区选用费率计算。

(2)雨季施工增加费：指雨季期间施工为保证工程质量和安全生产所需采取的防雨、排水、防潮和防护措施、工效降低和机械作业率降低以及技术作业过程的改变等所需增加的有关费用。

- 其他工程费
  - 冬季施工增加费
  - 雨季施工增加费
  - 夜间施工增加费
  - 特殊地区施工增加费
    - 高原地区施工增加费
    - 风沙地区施工增加费
    - 沿海地区工程施工增加费
  - 行车干扰工程施工增加费
  - 安全及文明施工措施费
  - 临时设施费
  - 施工辅助费
  - 工地转移费

图9-2 其他工程费的构成

雨季施工增加费以各类工程的直接工程费之和为基数，按工程所在地的雨量区、雨季期选用费率计算。

(3)夜间施工增加费:指根据设计、施工的技术要求和合理的施工进度要求,必须在夜间连续施工而发生的贡献奖、夜班津贴以及有关照明设施等增加的费用。

夜间施工增加费以夜间施工工程项目的直接工程费之和为基数,按费率计取。

(4)特殊地区施工增加费:主要包括以下几种:

高原地区施工增加费:指在海拔 1 500 m 以上地区施工,由于受气候、气压的影响,致使人工、机械效率降低而增加的费用。该费用以各类工程人工费和机械使用费之和为基数,按费率计算。注意:如果一条路线通过两个以上(含两个)不同的海拔分区时,应分别计算高原地区施工增加费或按工程量比例求得平均的增加率,计算全线高原地区施工增加费。

风沙地区施工增加费:指在沙漠地区施工时,由于受风沙影响,按照工程及验收规范的要求,为保证工程质量和安全生产而增加的有关费用。该费用以各类工程人工费和机械使用费之和为基数,按费率计算。

沿海地区工程施工增加费:指工程项目在沿海地区施工受海风、海浪和潮汐的影响致使人工、机械效率降低等所需增加的费用。本项费用由沿海各省、自治区、直辖市交通厅(局)制订具体的使用范围(地区),并抄送交通部公路司备案。

(5)行车干扰工程施工增加费:指由于边施工边维持通车,受行车干扰的影响,致使人工、机械效率降低而增加的费用。该费用以受行车影响部分的工程项目的人工费和机械使用费之和为基数,按一定费率计取。

(6)安全及文明施工措施费:指工程施工期间为满足安全生产、文明施工、职工健康生活所发生的费用。该费用不包括施工期间为保证交通安全而设置的临时安全设施和标志、标牌的费用,需要时,应根据设计要求计算。安全及文明施工措施费以各类工程的直接工程费之和为基数,通过查表所得费率计算。

(7)临时设施费:指施工企业为进行建筑安装工程施工所必需的生活和生产用的临时建筑物、构筑物和其他临时设施的费用等,但不包括概、预算定额中临时工程在内。

临时设施费以各类工程的直接工程费之和为基数,通过查表所得费率计算。

(8)施工辅助费:包括生产工具用具使用费、检验试验费和工程定位复测、工程点交、场地清理等费用。施工辅助费以各类工程的直接工程费之和为基数,通过查表所得费率计算。

(9)工地转移费:指施工企业根据建设任务的需要,由已竣工的工地或后方基地迁至新工地的搬迁费用。工地转移费以各类工程的直接工程费之和为基数,通过查表所得费率计算。工地转移距离在 50 km 以内的工程不计取本项费用。

【例 9-1】 某公路工程其他直接费统计(一部分)见表 9-1。

二、间接费

间接费主要由规费和企业管理费两项组成。

(一)规费

规费是指法律、法规、规章、规程规定施工企业必须缴纳的费用,属于不可竞争费。

养老保险费是指施工企业按规定标准为职工缴纳的基本养老保险费。

表 9-1　其他直接费统计

建设项目名称:××至××二级公路改造工程

编 制 范 围:A3 标

编号	项目	其他直接费								
		冬季施工增加费	雨季施工增加费	夜间施工增加费	特殊地区施工增加费	行车干扰工程施工增加费	安全及文明施工措施费	临时设施费	施工辅助费	工地转移费
－b	砍伐树木(含挖根)		38			879		257	75	141
－a	挖土方		5 863			144 181		29 011	5 772	14 937
－b	挖石方		8 923			216 246		48 687	11 201	25 645
－c	挖除非适用材料(包括淤泥)		30			698		204	59	112
－a	换填土		35			822		240	70	132
－b	利用土方		2 985			69 510		20 327	5 899	11 173
－c	利用石方		3 012			70 142		20 512	5 953	11 274
－g	结构物台背回填(砂砾)	41	39			435		698	305	239
－h	结构物台背回填(石渣)	666	643			7 145		11 471	5 015	3 927
2042－e	改河、移沟浆砌片石	1 417	1 370			15 209		24 420	10 675	8 360
207－1	7.5 级砂浆砌片石边沟	79	763			8 475		13 607	5 948	4 659
207－2	7.5 级砂浆砌片石排水沟	853	825			9 160		14 707	6 429	5 035
207－3	7.5 级砂浆砌片石截水沟	320	309			3 431		5 509	2 408	1 886
207－4	7.5 级砂浆砌片石急流槽	91	88			978		1 570	686	538

续表 9-1

编号	项目	其他直接费								
		冬季施工增加费	雨季施工增加费	夜间施工增加费	特殊地区施工增加费	行车干扰工程施工增加费	安全及文明施工措施费	临时设施费	施工辅助费	工地转移费
207－5	路基盲沟	76	73			814		1 307	571	447
208－1	平铺草皮护坡	112	108			1 200		1 927	842	660
	合计	3 655	25 104			549 325		194 454	61 908	89 165

失业保险费是指施工企业按国家规定标准为职工缴纳的基本失业保险费。

医疗保险费是指施工企业按规定标准为职工缴纳的基本医疗保险费和生育保险费。

住房公积金是指施工企业按规定标准为职工缴纳的住房公积金。

工伤保险费是指施工企业按规定标准为职工缴纳的工伤保险费。

各项规费以各类工程的人工费之和为基数,按国家或工程所在地法律、法规、规章、规程规定的标准计算。

(二)企业管理费

企业管理费由基本费用、主副食运费补贴、职工探亲路费、职工取暖补贴和财务费用五项组成。

1. 基本费用

企业管理费基本费用是指施工企业为组织施工生产和经营管理所需的费用,内容包括:

(1)管理人员工资。是指管理人员的基本工资、工资性补贴、职工福利费、劳动保护费以及缴纳的养老、失业、医疗、生育、工伤保险费和住房公积金等。

(2)办公费。是指企业办公用的文具、纸张、账表、印刷、邮电、书报、会议、水、电、烧水和集体取暖(包括现场临时宿舍取暖)用煤(气)等费用。

(3)差旅交通费。是指职工因公出差和工作调动(包括随行家属的旅费)的差旅费、住勤补助费,市内交通费和误餐补助费,职工探亲路费,劳动力招募费,职工离退休、退职一次性路费,工伤人员就医路费,以及管理部门使用的交通工具的油料、燃料、养路费及牌照费。

(4)固定资产使用费。是指管理和试验部门及附属生产单位使用的属于固定资产的房屋、设备、仪器等的折旧、大修、维修或租赁费等。

(5)工具用具使用费。是指管理使用的不属于固定资产的生产工具、器具、家具、交通工具和检验、试验、测绘、消防用具等的购置、维修和摊销费。

(6)劳动保险费。是指企业支付离退休职工的易地安家补助费、职工退职金、六个月以上的病假人员工资、职工死亡丧葬补助费、抚恤费、按规定支付给离休干部的各项经费。

(7)工会经费。是指企业按职工工资总额计提的工会经费。

(8)职工教育经费。是指企业为职工学习先进技术和提高文化水平,按职工工资总额计提的费用。

(9)保险费。是指企业财产保险、管理用车辆等保险费用。

(10)工程保修费。是指工程竣工交付使用后,在规定保修期以内的修理费用。

(11)工程排污费。是指施工现场按规定缴纳的排污费用。

(12)税金。是指企业按规定缴纳的房产税、车船使用税、土地使用税、印花税等。

(13)其他。是指上述项目以外的其他必要的费用支出,包括技术转让费、技术开发费、业务招待费、绿化费、广告费、投标费、公证费、定额测定费、法律顾问费、审计费、咨询费等。

基本费用以各类工程的直接费之和为基数,费率可通过查表得出。

2. 主副食运费补贴

主副食运费补贴是指施工企业在远离城镇及乡村的野外施工购买生活必需品所需增加的费用。该费用以各类工程的直接费之和为基数,费率可通过查表得出。

3. 职工探亲路费

职工探亲路费是指按照有关规定施工企业职工在探亲期间发生的往返车船费、市内交通费和途中住宿费等费用。该费用以各类工程的直接费之和为基数,费率通过查表得出。

4. 职工取暖补贴

职工取暖补贴是指按规定发放给职工的冬季取暖费或在施工现场设置的临时取暖设施的费用。该费用以各类工程的直接费之和为基数,按工程所在地的气温区查表得出。

5. 财务费用

财务费用是指施工企业为筹集资金而发生的各项费用,包括企业经营期间发生的短期贷款利息净损失、调剂外汇手续费、金融机构手续费,以及企业筹集资金发生的其他财务费用。

财务费用以各类工程的直接费之和为基数,也可通过查表得到。

(三)辅助生产间接费

辅助生产间接费是指由施工单位自行开采加工的砂、石等材料及施工单位自办的人工装卸和运输的间接费。

辅助生产间接费按人工费的5%计。该项费用并入材料预算单价内构成材料费,不直接出现在概预算中。

高原地区施工单位的辅助生产,可按其他工程费中高原地区施工增加费费率,以直接工程费为基数计算高原地区施工增加费(其中:人工采集、加工材料,人工装卸、运输材料按人工土方费率计算;机械采集、加工材料按机械石方费率计算;机械装、运输材料按汽车运输费率计算)。辅助生产高原地区施工增加费不作为辅助生产间接费的计算基数。

三、利润

利润是指施工企业完成所承包工程应取得的盈利。利润按直接费与间接费之和扣除规费的7%计算。

四、税金

税金是指按国家税法规定应计入建筑安装工程造价内的营业税、城市维护建设税及教育费附加等。计算公式为：

综合税金额 =(直接费+间接费+利润)×综合税率

(1)纳税地点在市区的企业，综合税率为：

$$综合税率(\%)=\frac{1}{1-3\%-(3\%\times7\%)-(3\%\times3\%)}-1=3.413\%$$

(2)纳税地点在县城、乡镇的企业，综合税率为：

$$综合税率(\%)=\frac{1}{1-3\%-(3\%\times5\%)-(3\%\times3\%)}-1=3.348\%$$

(3)纳税地点不在市区、县城、乡镇的企业，综合税率为：

$$综合税率(\%)=\frac{1}{1-3\%-(3\%\times1\%)-(3\%\times3\%)}-1=3.22\%$$

第三节　设备、工器具及家具购置费

一、设备购置费

设备购置费是指为满足公路的营运、管理、养护需要，购置的达到固定资产标准的设备和虽低于固定资产标准但属于设计明确列入设备清单的设备的费用，包括渡口设备，隧道照明、消防、通风的动力设备，高等级公路的收费、监控、通信、供电设备，养护用的机械、设备和工器具等的购置费用。

设备购置费应由设计单位列出计划购置的清单(包括设备的规格、型号、数量)，以设备原价加综合业务费和运杂费按以下公式计算：

设备购置费=设备原价+运杂费(运输费+装卸费+搬运费)+运输保险费+采购及保管费

需要安装的设备，应在第一部分建筑安装工程费的有关项目内另计设备的安装工程费。

(一)国产设备原价的构成及计算

国产设备的原价一般是指设备制造厂的交货价，即出厂价或订货合同价。它一般根据生产厂或供应商的询价、报价、合同价确定，或采用一定的方法计算确定。其内容包括按专业标准规定的在运输过程中不受损失的一般包装费，以及按产品设计规定配带的工具、附件和易损件的费用。即

设备原价=出厂价(或供货地点价)+包装费+手续费

(二)进口设备原价的构成及计算

进口设备的原价是指进口设备的抵岸价，即抵达买方边境港口或边境车站，且缴完关

税为止形成的价格。即

进口设备原价 = 货价 + 国际运费 + 运输保险费 + 银行财务费 + 外贸手续费 + 关税 + 增值税 + 消费税 + 商检费 + 检疫费 + 进口车辆购置附加费

(1)货价:一般指装运港船上交货价(FOB,习惯称离岸价)。设备货价分为原币货价和人民币货价。原币货价一律折算为美元表示,人民币货价按原币货价乘以外汇市场美元兑换人民币的中间价确定。进口设备货价按有关生产厂商询价、报价、订货合同价计算。

(2)国际运费:即从装运港(站)到达我国抵达港(站)的运费。即

$$\text{国际运费} = \text{原币货价(FOB 价)} \times \text{运费费率}$$

我国进口设备大多采用海洋运输,小部分采用铁路运输,个别采用航空运输。运费费率参照有关部门或进出口公司的规定执行,海运费费率一般为6%。

(3)运输保险费:对外贸易货物运输保险是由保险人(保险公司)与被保险人(出口人或进口人)订立保险契约,在被保险人交付议定的保险费后,保险人根据保险契约的规定对货物在运输过程中发生的承保责任范围内的损失给予经济上的补偿。这是一种财产保险。计算公式为:

$$\text{运输保险费} = \frac{\text{原币货价(FOB 价)} + \text{国际运费}}{1 - \text{保险费费率}} \times \text{保险费费率}$$

(4)银行财务费:一般是指中国银行手续费,可按下式简化计算:

$$\text{银行财务费} = \text{人民币货价(FOB 价)} \times \text{银行财务费费率}$$

银行财务费费率一般为0.4% ~0.5%。

(5)外贸手续费:指按对外经济贸易部规定的外贸手续费费率计取的费用,外贸手续费费率一般取1% ~1.5%。计算公式为:

$$\text{外贸手续费} = (\text{装运港船上交货价(FOB 价)} + \text{国际运费} + \text{运输保险费}) \times \text{外贸手续费费率}$$

(6)关税:由海关对进出国境或关境的货物和物品征收的一种税。计算公式为:

$$\text{关税} = \text{到岸价格(CIF)} \times \text{进口关税税率}$$

(7)增值税:是对从事进口贸易的单位和个人,在进口商品报关进口后征收的税种。我国增值税条例规定,进口应税产品均按组成计税价格和增值税税率直接计算缴纳税率,即:

$$\text{增值税} = [\text{到岸价格(CIF)} + \text{关税} + \text{消费税}] \times \text{增值税税率}$$

增值税税率根据规定的税率计算,目前进口设备使用的税率为17%。

(8)消费税:对部分进口设备征收,一般计算公式为:

$$\text{消费税} = \frac{\text{到岸价格} + \text{关税}}{1 - \text{消费税税率}} \times \text{消费税税费}$$

(9)商检费:指进口设备按规定付给商品检查部门的进口设备检验鉴定费。其计算公式为:

$$\text{商检费} = [\text{人民币货价(FOB 价)} + \text{国际运费} + \text{运输保险费}] \times \text{商检费费率}$$

商检费费率一般为0.18%。

(10)检疫费:指进口设备按规定付给商品检疫部门的进口设备检验鉴定费。其计算公式为:

检疫费=[人民币货价(FOB价)+国际运费+运输保险费]×检疫费费率

检疫费费率一般为0.17%。

(11)进口车辆购置附加费:进口车辆需缴进口车辆购置附加费。

其计算公式为:

进口车辆购置附加费=(到岸价+关税+消费税+增值税)×进口车辆需购置附加费率

注意:①到岸价格(CIF)=人民币货价(FOB价)+国际运费+运输保险费;②在计算进口设备原价时,应注意工程项目的性质,有无按国家有关规定减免进口环节税的可能。

【例9-2】某项目进口一批设备,其FOB价为100万美元,国际运费费率为6%,运输保险费费率为0.35%,银行财务费费率为0.5%,外贸手续费费率为1%,关税税率为20%,增值税税率为17%。该批设备无消费税、商检费、检疫费,计算该批进口设备的抵岸价是多少?(假定人民币兑美元为6.9元)

解:国际运费=FOB价×运费费率=100×6%=6(万美元)

$$运输保险费=\frac{原币货价(FOB价)+国际运费}{1-保险费费率}\times保险费费率=\frac{100+6}{1-0.35\%}\times0.35\%$$

$$=0.372(万美元)$$

银行财务费=人民币货价(FOB价)×银行财务费费率=100×6.9×0.5%

=3.45(万元)

外贸手续费=(人民币货价(FOB价)+国际运费+运输保险费)×外贸手续费费率

=(100×6.9+6×6.9+0.372×6.9)×1%=7.34(万元)

关税=到岸价格(CIF)×进口关税税率=(100×6.9+6×6.9+0.372×6.9)×20%

=146.79(万元)

增值税=[到岸价格(CIF)+关税+消费税]×增值税税率

=(733.97+146.79)×17%=149.73(万元)

进口设备抵岸价=100×6.9+6×6.9+0.372×6.9+3.45+7.34+146.79+149.73

=1 041.28(万元)

(三)设备运杂费的构成及计算

国产设备运杂费是由设备制造厂交货地点起至工地仓库(或施工组织设计制订的需要安装设备的堆放地点)止所发生的运费和装卸费;进口设备运杂费指由我国到岸港口或边境车站起至工地仓库(或施工组织设计制订的需要安装设备的堆放地点)止所发生的运费和装卸费。其计算公式为:

运杂费=设备原价×运杂费费率

设备运杂费费率见表9-2。

(四)设备运输保险费的构成及计算

设备运输保险费指国内运输保险费。其计算公式为:

运输保险费 = 设备原价 × 保险费费率

表 9-2　设备运杂费费率

运输里程(km)	100以内	101 ~ 200	201 ~ 300	301 ~ 400	401 ~ 500	501 ~ 750	751 ~ 1 000	1 001 ~ 1 250	1 251 ~ 1 500	1 501 ~ 1 750	1 751 ~ 2 000	2 000 以上每增 250
费率(%)	0.8	0.9	1.0	1.1	1.2	1.5	1.7	2.0	2.2	2.4	2.6	0.2

保险费费率一般为 1%。

(五)设备采购及保管费的构成及计算

设备采购及保管费指采购、验收、保管和收发设备所发生的各种费用,包括设备采购人员、保管人员和管理人员的工资、工资附加费、办公费、差旅交通费,设备供应部门办公和仓库所占固定资产使用费、工具用具使用费、劳动保护费、检验试验费等。其计算公式为:

采购及保管费 = 设备原价 × 采购及保管费费率

需要安装的设备的采购及保管费费率为 2.4%,不需要安装的设备的采购及保管费费率为 1.2%。

二、工器具及生产家具(简称工器具)购置费

工器具购置费是指建设项目交付使用后为满足初期正常营运必须购置的第一套不构成固定资产的设备、仪器、仪表、工卡模具、器具、工作台(框、架、柜)等的费用。该费用不包括构成固定资产的设备、工器具和备品,以及已列入设备购置费中的专用工具和备品、备件。

对于工器具购置,应由设计单位列出计划购置的清单(包括规格、型号、数量),构置费的计算方法同设备购置费。

三、办公和生活用家具购置费

办公和生活用家具购置费指为保证新建、改建项目初期正常生产、使用和管理所必须购置的办公和生活用家具、用具的费用。

范围包括:行政、生产部门的办公室、会议室、资料档案室、阅览室、单身宿舍及生活福利设施等的家具、用具。

办公和生活用家具购置费按表 9-3 的规定计算。

表 9-3　办公和生活用家具购置费标准

工程所在地	路线(元/公路公里)				有看桥房的独立大桥(元/座)	
	高速公路	一级公路	二级公路	三、四级公路	一般大桥	技术复杂大桥
内蒙古、黑龙江、青海、新疆、西藏	21 500	15 600	7 800	4 000	24 000	60 000
其他省、自治区、直辖市	17 500	14 600	5 800	2 900	19 800	49 000

第四节　工程建设其他费用

一、土地征用及拆迁补偿费

土地征用及拆迁补偿费是指按照《中华人民共和国土地管理法》及《中华人民共和国土地管理法实施条例》、《中华人民共和国基本农田保护条例》等法律法规的规定，为进行公路建设需征用及拆迁补偿等费用。

(一)费用内容

(1)土地补偿费：指被征用土地地上、地下附着物及青苗补偿费，征用城市郊区的菜地等缴纳的菜地开发建设基金，租用土地费，耕地占用税，地图编制费及勘界费，征地管理费等。

(2)征用耕地安置补助费：指征用耕地需要安置农业人口的补助费。

(3)拆迁补偿费：指被征用或占用土地上的房屋及附属构筑物、城市公用设施等拆除、迁建补偿费，拆迁管理费等。

(4)复耕费：指临时占用的耕地、鱼塘等，待工程竣工后将其恢复到原有标准所发生的费用。

(5)耕地开垦费：指公路建设项目占用耕地的，应由建设项目法人(业主)负责补充耕地所发生的费用；没有条件开垦或者开垦的耕地不符合要求的，按规定缴纳的耕地开垦费。

(6)森林植被恢复费：指公路建设项目需要占用、征用或者临时占用林地的，经县级以上林业主管部门审核同意或批准，建设项目法人(业主)单位按照有关规定向县级以上林业主管部门预缴的森林植被恢复费。

(二)计算方法

土地征用及拆迁补偿费应根据审批单位批准的建设工程用地和临时用地面积及其附着物的情况，以及实际发生的费用项目，按国家有关规定及工程所在地的省(自治区、直辖市)人民政府颁发的有关规定和标准计算。

森林植被恢复费应根据审批单位批准的建设工程占用林地的类型及面积，按国家有关规定及工程所在地的省(自治区、直辖市)人民政府颁发的有关规定和标准计算。

当与原有的电力电信设施、水利工程、铁路及铁路设施互相干扰时，应与有关部门联系，商定合理的解决方案和补偿金额，也可由这些部门按规定编制费用，以确定补偿金额。

二、建设项目管理费

建设项目管理费包括建设单位(业主)管理费、工程质量监督费、工程监理费、工程定额测定费、设计文件审查费和竣(交)工验收试验检测费。

(一)建设单位(业主)管理费

建设单位(业主)管理费是指建设单位(业主)为建设项目的立项、筹建、建设、竣(交)工验收、总结等工作所发生的费用，不包括应计入设备、材料预算价格的建设单位采购及保管设备、材料所需的费用。

费用内容包括:工作人员的工资、工资性补贴、施工现场津贴、社会保障费用(基本养老保险、基本医疗保险、失业保险、工伤保险)、住房公积金、职工福利费、工会经费、劳动保护费;办公费、会议费、差旅交通费、固定资产使用费(包括办公及生活房屋折旧、维修或租赁费,车辆折旧、维修、使用或租赁费,通信设备购置、使用费,测量、试验设备仪器折旧、维修或租赁费,其他设备折旧、维修或租赁费等)、零星固定资产购置费、招募生产工人费;技术图书资料费、职工教育经费、工程招标费(不含招标文件及标底或造价控制值编制费);合同契约公证费、法律顾问费、咨询费;建设单位的临时设施费、完工清理费、竣(交)工验收费(含其他行业或部门要求的竣工验收费用)、各种税费(包括房产税、车船使用税、印花税等);建设项目审计费、境内外融资费用(不含建设期贷款利息)、业务招待费、安全生产管理费和其他管理性开支。

由施工企业代建设单位(业主)办理"土地、青苗等补偿费"的工作人员所发生的费用,应在建设单位(业主)管理费项目中支付。当建设单位(业主)委托有资质的单位代理招标时,其代理费应在建设单位(业主)管理费中支出。

建设单位(业主)管理费以建筑安装工程费总额为基数,按表 9-4 的费率,以累进办法计算。

水深 >15 m、跨度≥400 m 的斜拉桥和跨度≥800 m 的悬索桥等独立特大型桥梁工程的建设单位(业主)管理费按表 9-4 中的费率乘以 1.0 ~ 1.2 的系数计算;海上工程(指由于风浪影响,工程施工期(不包括封冻期)全年月平均工作日少于 15 天的工程)的建设单位(业主)管理费按表 9-4 中的费率乘以 1.0 ~ 1.3 的系数计算。

表 9-4　建设单位管理费费率

第一部分 建筑安装工程费(万元)	费率(%)	算例(万元)	
		建筑安装工程费	建设单位(业主)管理费
500 以下	3.48	500	500 ×3.48% =17.4
501 ~1 000	2.73	1 000	17.4 +500 ×2.73% =31.05
1 001 ~5 000	2.18	5 000	31.05 +4 000 ×2.18% =118.25
5 001 ~10 000	1.84	10 000	118.25 +5 000 ×1.84% =210.25
10 001 ~30 000	1.52	30 000	210.25 +20 000 ×1.52% =514.25
30 001 ~50 000	1.27	50 000	514.25 +20 000 ×1.27% =768.25
50 001 ~100 000	0.94	100 000	768.25 +50 000 ×0.94% =1 238.25
100 001 ~150 000	0.76	150 000	1 238.25 +50 000 ×0.76% =1 618.25
150 001 ~200 000	0.59	200 000	1 618.25 +50 000 ×0.59% =1 913.25
200 001 ~300 000	0.43	300 000	1 913.25 +100 000 ×0.43% =2 343.25
300 000 以上	0.32	310 000	2 343.25 +10 000 ×0.32% =2 375.25

（二）工程质量监督费

工程质量监督费是指根据国家有关部门规定，各级公路工程质量监督机构对工程建设质量和安全生产实施监督应收取的管理费用。

工程质量监督费以建筑安装工程费总额为基数，按0.15%计算。

（三）工程监理费

工程监理费是指建设单位（业主）委托具有公路工程监理资格的单位，按施工监理规范进行全面的监督和管理所发生的费用。

费用内容包括：工作人员的基本工资、工资性津贴、社会保障费用（基本养老、基本医疗、失业、工伤保险）、住房公积金、职工福利费、工会经费、劳动保护费；办公费、会议费、差旅交通费、固定资产使用费（包括办公及生活房屋折旧、维修或租赁费，车辆折旧、维修、使用或租赁费，通信设备购置、使用费，测量、试验、检测设备仪器折旧、维修或租赁费，其他设备折旧、维修或租赁费等）、零星固定资产购置费、招募生产工人费；技术图书资料费、职工教育经费、投标费用；合同契约公证费、咨询费、业务招待费；财务费用、监理单位的临时设施费、各种税费和其他管理性开支。

工程监理费以建筑安装工程费总额为基数，按表9-5的费率计算。

表9-5　工程监理费费率

工程类别	高速公路	一级及二级公路	三级及四级公路	桥梁及隧道
费率（%）	2.0	2.5	3.0	2.5

表9-5中的桥梁指水深大于15 m的斜拉桥和悬索桥等独立特大型桥梁工程；隧道指水下隧道工程。

建设单位（业主）管理费和工程监理费均为实施建设项目管理的费用，执行时根据建设单位（业主）和施工监理单位所实际承担的工作内容和工作量，在保证监理费用的前提下，可统筹使用。

（四）工程定额测定费

工程定额测定费是指各级公路（交通）工程定额（造价管理）站为测定劳动定额、收集定额资料、编制工程定额及定额管理所需要的工作经费。

工程定额测定费以建筑安装工程费总额为基数，按0.12%计算。

（五）设计文件审查费

设计文件审查费是指国家和省级交通主管部门在项目审批前，为保证勘察设计工作的质量，组织有关专家或委托有资质的单位，对设计单位提交的建设项目可行性研究报告和勘察设计文件以及对设计变更、调整概算进行审查所需要的相关费用。

设计文件审查费以建筑安装工程费总额为基数，按0.1%计算。

（六）竣（交）工验收试验检测费

竣（交）工验收试验检测费是指在公路建设项目交工验收和竣工验收前，由建设单位（业主）或工程质量监督机构委托有资质的公路工程质量检测单位按照有关规定对建设项目的工程质量进行检测，并出具检测意见所需要的相关费用。

竣(交)工验收试验检测费按表 9-6 的规定计算。

表 9-6　竣(交)工验收试验检测费标准

项目	路线(元/公路公里)				独立大桥(元/座)	
	高速公路	一级公路	二级公路	三、四级公路	一般大桥	技术复杂大桥
试验检测费	15 000	12 000	10 000	5 000	30 000	100 000

关于竣(交)工验收试验检测费,高速公路、一级公路按四车道计算,二级及以下等级公路按双车道计算,每增加一条车道,按表 9-6 的费用增加 10%。

三、研究试验费

研究试验费是指为本建设项目提供或验证设计数据、资料进行必要的研究试验和按照设计规定在施工过程中必须进行试验、验证所需的费用,以及支付科技成果、先进技术的一次性技术转让费。该费用不包括:

(1)应由科技三项费用(即新产品试制费、中间试验费和重要科学研究补助费)开支的项目。

(2)应由施工辅助费开支的施工企业对建筑材料、构件和建筑物进行一般鉴定、检查所发生的费用及技术革新研究试验费。

(3)应由勘察设计费或建筑安装工程费用中开支的项目。

计算方法:按照设计提出的研究试验内容和要求进行编制,不需验证设计基础资料的不计本项费用。

四、建设项目前期工作费

建设项目前期工作费是指委托勘察设计、咨询单位对建设项目进行可行性研究、工程勘察设计,以及设计、监理、施工招标文件及招标标底或造价控制值文件编制时,按规定应支付的费用。该费用包括:

(1)编制项目建议书(或预可行性研究报告)、可行性研究报告、投资估算,以及相应的勘察、设计、专题研究等所需的费用。

(2)初步设计和施工图设计的勘察费(包括测量、水文调查、地质勘探等)、设计费、概预算及调整概算编制费等。

(3)设计、监理、施工招标文件及招标标底(或造价控制值或清单预算)文件编制费等。

计算方法:依据委托合同计列,或按国家颁发的收费标准和有关规定进行编制。

五、专项评价(估)费

专项评价(估)费是指依据国家法律、法规规定须进行评价(评估)、咨询,按规定应支付的费用。该费用包括环境影响评价费、水土保持评估费、地震安全性评价费、地质灾害危险性评价费、压覆重要矿床评估费、文物勘察费、通航论证费、行洪论证(评估)费、使用林地可行性研究报告编制费、用地预审报告编制费等费用。

计算方法:按国家颁发的收费标准和有关规定进行编制。

六、施工机构迁移费

施工机构迁移费是指施工机构根据建设任务的需要,经有关部门决定从建制地(指工程处等)由原驻地迁移到另一地区所发生的一次性搬迁费用。该费用不包括:

(1)应由施工企业自行负担的,在规定距离范围内调动施工力量以及内部平衡施工力量所发生的迁移费用。

(2)由于违反基建程序,盲目调迁队伍所发生的迁移费。

(3)因中标而引起施工机构迁移所发生的迁移费。

费用内容包括:职工及随同家属的差旅费,调迁期间的工资,施工机械、设备、工具用具和周转材料的托运费。

计算方法:施工机构迁移费应经建设项目的主管部门同意按实计算。但计算施工机构迁移费后,如迁移地点即新工地地点(如独立大桥),则其他工程费内的工地转移费应不再计算;如施工机构迁移地点至新工地地点尚有部分距离,则工地转移费的距离,应以施工机构新地点为计算起点。

七、供电贴费

供电贴费是指按照国家规定,建设项目应交付的供电工程贴费、施工临时用电贴费。

计算方法:按国家有关规定计列(目前停止征收)。

八、联合试运转费

联合试运转费是指新建、改(扩)建工程项目,在竣工验收前按照设计规定的工程质量标准,进行动(静)载荷载试验所需的费用,或进行整套设备带负荷联合试运转期间所需的全部费用抵扣试车期间收入的差额。该费用不包括应由设备安装工程项下开支的调试费的费用。

费用内容包括:联合试运转期间所需的材料、油燃料和动力的消耗,机械和检测设备使用费,工具用具和低值易耗品费,参加联合试运转人员工资及其他费用等。

联合试运转费以建筑安装工程费总额为基数,独立特大型桥梁按0.075%、其他工程按0.05%计算。

九、生产人员培训费

生产人员培训费是指新建、改(扩)建公路工程项目,为保证生产的正常运行,在工程竣工验收交付使用前对运营部门生产人员和管理人员进行培训所必需的费用。

费用内容包括:培训人员的工资、工资性补贴、职工福利费、差旅交通费、劳动保护费、培训及教学实习费等。

生产人员培训费按设计定员和2 000元/人的标准计算。

十、固定资产投资方向调节税

固定资产投资方向调节税是指为了贯彻国家产业政策,控制投资规模,引导投资方向,调整投资结构,加强重点建设,促进国民经济持续稳定协调发展,依照《中华人民共和国固定资产投资方向调节税暂行条例》规定,公路建设项目应缴纳的固定资产投资方向调节税。

计算方法:按国家有关规定计算(目前暂停征收)。

十一、建设期贷款利息

建设期贷款利息是指建设项目中分年度使用国内贷款或国外贷款部分,在建设期内应归还的贷款利息。费用内容包括各种金融机构贷款、企业集资、建设债券和外汇贷款等利息。

计算方法:根据不同的资金来源按需付息的分年度投资计算。

计算公式如下:

$$建设期贷款利息 = \sum(上年末付息贷款本息累计 + 本年度付息贷款额 \div 2) \times 年利率$$

【例 9-3】 某新建项目,建设期为 3 年,分年均衡进行贷款,第一年贷款 400 万元,第二年 800 万元,第三年 500 万元,年利率为 10%,建设期内利息只计息不支付,试计算建设期贷款利息。

解:在建设期,各年利息计算如下:

第一年:$\frac{1}{2} \times 400 \times 10\% = 20$(万元)

第二年:$\left(400 + 20 + \frac{1}{2} \times 800\right) \times 10\% = 82$(万元)

第三年:$\left(400 + 20 + 800 + 82 + \frac{1}{2} \times 500\right) \times 10\% = 155.2$(万元)

所以,建设期贷款利息 $= 20 + 82 + 155.2 = 257.2$(万元)

第五节　预备费

预备费由价差预备费及基本预备费两部分组成。在公路工程建设期限内,凡需动用预备费时,属于公路交通部门投资的项目,需经建设单位提出,按建设项目隶属关系,报交通部或交通厅(局、委)基建主管部门核定批准;属于其他部门投资的建设项目,按其隶属关系报有关部门核定批准。

一、价差预备费

价差预备费是指设计文件编制年至工程竣工年期间,第一部分费用的人工费、材料费、机械使用费、其他工程费、间接费等以及第二、三部分费用由于政策、价格变化可能发生上浮而预留的费用及外资贷款汇率变动部分的费用。

（1）计算方法：价差预备费以概预算或修正概算第一部分建筑安装工程费总额为基数，按设计文件编制年始至建设项目工程竣工年终的年数和年工程造价增长率计算。

$$价差预备费=建筑安装工程费总额\times[(1+i)^n-1]$$

（2）年工程造价增长率按有关部门公布的工程投资价格指数计算，或由设计单位会同建设单位根据该工程人工费、材料费、施工机械使用费、其他工程费、间接费以及第二、三部分费用可能发生的上浮等因素，以第一部分建安费为基数进行综合分析预测。

（3）设计文件编制至工程完工在一年以内的工程，不列此项费用。

【例9-4】 某建设项目，建设期为3年，各年投资计划额为，第一年投资500万元，第二年1 000万元，第三年300万元，年均投资价格增长率为5%，求建设期间价差预备费。

解：第一年涨价预备费：$500\times[(1+5\%)-1]=25$（万元）

第二年涨价预备费：$1\,000\times[(1+5\%)^2-1]=1\,000\times(1.05^2-1)=102.5$（万元）

第三年涨价预备费：$300\times[(1+5\%)^3-1]=300\times(1.05^3-1)=47.29$（万元）

所以，建设期间的价差预备费为：$25+102.5+47.29=174.79$（万元）

二、基本预备费

基本预备费是指在初步设计和概算中难以预料的工程和费用。其用途如下：

（1）在进行技术设计、施工图设计和施工过程中，在批准的初步设计和概算范围内所增加的工程费用。

（2）在设备订货时，由于规格、型号改变的价差；材料货源变更、运输距离或方式的改变以及因规格不同而代换使用等原因发生的价差。

（3）由于一般自然灾害所造成的损失和预防自然灾害所采取的措施费用。

（4）在项目主管部门组织竣（交）工验收时，验收委员会（或小组）为鉴定工程质量必须开挖和修复隐蔽工程的费用。

（5）投保的工程根据工程特点和保险合同发生的工程保险费用。

计算方法：以第一、二、三部分费用之和（扣除固定资产投资方向调节税的建设期贷款利息两项费用）为基数按下列费率计算：

设计概算按5%计列；修正概算按4%计列；施工图预算按3%计列。

采用施工图预算加系数包干承包的工程，包干系数为施工图预算中直接费与间接费之和的3%。施工图预算包干费用由施工单位包干使用。

该包干费用的内容为：

（1）在施工过程中，设计单位对分部分项工程修改设计而增加的费用，但不包括因水文地质条件变化造成的基础变更、结构变更、标准提高、工程规模改变而增加的费用。

（2）预算审定后，施工单位负责采购的材料由于货源变更、运输距离或方式的改变以及加工规格不同而代换使用等原因发生的价差。

（3）由于一般自然灾害所造成的损失和预防自然灾害所采取的措施的费用（例如一般防台风、防洪的费用）等。

第六节　回收金额

概预算定额所列材料一般不计回收，只对按全部材料计价的一些临时工程项目和由于工程规模或工期限制达不到规定周转次数的拱盔、支架及施工金属设备的材料计算回收金额。回收率见表9-7。

表9-7　回收率

回收项目	使用年限或周转次数				计算基数
	一年或一次	两年或两次	三年或三次	四年或四次	
临时电力、电信线路	50%	30%	10%	—	材料原价
拱盔、支架	60%	45%	30%	15%	
施工金属设备	65%	65%	50%	30%	

注：施工金属设备指钢壳沉井、钢护筒等。

第七节　公路工程建设各项费用的计算程序及计算方式

公路工程建设各项费用的计算程序及计算方式见表9-8。

表9-8　公路工程建设各项费用的计算程序及计算方式

代号	项目	说明及计算式
(1)	直接工程费(即工、料、机费)	按编制年工程所在地的预算价格计算
(2)	其他工程费	(1)×其他工程费综合费率或各类工程人工费和机械费之和×其他工程费综合费率
(3)	直接费	(1)+(2)
(4)	间接费	各类工程人工费×规费综合费率+(3)×企业管理费综合费率
(5)	利润	[(3)+(4)-规费的70%]×利润率
(6)	税金	[(3)+(4)+(5)]×综合税率
(7)	建筑安装工程费	(3)+(4)+(5)+(6)
(8)	设备、工器具购置费(包括备品、备件)，办公及生活用家具购置费	Σ(设备、工器具购置数量×单价+运杂费)×(1+采购保管费率) 按有关规定计算

续表 9-8

代号	项目	说明及计算式
(9)	工程建设其他费用	
	土地征用及拆迁补偿费	按有关规定计算
	建设单位(业主)管理费	(7)×费率
	工程质量监督费	(7)×费率
	工程监理费	(7)×费率
	工程定额测定费	(7)×费率
	设计文件审查费	(7)×费率
	竣(交)工验收试验检测费	按有关规定计算
	研究试验费	按批准的计划编制
	前期工作费	按有关规定计算
	专项评价(估)费	按有关规定计算
	施工机构迁移费	按实计算
	供电贴费	按有关规定计算
	联合试运转费	(7)×费率
	生产人员培训费	按有关规定计算
	固定资产投资方向调节税	按有关规定计算
	建设期贷款利息	按实际贷款数及利率计算
(10)	预备费	包括价差预备费和基本预备费两项
	价差预备费	按有关规定计算
	基本预备费	[(7)+(8)+(9)-固定资产投资方向调节税-建设期贷款利息]×费率
	预备费中施工图预算包干系数	[(3)+(4)]×费率
(11)	建设项目总费用	(7)+(8)+(9)+(10)

复习思考题

1. 在投标报价中如何进行费用的计取,哪些费用是可以调整的,哪些是不可竞争的?
2. 在工程实施过程中,如何考虑建设期贷款利息的比例,使之与工程进度联系起来?
3. 预备费包含哪两个部分?如何计算?和价差的调整是同一个概念吗?

第十章　公路工程项目结算与竣工决算

本章重点提示　本章重点区别项目结算与竣工决算两个容易混淆的概念。由于工程项目结算是竣工决算的基础，因此本章还重点介绍了工程项目结算的内容、程序和方法。

第一节　工程项目结算与决算的基本知识

一、工程项目结算

工程项目结算即工程价款结算，是指施工单位通过向建设单位提供已完工程，按规定向建设单位收取工程价款的一种方法。进行工程价款结算，可以补偿施工过程中的资金耗费，还可以考核企业成本计划的执行情况。工程价款结算的方法通常采用中间结算与竣工结算相结合的办法。其具体方法有定期结算、分段结算、分次预支、竣工后结算和竣工后一次结算等。目前，采用开工前预付一定比例（总承包合同价的25%～30%）材料备款；正式施工时，由施工单位按月度实际完成的工程量价值进行期中结算；工程竣工后，由施工单位按照竣工图编制的工程合格成品所需的人材机耗量所需的金额进行竣工结算。工程价款结算应按合同约定办理，合同未作约定或约定不明的，发、承包双方应依照下列规定与文件协商处理：①国家有关法律、法规和规章制度；②国务院建设行政主管部门、省、自治区、直辖市或有关部门发布的工程造价计价标准、计价办法等有关规定；③建设项目的合同、补充协议、变更签证和现场签证，以及经发、承包人认可的其他有效文件。

二、工程项目竣工决算

竣工决算是由建设方计算，从筹建建设工程到竣工投产全过程中发生的所有实际支出，包括设备工器具购置费、建筑安装工程费和其他费用等。

竣工决算的内容如下。

（一）竣工财务决算报表

建设项目竣工财务决算报表要根据大、中型建设项目和小型建设项目分别制订。大、中型建设项目竣工决算报表包括：建设项目竣工财务决算审批表，大、中型建设项目概况表，大、中型建设项目竣工财务决算表，大、中型建设项目交付使用资产总表。小型建设项目竣工财务决算报表包括：建设项目竣工财务决算审批表，竣工财务决算总表，建设项目交付使用资产明细表。

（二）竣工财务决算说明书

竣工财务决算说明书主要反映竣工工程建设成果和经验，是对竣工决算报表进行分

析和补充说明的文件,是全面考核分析工程投资与造价的书面总结,其内容主要包括:

(1)建设项目概况,对工程总的评价。一般从进度、质量、安全和造价、施工方面进行分析说明。进度方面主要说明开工和竣工时间,对照合理工期和要求,分析工期是提前还是延期;质量方面主要根据竣工验收委员会的验收评定结果;安全方面主要根据劳动工资和施工部门的记录,对有无设备和人身事故进行说明;造价方面主要对照概算造价,说明是节约还是超支,用金额和百分率进行分析说明。

(2)资金来源及运用等财务分析。主要包括工程价款结算、会计账务的处理、财产物资情况及债权债务的清偿情况。

(3)基本建设收入、投资包干节余、竣工节余资金的上交分配情况。通过对基本建设投资包干情况的分析,说明投资包干数、实际支用数和节约额、投资包干节余的有机构成和包干节余的分配情况。

(4)各项经济技术指标的分析。概算执行情况分析,根据实际投资完成额与概算进行对比分析;新增生产能力的效益分析,说明支付使用财产占总投资额的比例、占支付使用财产的比例,不增加固定资产的造价占投资总额的比例,分析有机构成和成果。

(5)工程建设的经验及项目管理和财务管理工作以及竣工财务决算中有待解决的问题。

(6)决算与概算的差异和原因分析。

(7)需要说明的其他事项。

(三)竣工工程平面示意图

建设工程竣工图是真实地记录各种地上、地下建筑物、构筑物等情况的技术文件,是工程进行交工验收、维护、改建和扩建的依据,是国家的重要技术档案。

国家规定:各项新建、扩建、改建的基本建设工程,特别是基础、地下建筑、管线、井巷、桥梁、隧道、港口、水坝以及设备安装等隐蔽部位,都要编制竣工图。为确保竣工图质量,必须在施工过程中(不能在竣工后)及时做好隐蔽工程检查记录,整理好设计变更文件。其具体要求有:

(1)凡按图竣工没有变动的,由施工单位(包括总包和分包施工单位,下同)在原施工图上加盖"竣工图"标志后,即作为竣工图。

(2)凡在施工过程中,虽有一般性设计变更,但能将原施工图加以修改补充作为竣工图的,可不重新绘制,由施工单位负责在原施工图(必须是新蓝图)上注明修改的部分,并附以设计变更通知单和施工说明,加盖"竣工图"标志后,作为竣工图。

(3)凡结构形式改变、施工工艺改变、平面布置改变、项目改变以及有其他重大改变,不宜再在原施工图上修改、补充时,应重新绘制改变后的竣工图。由原设计原因造成的,由设计单位负责重新绘制;由施工原因造成的,由施工单位负责重新绘制;由其他原因造成的,由建设单位自行绘制或委托设计单位绘制。施工单位负责在新图上加盖"竣工图"标志,并附以有关记录和说明,作为竣工图。

(4)为了满足竣工验收和竣工决算需要,还应绘制反映竣工工程全部内容的工程设计平面示意图。

（四）工程造价比较分析

对控制工程造价所采取的措施、效果及其动态的变化进行认真的比较对比，总结经验教训。

批准的概算是考核建设工程造价的依据。在分析时，可先对比整个项目的总概算，然后将建筑安装工程费、设备工器具费和其他工程费用逐一与竣工决算表中所提供的实际数据和相关资料及批准的概算、预算指标，实际的工程造价进行对比分析，以确定竣工项目总造价是节约还是超支，并在对比的基础上，总结先进经验，找出节约和超支的内容与原因，提出改进措施。

在实际工作中，应主要分析以下内容：

（1）主要实物工程量。对于实物工程量出入比较大的情况，必须查明原因。

（2）主要材料消耗量。考核主要材料消耗量，根据竣工决算表中所列明的三大材料实际超概算的消耗量，查明是在工程的哪个环节超出量最大，再进一步查明超耗的原因。

（3）考核建设单位管理费、建筑安装工程费和间接费的取费标准。建设单位管理费、建筑安装工程费和间接费的取费标准要按照国家和各地的有关规定，根据竣工决算报表中所列的建设单位管理费与概预算所列的建设单位管理费数额进行比较，依据规定查明是否少列或多列费用项目，确定其节约或超支的数额，并查明原因。

三、公路工程项目结算与决算的关系

（一）公路工程项目结算与决算的区别

1. 二者包含的范围不同

工程竣工结算是指按工程进度、施工合同、施工监理情况办理的工程价款结算，以及根据工程实施过程中发生的超出施工合同范围的工程变更情况，调整施工图预算价格，确定工程项目最终结算价格。它分为单位工程竣工结算、单项工程竣工结算和建设项目竣工总结算。竣工结算工程价款等于合同价款加上施工过程中合同价款调整数额减去预付及已结算的工程价款再减去保修金。

竣工决算包括从筹建到竣工投产全过程的全部实际费用，即包括建筑工程费、安装工程费、设备工器具购置费用及预备费和投资方向调节税等费用。按照财政部、国家发改委和建设部的有关文件规定，竣工决算是由竣工财务决算说明书、竣工财务决算报表、工程竣工图和工程竣工造价对比分析四部分组成。前两部分又称建设项目竣工财务决算，是竣工决算的核心内容。

2. 编制人和审查人不同

单位工程竣工结算由承包人编制，发包人审查；实行总承包的工程，由具体承包人编制，在总承包人审查的基础上，发包人审查。单项工程竣工结算或建设项目竣工总结算由总（承）包人编制，发包人可直接审查，也可以委托具有相应资质的工程造价咨询机构进行审查。

建设工程竣工决算的文件，由建设单位负责组织人员编写，上报主管部门审查，同时抄送有关设计单位。大中型建设项目的竣工决算还应抄送财政部、建设银行总行和省、市、自治区的财政局和建设银行分行各一份。

3. 二者的目标不同

结算是在施工完成已经竣工后编制的,反映的是基本建设工程的实际造价。

决算是竣工验收报告的重要组成部分,是正确核算新增固定资产价值,考核分析投资效果,建立健全经济责任的依据,是反映建设项目实际造价和投资效果的文件。竣工决算要正确核定新增固定资产价值,考核投资效果。

(二)竣工结算贯穿于公路建设实施的全过程

公路作为一种线形构造物是由路基、路面、桥梁等分部分项结构物组成的,具有投资额大、建设周期长等特点。按照其施工顺序首先要进行路基土石方的填筑以及构造物的下部结构的施工,然后再做路面基层和面层,这样每完成一项分项工程或构造物,就相当于完成一个项目,就可以在工程实施中编制其决算。另外,从财务角度看,每一年度的财务报告都是竣工决算编制的依据,因此无论是工程决算还是财务决算,在工程建设中都应当着手按分部分项工程,按年度编制,从而减轻工程竣工一次性编制的压力,并且通过过程中的编制,可以发现管理中存在的问题,及时修正差错,从而为正式决算的编制奠定一个良好基础。

(三)工程结算是工程竣工决算的基础

工程结算,有的学者(张守建主编《土木工程预算》)定义为:"指在建设工程的经济活动中,由于劳务供应、建筑材料、工具器具和设备采购、工程价款的支付和资金调拨等经济往来而发生的以货币表示的经济文件。"财政部、建设部《建设工程价款结算暂行办法》(财建[2004]369 号)定义为:"建设工程价款结算是指对建设工程的发承包合同价款进行约定和依据合同约定进行工程预付款、工程进度款、工程竣工价款结算的活动。"上述两个定义对建设工程结算的表述都存在一定的不足。主要从以下方面进行分析:

(1)从价款结算的内涵分析。《土木工程预算》建设工程结算,涵盖了工程造价中第一部分建筑安装费用,第二部分设备及工器具购置费,第三部分工程建设其他费用以及相关的业务资金拨付关系,内涵过于偏大;而财政部、建设部《建设工程价款结算暂行办法》只包含了建筑工程费,内涵过于狭小。

(2)从价款结算的行为分析。《土木工程预算》将建设工程结算定义为以"货币表现一种经济文件",没有反映出工程价款是一项经济活动的行为,不恰当;财政部、建设部《建设工程价款结算暂行办法》将建设工程结算定义为一种活动,似乎过于偏大。实际上,工程价款是项目干系人的一种经济行为。

(3)从资金拨付角度分析。工程建设资金拨付从建设单位角度看可分为对外拨付与内部拨付,对外包括上级主管部门的拨款、股东的资本金拨付,以及与项目干系人的各种往来资金结算;对内包括支付职工的工资、备用金等。因此,项目的往来资金比较宽,全都纳入与工程结算的主题不相符。因此,就建设工程价款的定义,我们认为应把握以下两个方面:一是建设工程价款包括的内容应当是建设项目总费用,即工程费和设备、工器具购置费及工程建设其他费用;二是建设工程价款结算是一个经济行为过程。

因此,建设工程价款结算可定义为:"建设工程价款结算是指对建设工程的项目总费用,包括发承包合同价款进行约定和依据合同约定进行工程预付款、工程进度款、工程竣工价款结算以及工程建设其他费用结算的经济行为过程。"可以说,工程结算从时间角度看是日常的竣工决算，从建设的空间角度看是分项、分步工程和其他费用支出的结算。所以说，每次工程价款的结算就是一个阶段的决算，工程结算的累加构成了竣工决算。

第二节 工程项目结算的内容

对承包商来说，从工程开工至竣工决算，工程价款结算主要包括以下方面。

一、工程预付款

由于多数公路工程（特别是高速公路工程）规模较大，承包商从施工队伍调遣到备料等施工准备工作均需要大量的周转资金，一般在合同条款中均规定了一定数额的动员预付款。

（一）动员预付款的支付

按照合同要求，承包商要在完成了一定的工作并经监理工程师认可后才可一次或分次获得预付款。如济德高速公路工程。合同条件规定，动员预付款分三次签发，同时规定承包商要在提供书面申请 14 天内经监理工程师签证，业主在收到支付证书 14 天内核批。由于动员预付款不计利息，承包商要及时计量申请。

（二）动员预付款的回扣

按合同要求，当期中工程进度款累计达到一定限额时，开始逐月以完成工程款的比例并按相应回扣比例抵扣动员预付款。一般按由小到大的比例扣完为止。

（三）材料预付款的支付

材料备料款主要是业主支付给承包商以供购进将用于和安装在永久性工程中的各种材料设备。备料款限额通常按以下公式计算：

备料款限额 = 年度承包工程总值 × 主要材料所占比重/年度施工日历天数 × 材料储备天数

在公路工程施工中，为不影响工程施工，材料预付款通常采取按工程实际购料款额预付并以累计回扣的办法确定当期工程材料实际预付款。

材料预付款：按投标书中写明的材料类别（一般是占工程造价比例比较高的材料），以实际市场购买的材料单据费用（进口材料按到岸价，国内材料按出厂价或销售价，地材按堆场价）乘以规定的百分比支付。

如某公路八合同段 2008 年 7 月份购买的钢材、水泥、地材票据分别为 113 万元、35 万元、96 万元，共计 244 万元，申请预付款为 244 ×75% =183（万元）。

（四）材料预付款的回扣

随着工程的进展，当主要材料需储备量减少时，业主一般不再支付或以抵扣工程价款的方式收回预付款。扣款方法有分期扣回法和起扣点扣抵法。在某公路工程施工中，材料预付款采用了起扣点并分次回扣的方法。具体计算方法：材料款预付后从下一个月的中期支付证书中开始回扣，每月扣回已支付材料款的 20%，分五次计算，扣完为止，每月回扣款总额，按前 5 个月份的回扣额累计值计算。

二、期中价款结算

根据工程项目工期长短和承包工程内容不同，一般有按月结算、竣工后一次结算、分段结算、分单元结算四种形式。下面以某高速公路工程价款结算为例，重点分析月度结算方式。

（一）期中支付证书（工程进度款）

月末25号前，将已完工程量经监理工程师签认，并将各种工程款项填入期中支付证书。监理工程师在收到支付申请14天内签发期中支付证书，送给业主审批。业主批复支付证书后，还要经过7天至14天时间，工程款到达承包商账户。在施工过程中，按月结算一般采取在月初或月中建设单位（业主）预付工程款，月终提出结算单，收取当月工程价款，并通过银行结算。因此，在计量和支付时，工程价款同时存在时差、量差。上述过程列示步骤如下：

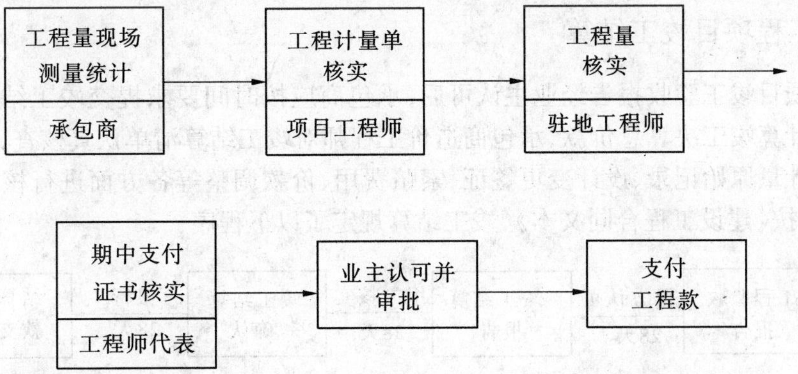

（二）工程变更价款

工程变更是工程项目施工中一个重要的支付价款项目。变更发生后，承包商要按合同条件要求及时办理变更手续，造价工程师按条件规定，落实变更价款的申报、审批工作。变更项目施工过程中，承包商要按支付时间和支付方式列入期中支付证书，以及时获得工程价款。

（三）索赔价款

由于工程规模大、线路长，外界影响因素较多，索赔项目常常发生。承包商要在索赔发生后规定的时间内办理索赔立项手续，并计算、申请索赔的最终费用。按照FIDIC条款规定，索赔发生，经业主、监理、承包商三方协商确定最终补偿费用后，承包商根据批准的索赔审批书及款额列入期中支付证书以获取补偿价款。

三、物价调整

FIDIC合同条款第70款规定了价格调整公式和办法。由于法规和费用的变更造成的工程价款自然上涨部分，按下列公式计算：

$$ADJ = LCP(X + a \times LL_1 + b \times PL_1 + c \times PE_1 + d \times dI_1 + e \times CE_1 + f \times LM_1 + g \times TL_1 + h \times ST_1 + i \times BI_1 - 1)$$

式中　ADJ——年累计支付额的调价额；

LCP——年累计支付额（扣除不参与调价的金额）；

X——固定权重系数，即不参与调价部分，合同中加以明确；

a、b、c、d、e、f、g、h、i——生活费等调价因子所占权重；

LL_1、PL_1、PE_1、…、BI_1——调价因子的环比价格指数，一般每年（或每季）调一次，并由地方政府社会统计部门提供，物价指数上涨造成工程价款的调整额，按合同条件随期中支付证书列入工程款。

四、有效合同价超限的补偿

有的工程项目在合同中规定，在签发支付证书时，最终合同价格增加额超过原合同有效价款的15%时，业主应对承包商进行价款追加，主要用于补偿本工程增加的现场经费和承包商上一级的施工管理费。这笔费用可以采取业主、承包商、监理三方协商确定。承包商在计算时，要以超过有效合同价款15%的一部分（或暂定金额）费用为计算基数。

五、工程项目竣工结算

工程项目竣工验收报告经业主认可后，承包商应按时间要求提交竣工结算单。为科学合理地计算竣工决算总价款，承包商造价工程师对竣工结算清单认真核查，从开工到竣工的工程计量原始记录、设计变更签证、索赔费用、价款调整等各方面进行核实，防止漏、超、错报。按《建设工程合同文本》，竣工结算规定了以下程序：

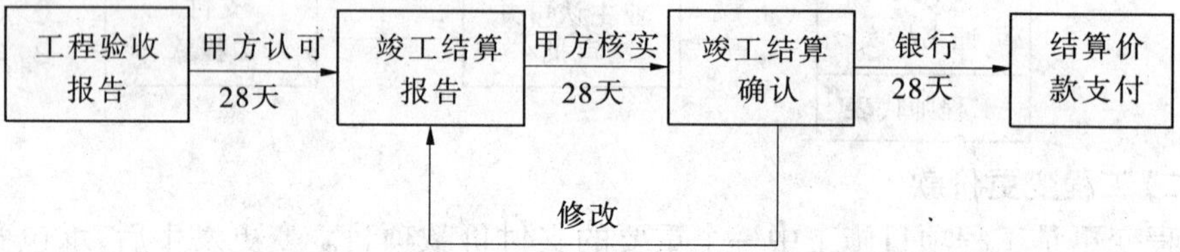

第三节　项目结算造价确定的程序与方法

一、公路工程项目结算造价确定的程序

根据公路工程招投标文件中关于结算办法的具体规定，工程价款的结算应按如下程序进行：

工程经各方竣工验收→承包单位提交竣工结算资料→监理工程师审核，三方协商→总监理工程师签发竣工结算工程款支付证书→建设单位审核、批准→建设单位向承包单位支付。

（1）公路施工单位应在每月末向监理工程师提交由其项目经理签署和按监理工程师批准格式填写的月结账单一式6份，该结账单包括以下栏目，应逐项填写清楚：①自开工截至本月末止已完成的工程价款；②自开工截至上月末已完成的（已实际结算的）工程价款；③本月完成的（应结算的）工程价款；④本月完成的（应结算的）计日工价款；⑤本月应支付的暂定金额价款；⑥本月应支付的已进场将用于和安装在永久工程中的材料、设备预付款；⑦根据合同规定，本月应结算的其他款项；⑧费用和法规规定的变更发生的款额。

(2)监理工程师在收到上述月结账单后应签发中期支付证书，签发时应写明他认为应该到期结算的价款及需要扣留和扣回的款额并报业主审批。经业主的有关部门审核完毕，加盖建设单位工程批复章，并由有关人员签字生效后由监理工程师下达至公路施工单位，公路施工单位以此作为工程价款的结算收入凭据。

(3)用于修复工程缺陷的保留金，应按投标书附录中规定的百分率计算，从每期应付给承包人的工程结算款额中扣留，直至保留金的金额达到投标书附录中规定的限额为止。业主在签发全部工程的移交证书之时，将把一半保留金付给承包人，工程的缺陷责任期满后，将另一半保留金支付给承包人。在缺陷责任期满之前，若确实因承包人未按合同规定使用材料、工程设备或人力；或者由于承包人的疏忽；或者承包人未按合同规定履行义务，造成质量缺陷，需修补、重建和补救缺陷时，此费用由承包人自费实施。若不是由上述原因造成，业主将给承包人在合同价格上追加费用。如果承包人在规定的时间内未进行修复，则业主有权雇用其他人从事上述工作并支付报酬，此项费用应由承包人负责，业主可从应退还给承包人的保留金中扣除或向承包人索回。

二、公路工程项目结算造价确定的方法

(一)合同费用结算

发、承包人在签订合同时对于工程价款的约定，可选用下列一种约定方式：

(1)固定总价。合同工期较短且工程合同总价较低的工程，可以采用固定总价合同方式。

(2)固定单价。双方在合同中约定综合单价包含的风险范围和风险费用的计算方法，在约定的风险范围内综合单价不再调整。风险范围以外的综合单价调整方法，应当在合同中约定。

(3)可调价格。可调价格包括可调综合单价和措施费等，双方应在合同中约定综合单价和措施费的调整方法。

公路施工过程中，由于市场物价的变化具有很强的不确定性和不可预见性，造成施工成本因物价的变化上涨或降低。如近年来，由于钢材、沥青等价格的重大变化，给业主与承包商的工程结算造成重大影响。双方在价格调整方面很难达成一致意见。而价格的合理调整可以避免双方的风险损失，保证双方的正当权益。为此，在 FIDIC 条款的 70.1 款中，规定对物价变化而引起的施工成本变化应单独处理，即进行价格调整，以避免业主和承包商双方的风险损失，同时承包商在报价时不用考虑物价上涨因素，从而有利于合理确定和降低投标报价。所以，在工期长于一年的公路施工合同中应该设定价格调整条款。

价格调整一般有基本价格法和价格指数法两种。前者直观、简单，但操作比较困难，后者较有利于管理，但必须得到合适的价格指数。下面分别对以上两种方法作一简单介绍。

1. 基本价格法

基本价格法是以投标截止日期前 28 天的各种资源的价格(称为基本价格)为基础进

行价格调整的一种方法。其施工过程中的价格调整额根据其资源消耗量与资源价格变化差的乘积确定。即：

价格调整额 = 资源消耗量 ×（现行价格 - 基本价格）

采用基本价格法应解决如下问题：

(1)确定进行价格调整的资源名称；

(2)确定资源消耗量；

(3)确定基本价格；

(4)确定现行价格。

在公路工程中，为了简化工作，一般只对占合同价格比例较大的几种资源（如人工费、钢材、水泥、沥青等主要材料）进行调整。为使合同具有可操作性，在专用条款中应根据工程的实际详细列明拟调整价格的资源。如在沥青混凝土路面中规定沥青，在桥梁结构中规定钢筋、水泥等。

在确定资源消耗量时，可以根据实际需要的到场材料和其他资源的数量来确定，即可以根据概预算中人工、主要材料、机械台班数量汇总表中的数据或承包商在投标书中相应数量汇总表中的数据来确定。

基本价格的确定应在招标文件中给予明确规定，如由承包商在投标时填报的价格，由业主经市场调查以后指定的价格，当地工程造价管理部门发布的同期信息价格等。

至于现行价格的确定，有以下几种方法：一是由业主、监理工程师、承包商三方共同通过调查确定；二是根据当地工程造价管理部门发布的现行价格信息确定；三是根据承包商已到场材料的实际价格发票及采购合同来确定。

用基本价格法进行价格调整，其优点是直观、简单，但在实践中要解决以上问题确有一定的难度。不过，只要我们在实施过程中加强对材料采购、进场、使用的管理，并在制订合同时予以明确规定，可以认为这是一种行之有效的方法。

2. 价格指数法

价格指数法是以投标截止日期前28天的各种资源的基本价为基础来进行价格调整的方法。其施工过程中的价格调整数额按下式确定：

$$ADJ = MVW \times (Co + \sum C_i b_i - 1)$$

式中 ADJ——价格调整金额；

MVW——结算工程款，即合同中规定可参与调价的工程结算款，如经验收合格计量支付的工程量清单中永久工程的价款；

Co——固定系数，即支付中不进行价格调整的金额权重，通常指固定的间接费和利润、保险费、各类税费以及业主以固定价格提供的材料和按现行价格支付的项目等，一般取0.15，但可视具体项目而定，由于 Co 对于调价结果影响很大，因此在合同中应事先明确其数值；

i——1,2,3,…,N，代表合同中规定要进行价格调整的各种资源的序号；

C_i——影响价格的各种材料或资源的费用所占的权重系数，$C_i = W_i / \sum W_i \times (1 - Co)$；

W_i——第 i 种材料的总金额,如沥青、钢材等;

$\sum W_i$——所有需要进行价格调整的资源总金额;

b_i——影响价格因素的现价指数与基价指数比,$b_i = p_{1i}/p_{0i}$;

p_{1i}——现价指数,即各种资源在进行价格调整时适用的现行价格指数;

p_{0i}——基价指数,即投标截止日期前 28 天各种资源通用的价格指数。

以上两种方法是公路工程建设项目中常用的价格调整方法。至于采用何种方法,应在业主与承包商签订的合同中明确规定。价格调整的计算工作比较复杂,因此要搞好价格调整工作,除必须在合同条款中明确详细规定外,还要加强在施工过程中各种资源采购消耗的管理工作,要建立必要的台账表格,为价格调整提供充分可靠的数据。另外,在确定参与调整价格的资源品种时,为了平衡物价风险,应选对工程投资成本影响较大且投入数量较多或价格波动较大的主要材料作为代表,且品种不宜过多,一般以 5 ~ 10 种为宜,如沥青、钢材、水泥、汽油、柴油等。

在价格指数法中,关键在于确定参与调价资源的物价指数即基价指数和现价指数,鉴于我国境内尚无相应的价格指数资料,故在合同中可根据工程实际确定投标时的相应价格作为基价指数,将施工过程中最后相应的综合价格与基价之比作为现价指数,最后根据合同指定的调价公式计算价格调整金额。

(二)工程变更造价的结算

1. 合同中有相应计价项目时的工程变更定价

1)定价原则

a. 以合同单价为计价依据

根据 FIDIC 条款的规定,当合同中有相应的计价项目时,原则上应按其相应项目的合同单价作为变更工程的计价依据。实践中工程任何部分的标高、基线、位置、尺寸的改变引起的工程变更以及设计变更或工程规模变化而引起的工程量增减均可按上述原则来定价。这样能保持合同履行的严肃性,有效地发挥通过招标而产生的合同价格的作用,同时能有效地避免双方协商单价时的争议以及对合同正常履行带来的影响,且只要合同单价公平合理,则这一原则也是公平合理的。当合同单价不合理时,则按上述原则计价时可能给业主或承包商带来不利影响。但只要不损害公平原则或出现显失公平的现象,则上述计价原则是仍应坚持的。

b. 合同单价的变更原则

当变更引起的工程量变化较大或工作性质有重大改变使得继续沿用原有不合理合同单价计价会损害公平原则或出现显失公平的现象时,原有的合同单价应进行变更。新的合理单价的确定原则是:原单价偏高,应相应降低,反之,应予以提高。FIDIC 条款规定了变更合同单价的双控条件。其表述是:“合同内所含项目的费率或价格不应考虑变动,除非该项目涉及的款额超过合同价格的 20%,以及在该项目下实施的实际工程量超出或少于工程量表中规定之工程量的 25% 以上。”但由于该条件过于原则,缺乏可操作性以及翻译的原因,因而导致出现各种不同的理解,以及执行中出现各种不同的做法。如规定中的“项目”一词,有的理解为被变更的项目,有的理解为变更后出现的项目。实际上这些理解均不符合 FIDIC 条款原文的精神。在这里,由于讨论的是合同单价,即工程细目的单价，因此，规定中的“项目”一词指的应是工程细目。即当工程变更使得工程量的变化超出工程量清单中所列工程细目的工程量的25%以及该细目的合同金额超出合同总价的2%时，应对超出部分的工程量按新的合理单价办理结算。

2）单价变更方法

变更单价的确定方法是较复杂的，应具体情况具体分析。以下以一示例予以说明。

某合同中有一“挖方”工程细目，按其工作内容以及当前的市场价格（考虑成本、供求及竞争因素），其合理的价格组成应为：

（1）直接成本：6.5 元/m^3；

（2）间接成本：1.5 元/m^3；

（3）利润：0.5 元/m^3。

所以，其合理的价格应为 8.5 元/m^3（假定该价格为标底价）。但在报价过程中，由于多种原因，可能会出现以下三种报价：

第一种报价：8.5 元/m^3 以上，即报价与标底相当甚至更高。

第二种报价：8.0 元/m^3，即报价中采取了让利策略，利润为0。

第三种报价：6.5 元/m^3，甚至更低，即在第二种报价的基础上采用了不平衡报价法或将管理费分摊到了其他工程细目的报价中，此时的单价为亏损价。现假定因工程变更而使得挖方工程量有较大的增加，且超过了合同规定的“双控”标准。此时单价的变更方法会因以上三种不同的报价方法而不同。

对于第一种报价。由于工程量的增加，承包商增大规模效益，其增加的工程量部分的直接成本和间接成本均会降低，因此原有合同单价应予以降低，当单价因不平衡报价而超出 8.5 元/m^3 时更应如此。对于第二种报价。尽管承包商并未承诺对变更工程继续向业主让利，但由于规模效益的增加会使得承包商获利，因此其单价可维持不变。对于第三种报价。由于其单价为亏损价，因此继续使用原单价对超出“双控”的工程量计价是不公平的，此时对超出部分的工程量宜采用 8.5 元/m^3 或 8.0 元/m^3 的价格来计价。

2. 合同中无相应计价项目时的工程变更定价

1）定价原则

（1）以计日工为依据定价。这种方式仅适用于一些小型的变更工作。此时可将这些小型变更工作进行分解，并分别估算出人工、材料，以及机械台班消耗的数量，然后由监理工程师发出指示，最后按计日工形式并根据工程量清单中计日工的有关单价计价。对大型变更工作而言，这种计价方式是不适用的。因为一方面它不利于施工效率的提高；另一方面，发生的计日工数量的准确确定会有一定难度。

（2）协商确定新的单价。这是合同中无相应计价依据时的常见做法，协商确定单价的方法通常有两种，一种是以合同单价为基础的单价确定法，另一种是以概预算方法为基础的单价确定方法。

2）定价方法

（1）以合同单价为基础定价。例：设某合同中沥青路面原设计为厚4 cm，其单价为40元/m^2，现进行设计变更为厚5 cm，则按上述原则可求出变更后路面的单价为：$5/4\times40=50$（元/m^2）。该方法的特点是简单且有合同依据。但如果原单价偏低，则得出的新单价也会偏低，反之，原单价偏高，则得出的新单价也会偏高。所以，其确定的单价只有在原单价合理的情况下才会相对合理，当原单价不合理（有不平衡报价）时，该方法对增加的工程量部分的定价是不合理的。

（2）以概预算方法为基础定价。仍以上例说明之。先确定沥青路面的施工方案和施工方法，进行资源价格的预算，之后按相应的定额编制办法，确定其预算单价。该方法的优点是有法律依据，产生的价格相对合理，能真实地反映完成该变更工程的成本和利润，其缺点是不同的施工方案、施工方法会有不同的单价，另外，该方法无法反映竞争的作用以及原有招标成果的作用，特别是当承包商有不平衡报价时，该方法会加剧总投资的不合理性。

假定本项变更发生后沥青路面（5 cm）的预算单价为 70 元/m^2，即比前述方法确定的单价（50 元/m^2）高出 20 元/m^2，它表明原合同中沥青路面（4 cm）的单价 40 元/m^2 偏低。其偏低的原因可能是承包商的报价普遍较低（即合同总价也偏低），也有可能是承包商在该单价上采用了不平衡报价法（即合同总价不低，但单价偏低）。对于前一种情况，采用预算单价后会使投标竞争所产生的积极成果不能有效地发挥作用，使合同的结算价回复到预算价。对于后一种情况则不仅不能使投标竞争所产生的积极成果发挥作用，反而提高了合同的结算价格，使合同的总结算价超过预算总价。

（3）加权定价法。以上两种方法均存在不足。合理的定价方法是在考虑路面（5 cm）的单价时，在保持原有报价不受实质影响的前提下，对新增工程部分按概预算方法定价以此加权确定路面的单价。就上例而言，其合理的单价应为：$40 + 70/5 = 54$（元/m^2），该方法的不足之处是，未考虑规模效益对成本和价格的影响。

3）定价方法的适用范围

上述方法中第二种方法适用于新增工程的定价，而第三种方法适用于原有合同工程作设计修改（尺寸修改）时的定价。在投资管理实践中遇到的问题会比上述示例要复杂得多，但不管如何复杂，价格公平是投资管理的基本原则。

（三）工程索赔费用结算

1.分项法

分项法是按每个索赔事件所引起损失的费用项目分别分析计算索赔值的一种方法。这一方法是在明确责任的前提下，将索赔费用分项列出，并提供相应的工程记录、收据、发票等证据资料，这样可以在较短时间内给以分析、核实，确定索赔费用，顺利解决索赔事宜。在实际中，绝大多数工程的索赔都采用分项法计算。

2.总费用法

总费用法又称总成本法。就是当发生多次索赔事件后，重新计算该工程的实际总费用，再从这个实际总费用中减去投标报价时的估算总费用，计算索赔余额。具体公式为：

$$索赔金额 = 实际总费用 - 投标报价估算总费用$$

3.修正总费用法

修正总费用法是对总费用法的改进。即在总费用计算的原则上，去掉一些不合理的因素，使其更合理。修正内容如下：

（1）将计算索赔款的时段局限于受到外界影响的时间，而不是整个施工期。

(2)只计算受影响时段内的某项工作所受影响的损失,而不是计算该时段内所有施工工作受的损失。

(3)与该项工作无关的费用不列入总费用中。

(4)对投标报价费用重新进行核算:按所受影响时段内该项工作的实际单价进行核算,乘以实际完成的该项工作的工作量,得出调整后的报价费用。

按修正后的总费用计算索赔金额的公式如下:

索赔金额 = 某项工作调整后的实际费用 - 该项工作的报价费用

修正总费用法与总费用法相比,有了实质性的改进,能够相当准确地反映出实际增加的费用。

复习思考题

1. 公路工程项目结算与决算有什么区别?

2. 某施工单位承包某公路工程项目,甲、乙双方签订的关于工程价款的合同内容有:

(1)工程造价 660 万元,材料及设备费占施工产值的比重为 60%;

(2)预付工程款为工程造价的 20%,工程实施后,预付工程款从未施工工程尚需的主要材料及购件的价值相当于工程款数额时起扣;

(3)工程进度款逐月计算;

(4)工程保修金为工程造价的 3%,竣工结算每月一次扣留;

(5)材料价差调整按规定进行(按有关规定上半年材料价差上调 10%,在 6 月份一次调增)。

工程各月实际完成产值如表 10-1 所示。

表 10-1　各月实际完成产值　(单位:万元)

月份	2	3	4	5	6
完成产值	55	110	165	220	110

问题:

(1)通常工程竣工结算的前提是什么?

(2)工程价款结算的方式有哪几种?

(3)该工程的预付工程款、起扣点为多少?

(4)该工程 2 ~5 月每月拨付工程款为多少?累计工程款为多少?

(5)6 月份办理工程竣工结算,该工程结算造价为多少?甲方应付工程结算款为多少?

第十一章　工程实例

本章重点提示　本章利用工程实例，重点介绍了公路工程预算造价文件的组成内容（见表11-1～表11-12）及各工程细目的费用计算内容，要求学生结合工程实例掌握预算造价费用的计算方法。

一、学习目标

通过预算实例，掌握预算造价费用的计算过程。

二、学习重点

表11-1～表11-12之间的计算关系及费用计算内容。

三、预算实例

（一）编制范围

本预算按《梵净山旅游公路德旺至团龙段公路工程》中工程数量进行编制。

（二）编制依据

（1）交通部发《公路工程基本建设项目概算预算编制办法》（以下简称《办法》）（JTG B06—2007）。

（2）交通部发《公路工程预算定额》（JTG/T B06—02—2007）。

（3）交通部发《公路工程机械台班费用定额》（JTG/T B06—03—2007）。

（4）贵州省交通建设工程造价管理站发黔交价管[2008]39号《关于执行〈贵州省公路工程基本建设概、预算编制补充规定〉的通知》（以下简称《通知》）。

（5）关于印发《关于施工图预算编制需增列相关项目费用的建议函》。

（三）编制说明

（1）人工工资：贵州省交通建设工程造价管理站发黔交价管[2008]39号《关于执行〈贵州省公路工程基本建设概、预算编制补充规定〉的通知》，人工工资单价采用48.07元/工日。

（2）钢筋、水泥等外购材料按当地市场价加运杂费计算；砂、石材料按沿线自采材料料场价加运杂费计算。

（3）机械台班单价按现行定额分析计算。

（四）工程建设费用

（1）本工程按《办法》取费率：利润率为7%，税金为3.41%。

（2）建设单位管理费按《办法》中费率计取。

(3)生产人员培训费、建设期贷款利息等费用均不计列。

(4)竣(交)工验收试验检测费按《办法》计取,5 000 元/km。

(5)本工程的勘察设计费按照《国家计委、建设部关于发布〈工程勘察设计收费管理规定〉的通知》(计价格[2002]10 号)文件及相关附件的规定经双方协商而定。

(五)预留费用

预备费按一、二、三部分合计的 3% 计列。

(六)预算金额

本项目预算总金额 8 269.49 万元,平均每公路公里 347.46 万元。

其中建设工程各部分费用为:

建筑安装工程费:6 475.13 万元;

设备、工器具及家具购置费:6.90 万元;

工程建设其他费用:1 546.60 万元;

预备费:240.86 万元。

四、习题

结合分项工程预算表(见表 11-8)进行若干工程细目建筑安装工程费的计算练习。

表 11-1　总预算表

建设项目名称:梵净山旅游公路德望至团龙段公路工程

编制范围:K6 + 000 ~ K29 + 800　　　　第 1 页　共 5 页

项	目	节	细目	工程或费用名称	单位	数量	预算金额(元)	技术经济指标	各项费用比例(%)	备注
				第一部分　建筑安装工程费	公路公里	23.800	64 751 287	2 720 642.31	78.30	
二				路基工程	km	23.800	37 090 826	1 558 438.07	44.85	
	1			场地清理	km	23.800	163 833	6 883.74		
		1		清理与掘除	m^2	190 722.000	163 833	0.86		
			1	伐树、挖根、除草	m^2	190 722.000	163 833	0.86		
	2			挖方	m^3	727 483.300	14 797 454	20.34		
		1		挖土方	m^3	412 154.000	2 194 083	5.32		
		2		挖石方	m^3	315 329.200	6 610 371	20.96		
		3		汽车运输土石方	m^3	692 367.000	5 993 000	8.66		
	3			填方	m^3	483 113.850	2 961 797	6.13		
	4			特殊路基处理	km	0.760	177 572	233 647.37		
		1		软土处理	km	0.760	177 572	233 647.37		
	5			排水工程	km	23.800	4 145 461	174 179.03		
		1		边沟	m^3	15 214.071	4 145 461	272.48		
	6			防护与加固工程	km	5.093	14 844 709	2 914 727.86		
		1		挡土墙	m^3	59 596.450	14 844 709	249.09		
三				路面工程	km	23.800	18 722 778	786 671.34	22.64	

续表 11-1

项	目	节	细目	工程或费用名称	单位	数量	预算金额(元)	技术经济指标	各项费用比例(%)	备注
	1			填隙碎石底基层	m^2	169 212. 630	3 580 122	21. 16		
		1		20 cm 填隙碎石底基层	m^2	12 073. 010	207 576	17. 19		
		2		25 cm 填隙碎石底基层	m^2	157 139. 620	3 372 546	21. 46		
	2			级配碎石基层	m^2	169 212. 630	4 706 314	27. 81		
		1		级配碎石基层(厚 18 cm)	m^2	37 593. 100	956 472	25. 44		
		2		级配碎石基层(厚 20 cm)	m^2	131 619. 530	3 749 842	28. 49		
	3			沥青混凝土面层	m^2	169 212. 630	8 598 972	50. 82		
		1		5 cm 沥青混凝土面层	m^2	169 212. 630	8 598 972	50. 82		
	4			硬路肩	m^3	6 465. 511	1 837 370	284. 18		
四				桥梁涵洞工程	km	23. 800	2 890 728	121 459. 16	3. 50	
	1			涵洞工程	m/道	921. 000 / 61. 000	2 890 728	3 138. 68 / 47 388. 98		
		1		1 - 1. 5 m × 1. 5 m 钢筋混凝土盖板涵	m/道	256. 000 / 18. 000	537 234	2 098. 57 / 29 846. 33		
		2		1 - 2 m × 2 m 钢筋混凝土盖板涵	m/道	420. 000 / 28. 000	1 102 964	2 626. 10 / 39 391. 57		
		3		1 - 3 m × 3 m 钢筋混凝土盖板涵	m/道	205. 000 / 12. 000	987 142	4 815. 33 / 82 261. 83		
		4		1 - 4 m × 4 m 钢筋混凝土盖板涵	m/道	40. 000 / 3. 000	263 388	6 584. 70 / 87 796. 00		
五				交叉工程	处	2. 000	414 000	207 000. 00	0. 50	
	1			平面交叉道	处	2. 000	414 000	207 000. 00		
		1		公路与公路平面交叉	处	2. 000	414 000	207 000. 00		

续表 11-1

第 3 页　共 5 页

项	目	节	细目	工程或费用名称	单立	数量	预算金额(元)	技术经济指标	各项费用比例(%)	备注
七				公路设施及预埋管线工程	公路公里	23.800	4 859 815	204 193.91	5.88	
	1			安全设施	公路公里	23.800	4 859 815	204 193.91		
		1		波形钢板护栏	m	16 575.000	4 309 500	260.00		
		2		公路标线	km	73.590	350 495	4 762.81		
		3		里程碑、百米桩、公路界碑	块	238.000	5 125	21.53		
			1	百米桩	块	215.000	2 655	12.35		
			2	里程碑	块	23.000	2 470	107.39		
		4		各类标志牌	块	87.000	194 695	2 237.87		
			1	单悬臂式(一)	块	6.000	76 131	12 688.50		
			2	单柱式(一)	块	4.000	4 192	1 048.00		
			3	单柱式(三)	块	63.000	53 575	850.40		
			4	门架式	块	2.000	49 997	24 998.50		
			5	反光镜	块	12.000	10 800	900.00		
八				其他工程	公路公里	23.800	773 140	32 484.87	0.93	
	1			取土坑、弃土场	公路公里	23.800	773 140	32 484.87		
				第二部分　设备及工器具购置费	公路公里	23.800	69 020	2 900.00	0.08	
三				办公及生活用家具购置	公路公里	23.800	69 020	2 900.00	0.08	
				第三部分　工程建设其他费用	公路公里	23.800	15 466 039	649 833.57	18.70	

续表 11-1

第 4 页　共 5 页

项	目	节	细目	工程或费用名称	单位	数量	预算金额(元)	技术经济指标	各项费用比例(%)	备注
一				土地征用及拆迁补偿费	公路公里	23.800	8 917 756	374 695.63	10.78	
	1			土地征用费	公路公里	23.800	7 995 106	335 928.82		
		1		占田	亩	125.830	3 019 920	24 000.00		
		2		占土	亩	182.410	2 736 150	15 000.00		
		3		伐树	棵	41 222.000	824 440	20.00		
		4		荒山	亩	160.800	482 400	3 000.00		
		5		林地	亩	285.940	932 196	3 260.11		
			1	宜林荒山	亩	115.000	161 000	1 400.00		
			2	灌木林	亩	75.940	258 196	3 400.00		
			3	用材林	亩	95.000	513 000	5 400.00		
	2			拆迁补偿费	公路公里	23.800	922 650	38 766.81		
		1		房屋拆迁	m^2	5 748.000	893 050	155.37		
			1	木房	m^2	2 113.000	739 550	350.00		
			2	砖房	m^2	247.000	123 500	500.00		
			3	其他建筑	m^2	300.000	30 000	100.00		
		2		电力、电杆拆迁	根	19.000	15 200	800.00		
		3		迁坟	座	18.000	14 400	800.00		
二				建设项目管理费	公路公里	23.800	3 787 419	159 135.25	4.58	

续表 11-1

第 5 页　共 5 页

项	目	节	细目	工程或费用名称	单位	数量	预算金额(元)	技术经济指标	各项费用比例(%)	备注
	1			建设单位管理费	公路公里	23.800	1 453 924	61 089.24		
	2			工程质量监督费	公路公里	23.800	129 503	5 441.30		
	3			工程监理费	公路公里	23.800	1 942 539	81 619.29		
	4			工程定额测定费	公路公里	23.800	77 702	3 264.79		
	5			设计文件审查费	公路公里	23.800	64 751	2 720.63		
	6			竣(交)工验收试验检测费	公路公里	23.800	119 000	5 000.00		
四				建设项目前期工作费	公路公里	23.800	2 111 000	88 697.48	2.55	
	1			勘察设计费	公路公里	23.800	2 111 000	88 697.48		
五				专项评价(估)费	公路公里	23.800	238 000	10 000.00	0.29	
	1			使用林地及文物勘察评估费	公路公里	23.800	89 250	3 750.00		
	2			水土保持评估费	公路公里	23.800	44 625	1 875.00		
	3			环境影响评价费	公路公里	23.800	59 500	2 500.00		
	4			压覆重要矿床、地质灾害危险性等费用	公路公里	23.800	44 625	1 875.00		
六				公路交工前养护费	公路公里	23.800	411 864	17 305.21	0.50	
				第一、二、三部分费用合计	公路公里	23.800	80 286 346	3 373 375.88	97.09	
				预备费	元		2 408 590		2.91	
二				2. 基本预备费	元		2 408 590		2.91	
				预算总金额	元		82 694 936		100.00	
				公路基本造价	公路公里	23.800	82 694 936	3 474 577.14	100.00	

表 11-2　人工、主要材料、机械台班数量汇总

建设项目名称：梵净山旅游公路德望至团龙段公路工程

编制范围：K6 +000 ~ K29 +800　　　　第 1 页　共 5 页

序号	规格名称	单位	总数量	分项统计								场外运输损耗	
				路基工程	路面工程	桥梁涵洞工程	交叉工程	公路设施及预埋管线工程	其他工程	辅助生产	其他	%	数量
1	人工	工日	305 078	144 452	15 390	13 135	9 014	652	1 907	112 544	7 984		
2	机械工	工日	31 562	19 922	2 805	146	158	2		8 528			
3	原木	m^3	136	125		2	8	0		1			
4	锯材木中板 § =19 ~ 35	m^3	89	71	0	14	5	0					
5	光圆钢筋直径 10 ~ 14 mm	t	35			35		0					
6	带肋钢筋直径 15 ~ 24 mm,25 mm 以上	t	58			58							
7	型钢	t	1		0	1		0					
8	钢管	t	2			2							
9	钢钎	kg	675	295		118	222			40			
10	空心钢钎	kg	8 019	4 255						3 764			
11	ϕ50 mm 以内合金钻头	个	12 022	6 620						5 402			
12	电焊条	kg	82			82		0					
13	钢管立柱	t	8					8					
14	组合钢模板	t	3		0	3		0					
15	铁件	kg	1 272		29	1 179		53		11			
16	镀锌铁件	kg	3 250					3 250					
17	铁钉	kg	487	417		42	28						
18	8 ~ 12 号铁丝	kg	12 263	11 264		253	746						

续表 11-2

序号	规格名称	单位	总数量	分项统计								场外运输损耗	
				路基工程	路面工程	桥梁涵洞工程	交叉工程	公路设施及预埋管线工程	其他工程	辅助生产	其他	%	数量
19	20~22 号铁丝	kg	264			264							
20	钢板标志	t	1					1					
21	油漆	kg	17					17					
22	标线漆	kg	3 276					3 276					
23	反光膜	m^2	55					55					
24	油毛毡	m^2	488			488							
25	32.5 级水泥	t	7 932	5 978	670	738	242	43	182			1.00	79
26	硝铵炸药	kg	89 755	50 719		690	1 562			36 784			
27	导火线	m	233 854	134 154		1 695	4 023			93 981			
28	普通雷管	个	199 584	106 686		1 323	3 160			88 416			
29	石油沥青	t	944		929	4	11						
30	重油	kg	102 340		101 160		1 180						
31	汽油	kg	2 808		2 724		26	58					
32	柴油	kg	1 105 986	859 883	89 594	4 913	6 911	14		144 671			
33	煤	t	43	3	36	1	2					1.00	0
34	电	kW·h	324 107		74 349	8 305	1 143	13		240 297			
35	水	m^3	90 956	68 763	12 769	4 948	2 655	153	1 668				
36	砂	m^3	1 963		1 878		37					2.50	48
37	中(粗)砂	m^3	38 337	29 875	3 045	2 262	1 222	62	934			2.50	935

续表 11-2

第 3 页　共 5 页

序号	规格名称	单位	总数量	分项统计								场外运输损耗	
				路基工程	路面工程	桥梁涵洞工程	交叉工程	公路设施及预埋管线工程	其他工程	辅助生产	其他	%	数量
38	黏土	m^3	888	805			50		7			3.00	26
39	砾石(4 cm)	m^3	105					104				1.00	1
40	片石	m^3	103 076	83 408	6 912	7 534	2 481		2 741				-
41	石渣	m^3	2 162	2 141								1.00	21
42	矿粉	t	497		470		11					3.00	14
43	碎石(2 cm)	m^3	4			2		2				1.00	0
44	碎石(4 cm)	m^3	625		27	592						1.00	6
45	碎石(8 cm)	m^3	494	459			30	1				1.00	5
46	碎石	m^3	477				472					1.00	5
47	石屑	m^3	23 957		23 647		73					1.00	237
48	路面用碎石(1.5 cm)	m^3	15 960		15 692		110					1.00	158
49	路面用碎石(2.5 cm)	m^3	15 962		15 625		179					1.00	158
50	路面用碎石(3.5 cm)	m^3	10 976		10 713		156					1.00	109
51	路面用碎石(5 cm)	m^3	10 257		10 051		104					1.00	102
52	路面用碎石(6 cm)	m^3	11 818		11 701							1.00	117
53	块石	m^3	1 461		301		1 160						
54	其他材料费	元	46 878	29 453	7 885	6 845	1 282	452	548	412			
55	设备摊销费	元	41 078		40 722		357						
56	开采片石	m^3	75 539							75 539			

续表 11-2

第 4 页　共 5 页

序号	规格名称	单位	总数量	分项统计								场外运输损耗	
				路基工程	路面工程	桥梁涵洞工程	交叉工程	公路设施及预埋管线工程	其他工程	辅助生产	其他	%	数量
57	75 kW 以内履带式推土机	台班	1 013	1 013									
58	135 kW 以内履带式推土机	台班	874	874									
59	0.6 m^3 履带式单斗挖掘机	台班	1 117	1 111	6								
60	2.0 m^3 履带式单斗挖掘机	台班	10			10							
61	2.0 m^3 轮胎式装载机	台班	867	787	79		1						
62	120 kW 以内平地机	台班	567	370	188		9						
63	75 kW 以内履带式拖拉机	台班	92		91		1						
64	6 ~ 8 t 光轮压路机	台班	629	356	271		2						
65	12 ~ 15 t 光轮压路机	台班	586	6	576		4						
66	10 t 以内振动压路机	台班	460	451			9						
67	15 t 以内振动压路机	台班	416	356	60								
68	夯击功 200 ~ 620 N · m	台班	412			396	16						
69	撒布宽度 1 ~ 3 m 石屑撒布机	台班	15		15								
70	4 000 L 以内沥青洒布车	台班	15		15								
71	60 t/h 以内沥青混合料拌和设备	台班	57		56		1						
72	4.5 m 以内不带自动找平沥青混合料摊铺机	台班	88		87		1						
73	9 ~ 16 t 轮胎式压路机	台班	85		84		1						
74	250 L 以内强制式混凝土搅拌机	台班	1		1			0					

续表 11-2

序号	规格名称	单位	总数量	分项统计								场外运输损耗	
				路基工程	路面工程	桥梁涵洞工程	交叉工程	公路设施及预埋管线工程	其他工程	辅助生产	其他	%	数量
75	4 t 以内载货汽车	台班	1					1					
76	6 t 以内载货汽车	台班	0					0					
77	5 t 以内自卸汽车	台班	54		53		1						
78	8 t 以内自卸汽车	台班	8 258	7 791	361		106						
79	15 t 以内平板拖车组	台班	4		4								
80	6 000 L 以内洒水汽车	台班	90		88		2						
81	1.0 t 以内机动翻斗车	台班	590	590									
82	5 t 以内汽车式起重机	台班	1					1					
83	12 t 以内汽车式起重机	台班	51		16	35							
84	10×0.5(m×m)皮带运输机	台班	163							163			
85	32 kVA 交流电弧焊机	台班	16			16		0					
86	150×250(mm×mm)电动颚式破碎机	台班	1 867							1 867			
87	250×400(mm×mm)电动颚式破碎机	台班	1 205							1 205			
88	生产率 8～10 m^3/h 滚筒式筛分机	台班	2 896							2 896			
89	9 m^3/min 以内机动空气压缩机	台班	4 480	2 042		40				2 398			
90	小型机具使用费	元	230 763	119 768	863	7 379		2 277		100 476			

表 11-3　建筑安装工程费计算

建设项目名称：梵净山旅游公路德望至团龙段公路工程

编制范围：K6 +000 ~ K29 +800

序号	工程名称	单位	工程量	直接费（元）						间接费（元）	利润（元）（费率 7.0%）	税金（元）（综合税率 3.41%）	建筑安装工程费	
				直接工程费				其他工程费	合计				合计（元）	单价（元）
				人工费	材料费	机械使用费	合计							
1	2	3	4	5	6	7	8	9	10	11	12	13	14	15
1	伐树、挖根、除草	m^2	190 722. 000			141 115	141 115	3 384	144 499	3 567	10 365	5 403	163 834	0. 86
2	挖土方	m^3	412 154. 000	788 925		816 313	1 605 238	53 855	1 659 093	342 260	120 379	72 351	2 194 083	5. 32
3	挖石方	m^3	315 329. 200	811 076	1 112 944	3 385 961	5 309 982	192 752	5 502 735	490 404	399 251	217 980	6 610 370	20. 96
4	汽车运输土石方	m^3	692 367. 000			5 225 372	5 225 372	97 714	5 323 086	93 154	379 137	197 622	5 992 999	8. 66
5	填方	m^3	483 113. 850	578 411		1 742 243	2 320 654	75 885	2 396 539	293 727	173 864	97 667	2 961 797	6. 13
6	软土处理	km	0. 760	51 758	74 928	6 145	132 831	5 420	138 251	23 440	10 025	5 856	177 572	233 647. 45
7	边沟	m^3	15 214. 071	1 221 928	1 797 720		3 019 648	163 665	3 183 313	591 733	233 717	136 699	4 145 462	272. 48
8	挡土墙	m^3	59 596. 450	3 491 733	7 597 766		11 089 499	594 673	11 684 172	1 813 450	857 575	489 512	14 844 709	249. 09
9	20 cm 填隙碎石底基层	m^2	12 073. 010	3 482	153 263	15 671	172 416	7 638	180 054	7 626	13 051	6 845	207 576	17. 19
10	25 cm 填隙碎石底基层	m^2	157 139. 620	46 833	2 523 704	233 766	2 804 303	124 231	2 928 534	120 536	212 265	111 212	3 372 547	21. 46
11	级配碎石基层（厚 18 cm）	m^2	37 593. 100	12 288	687 064	96 270	795 622	35 246	830 868	33 841	60 223	31 540	956 472	25. 44
12	级配碎石基层（厚 20 cm）	m^2	131 619. 530	44 289	2 735 725	340 416	3 120 430	138 235	3 258 665	131 331	236 193	123 653	3 749 842	28. 49
13	5 cm 沥青混凝土面层	m^2	169 212. 630	107 678	5 813 750	1 315 560	7 236 988	323 520	7 560 508	213 423	541 484	283 556	8 598 971	50. 82
14	硬路肩	m^3	6 465. 511	525 247	818 065		1 343 312	72 808	1 416 120	256 691	103 971	60 588	1 837 370	284. 18
15	1 -1.5m ×1.5m 钢筋混凝土盖板涵	m/道	256. 000	136 618	239 793	23 830	400 241	20 866	421 107	67 613	30 796	17 716	537 232	2 098. 57
16	1 -2m ×2m 钢筋混凝土盖板涵	m/道	420. 000	258 700	522 633	47 133	828 466	43 307	871 773	131 084	63 735	36 371	1 102 963	2 626. 10
17	1 -3m ×3m 钢筋混凝土盖板涵	m/道	205. 000	186 883	546 378	22 761	756 022	39 311	795 333	101 173	58 085	32 552	987 143	4 815. 33

续表 11-3

第 2 页　共 2 页

序号	工程名称	单位	工程量	直接费(元)						间接费（元）	利润(元)(费率7.0%)	税金(元)(综合税率3.41%)	建筑安装工程费	
				直接工程费				其他工程费	合计				合计（元）	单价（元）
				人工费	材料费	机械使用费	合计							
1	2	3	4	5	6	7	8	9	10	11	12	13	14	15
18	1－4m×4m 钢筋混凝土盖板涵	m/道	40.000	49 206	147 916	4 674	201 796	10 556	212 352	26 839	15 514	8 685	263 390	6 584.72
19	公路与公路平面交叉	处	2.000	433 284	655 001	102 831	1 191 118	55 037	1 246 155	206 454	90 855	52 632	1 596 095	798 047.25
20	波形钢板护栏	m	16 575.000				4 309 500		4 309 500				4 309 500	260.00
21	公路标线	km	73.590	17 033	262 083	2 226	281 343	15 249	296 592	20 569	21 776	11 558	350 495	4 762.81
22	百米桩	块	215.000	620	1 300	63	1 983	107	2 090	324	154	88	2 656	12.35
23	里程碑	块	23.000	607	1 110	119	1 836	100	1 936	311	142	81	2 470	107.41
24	单悬臂式(一)	块	6.000	2 419	60 607	451	63 477	2 723	66 200	2 661	4 760	2 510	76 131	12 688.65
25	单柱式(一)	块	4.000	537	2 819	14	3 370	145	3 515	287	253	138	4 193	1 047.94
26	单柱式(三)	块	63.000	8 437	33 982	153	42 572	1 826	44 398	4 217	3 192	1 767	53 575	850.39
27	门架式	块	2.000	1 694	39 611	349	41 654	1 787	43 441	1 784	3 123	1 649	49 997	24 998.82
28	反光镜	块	12.000				10 800		10 800				10 800	900.00
29	取土坑、弃土场	公路公里	23.800	91 660	284 394		376 054	20 382	396 436	52 088	29 106	16 287	493 917	20 752.87
	各项费用合计	公路公里	23.800	8 871 346	26 112 560	13 523 438	52 827 644	2 100 423	54 928 067	5 030 587	3 672 990	2 022 517	65 654 160	2 758 578.17

表 11-4 其他工程费及间接费综合费率计算

建设项目名称：梵净山旅游公路德望至团龙段公路工程

编制范围：K6 +000 ~ K29 +800　　　　第1页　共1页

序号	工程类别	其他工程费费率（%）													间接费费率（%）											
		冬季施工增加费	雨季施工增加费	夜间施工增加费	高原地区施工增加费	风沙地区施工增加费	沿海地区施工增加费	行车干扰工程施工增加费	安全及文明施工措施费	临时设施费	施工辅助费	工地转移费	综合费率		规费						企业管理费					
													Ⅰ	Ⅱ	养老保险费	失业保险费	医疗保险费	住房公积金	工伤保险费	综合费率	基本费用	主副食运费补贴	职工探亲路费	职工取暖补贴	财务费用	综合费率
1	2	3	4	5	6	7	8	9	10	11	12	13	14	15	16	17	18	19	20	21	22	23	24	25	26	27
01	人工土方		0.260						0.590	1.570	0.890	0.150	3.460		20.000	2.000	7.500	5.000	1.200	35.700	3.360	0.210	0.100			3.670
02	机械土方		0.270						0.590	1.420	0.490	0.500	3.270		20.000	2.000	7.500	5.000	1.200	35.700	3.260	0.160	0.220			3.640
03	汽车运输		0.270						0.210	0.920	0.160	0.310	1.870		20.000	2.000	7.500	5.000	1.200	35.700	1.440	0.170	0.140			1.750
04	人工石方		0.190						0.590	1.600	0.850	0.160	3.390		20.000	2.000	7.500	5.000	1.200	35.700	3.450	0.160	0.100			3.710
05	机械石方		0.250						0.590	1.970	0.460	0.360	3.630		20.000	2.000	7.500	5.000	1.200	35.700	3.280	0.150	0.220			3.650
06	高级路面		0.250						1.000	1.920	0.800	0.610	4.580		20.000	2.000	7.500	5.000	1.200	35.700	1.910	0.100	0.140			2.150
07	其他路面		0.240						1.020	1.870	0.740	0.560	4.430		20.000	2.000	7.500	5.000	1.200	35.700	3.280	0.105	0.160			3.545
08	构造物Ⅰ		0.190						0.720	2.650	1.300	0.560	5.420		20.000	2.000	7.500	5.000	1.200	35.700	4.440	0.155	0.290			4.885
09	构造物Ⅱ		0.210	0.350					0.730	3.140	1.560	0.660	6.700		20.000	2.000	7.500	5.000	1.200	35.700	5.530	0.170	0.340			6.040
10	构造物Ⅲ（一般）		0.450	0.700					1.570	5.810	3.030	1.310	12.870		20.000	2.000	7.500	5.000	1.200	35.700	9.790	0.305	0.550			10.645
10－1	构造物Ⅲ(室内管道)			0.700					1.570	5.810	3.030	1.310	12.420		20.000	2.000	7.500	5.000	1.200	35.700	9.790	0.305	0.550			10.645
10－2	构造物Ⅲ(安装工程)								0.785	5.810	3.030	1.310	10.935		20.000	2.000	7.500	5.000	1.200	35.700	9.790	0.305	0.550			10.645
11	技术复杂大桥		0.250	0.350					0.860	2.920	1.680	0.750	6.810		20.000	2.000	7.500	5.000	1.200	35.700	4.720	0.135	0.200			5.055
12	隧道								0.730	2.570	1.230	0.520	5.050		20.000	2.000	7.500	5.000	1.200	35.700	4.220	0.135	0.270			4.625
13	钢材及钢结构(一般)			0.350					0.530	2.480	0.560	0.720	4.640		20.000	2.000	7.500	5.000	1.200	35.700	2.420	0.135	0.160			2.715
13－1	钢材及钢结构（金属标志牌等）								0.530	2.480	0.560	0.720	4.290		20.000	2.000	7.500	5.000	1.200	35.700	2.420	0.135	0.160			2.715

表 11-5　设备、工器具购置费计算

建设项目名称:梵净山旅游公路德望至团龙段公路工程

编制范围:K6 +000 ~ K29 +800　　　　第 1 页　共 1 页

编号	设备、工器具规格名称	单位	数量	单价(元)	金额(元)	说明
三	办公及生活用家具购置	公路公里	23.800	2 900.00	69 020	23.800(公路公里)×2 900.00

表 11-6　工程建设其他费用及回收金额计算

建设项目名称：梵净山旅游公路德望至团龙段公路工程

编制范围：K6 +000 ~ K29 +800　　　　第 1 页　共 2 页

序号	费用名称及回收金额项目	说明及计算式	金额(元)	备注
三	第三部分　工程建设其他费用		15 466 039	
1	土地征用及拆迁补偿费		8 917 756	
1.1	土地征用费		7 995 106	
1.1.1	占田	125.83 ×24 000	3 019 920	
1.1.2	占土	182.41 ×15 000	2 736 150	
1.1.3	伐树	41 222 ×20	824 440	
1.1.4	荒山	160.8 ×3 000	482 400	
1.1.5	林地		932 196	
1.1.5.1	宜林荒山	115 ×1 400	161 000	
1.1.5.2	灌木林	75.94 ×3 400	258 196	
1.1.5.3	用材林	95 ×5 400	513 000	
1.2	拆迁补偿费		922 650	
1.2.1	房屋拆迁		893 050	
1.2.1.1	木房	2 113.00(m^2) ×350	739 550	
1.2.1.2	砖房	247.00(m^2) ×500	123 500	
1.2.1.3	其他建筑	300.00(m^2) ×100	30 000	
1.2.2	电力、电杆拆迁	19.00(根) ×800	15 200	
1.2.3	迁坟	18 ×800	14 400	

续表 11-6

第 2 页　共 2 页

序号	费用名称及回收金额项目	说明及计算式	金额(元)	备注
2	建设项目管理费		3 787 419	
2. 1	建设单位管理费	建设单位管理费(以建安费为基数)	1 453 924	1 453 924. 00
2. 2	工程质量监督费	建安费 ×0. 2%	129 503	64 751 287. 00 ×0. 2%
2. 3	工程监理费	建安费 ×3%	1 942 539	64 751 287. 00 ×3%
2. 4	工程定额测定费	建安费 ×0. 12%	77 702	64 751 287. 00 ×0. 12%
2. 5	设计文件审查费	建安费 ×0. 1%	64 751	64 751 287. 00 ×0. 1%
2. 6	竣(交)工验收试验检测费	5 000 ×23. 8	119 000	
3	建设项目前期工作费		2 111 000	
3. 1	勘察设计费	(5. 38 ×5 +18. 42 ×10) ×10 000	2 111 000	
4	专项评价(估)费		238 000	
4. 1	使用林地及文物勘察评估费	23. 8 ×3 750	89 250	
4. 2	水土保持评估费	23. 8 ×1 875	44 625	
4. 3	环境影响评价费	23. 8 ×2 500	59 500	
4. 4	压覆重要矿床、地质灾害危险性等费用	23. 8 ×1 875	44 625	
5	公路交工前养护费	23. 8 ×6 ×60 ×48. 07	411 864	
6	预备费		2 408 590	
	2. 基本预备费	(第一、二、三部分费用合计 − *N* − *P*) ×3%	2 408 590	(80 286 346. 00 − *N* − *P*) ×3%

表 11-7　人工、材料、机械台班单价汇总

建设项目名称：梵净山旅游公路德望至团龙段公路工程

编制范围：K6 + 000 ~ K29 + 800　　　　第 1 页　共 3 页

序号	名称	单位	代号	预算单价（元）
1	人工	工日	1	48.07
2	机械工	工日	2	48.07
3	原木	m^3	101	1 100.00
4	锯材木中板 § =19 ~ 35	m^3	102	1 350.00
5	光圆钢筋直径 10 ~ 14 mm	t	111	4 500.00
6	带肋钢筋直径 15 ~ 24 mm，25 mm 以上	t	112	4 700.00
7	型钢	t	182	5 000.00
8	钢管	t	191	5 800.00
9	钢钎	kg	211	6.20
10	空心钢钎	kg	212	6.50
11	ϕ50 mm 以内合金钻头	个	213	40.00
12	电焊条	kg	231	6.50
13	钢管立柱	t	247	6 300.00
14	组合钢模板	t	272	6 100.00
15	铁件	kg	651	7.00
16	镀锌铁件	kg	652	12.50
17	铁钉	kg	653	8.00
18	8 ~ 12 号铁丝	kg	655	9.00
19	20 ~ 22 号铁丝	kg	656	9.00
20	钢板标志	t	667	7 500.00
21	油漆	kg	732	15.00
22	标线漆	kg	733	80.00
23	反光膜	m^2	740	250.00
24	油毛毡	m^2	825	4.50
25	32.5 级水泥	t	832	440.00
26	硝铵炸药	kg	841	12.00
27	导火线	m	842	1.00
28	普通雷管	个	845	1.00

续表 11-7

第 2 页　共 3 页

序号	名称	单位	代号	预算单价（元）
29	石油沥青	t	851	4 800.00
30	重油	kg	861	5.50
31	汽油	kg	862	8.25
32	柴油	kg	863	7.08
33	煤	t	864	340.00
34	电	kW·h	865	1.50
35	水	m^3	866	1.50
36	砂	m^3	897	87.20
37	中(粗)砂	m^3	899	65.00
38	黏土	m^3	911	8.50
39	砾石(4 cm)	m^3	922	44.04
40	片石	m^3	931	51.27
41	石渣	m^3	939	35.00
42	矿粉	t	949	150.00
43	碎石(2 cm)	m^3	951	92.88
44	碎石(4 cm)	m^3	952	88.64
45	碎石(8 cm)	m^3	954	82.39
46	碎石	m^3	958	82.39
47	石屑	m^3	961	36.64
48	路面用碎石(1.5 cm)	m^3	965	108.36
49	路面用碎石(2.5 cm)	m^3	966	97.84
50	路面用碎石(3.5 cm)	m^3	967	95.32
51	路面用碎石(5 cm)	m^3	968	91.03
52	路面用碎石(6 cm)	m^3	969	89.14
53	块石	m^3	981	112.85
54	其他材料费	元	996	1.00
55	设备摊销费	元	997	1.00
56	75 kW 以内履带式推土机	台班	1 003	730.47
57	135 kW 以内履带式推土机	台班	1 006	1 395.09

续表 11-7

第3页　共3页

序号	名称	单位	代号	预算单价（元）
58	0.6 m^3 履带式单斗挖掘机	台班	1 027	578.58
59	2.0 m^3 履带式单斗挖掘机	台班	1 037	1 604.23
60	2.0 m^3 轮胎式装载机	台班	1 050	909.16
61	120 kW 以内平地机	台班	1 057	1 089.76
62	75 kW 以内履带式拖拉机	台班	1 063	641.60
63	6～8 t 光轮压路机	台班	1 075	292.50
64	12～15 t 光轮压路机	台班	1 078	498.85
65	10 t 以内振动压路机	台班	1 087	752.20
66	15 t 以内振动压路机	台班	1 088	932.28
67	夯击功 200～620 N·m	台班	1 094	35.09
68	撒布宽度 1～3 m 石屑撒布机	台班	1 183	721.15
69	4 000 L 以内沥青洒布车	台班	1 193	538.02
70	60 t/h 以内沥青混合料拌和设备	台班	1 202	13 561.22
71	4.5 m 以内不带自动找平沥青混合料摊铺机	台班	1 210	690.26
72	9～16 t 轮胎式压路机	台班	1 223	598.59
73	250 L 以内强制式混凝土搅拌机	台班	1 272	145.76
74	4 t 以内载货汽车	台班	1 372	431.19
75	6 t 以内载货汽车	台班	1 374	467.97
76	5 t 以内自卸汽车	台班	1 383	543.52
77	8 t 以内自卸汽车	台班	1 385	670.66
78	15 t 以内平板拖车组	台班	1 392	815.59
79	6 000 L 以内洒水汽车	台班	1 405	637.84
80	1.0 t 以内机动翻斗车	台班	1 408	149.01
81	5 t 以内汽车式起重机	台班	1 449	501.28
82	12 t 以内汽车式起重机	台班	1 451	885.50
83	32 kVA 交流电弧焊机	台班	1 726	186.76
84	9 m^3/min 以内机动空气压缩机	台班	1 842	678.34
85	小型机具使用费	元	1 998	1.00
86	定额基价	元	1 999	1.00

表 11-8　分项工程预算

编制范围:K6 +000 ~ K29 +800

工程名称:伐树、挖根、除草　　　　第 1 页　共 76 页

序号	工程项目			伐树、挖根、除草、清除表土			机动翻斗车、手扶拖拉机配合人工运土、石方			合　计		
	工程细目			135 kW 以内推土机推除草皮			机动翻斗车运输 50 m 土方					
	定额单位			1 000 m^2			1 000 m^3 天然密实方					
	工程数量			190.722			19.072					
	定额表号			1 -1 -1 -9			1 -1 -8 -1, +3 * -1.0					
	工料机名称	单位	单价(元)	定额	数量	金额(元)	定额	数量	金额(元)	定额	数量	金额(元)
1	135 kW 以内履带式推土机	台班	1 395.09	0.200	38.144	53 215					38.144	53 215
2	1.0 t 以内机动翻斗车	台班	149.01				30.930	589.897	87 901		589.897	87 901
3	定额基价	元	1.00	237.000	45 201.000	45 201	3 889.000	74 171.000	74 171		119 372.000	119 372
	直接工程费	元				53 215			87 901			141 116
	其他工程费 Ⅰ	元		3.270		1 740	1.870		1 644			3 384
	其他工程费 Ⅱ	元										
	间接费 规费	元		35.700			35.700					
	间接费 企业管理费	元		3.640		2 000	1.750		1 567			3 567
	利润及税金	元		10.410		6 065	10.410		9 702			15 767
	建筑安装工程费	元				63 020			100 813			163 833

续表 11-8

编制范围:K6 +000 ~ K29 +800

工程名称:挖土方　　　　第 2 页　共 76 页

序号	工程项目			人工挖运土方			挖掘机挖装土、石方			合　计		
	工程细目			第一个 20 m 挖运普通土			斗容量 0.6 m^3 以内挖掘机挖装普通土					
	定额单位			1 000 m^3 天然密实方			1 000 m^3 天然密实方					
	工程数量			82.431			329.723					
	定额表号			1－1－6－2			1－1－9－2					
	工料机名称	单位	单价(元)	定额	数量	金额(元)	定额	数量	金额(元)	定额	数量	金额(元)
1	人工	工日	48.07	181.100	14 928.254	717 601	4.500	1 483.754	71 324		16 412.008	788 925
2	75 kW 以内履带式推土机	台班	730.47				0.720	237.401	173 414		237.401	173 414
3	0.6 m^3 履带式单斗挖掘机	台班	578.58				3.370	1 111.167	642 899		1 111.167	642 899
4	定额基价	元	1.00	8 910.000	734 460.000	734 460	2 348.000	774 190.000	774 190		1 508 650.000	1 508 650
	直接工程费	元				717 601			887 637			1 605 238
	其他工程费 Ⅰ	元		3.460		24 829	3.270		29 026			53 855
	其他工程费 Ⅱ	元										
	间接费 规费	元		35.700		256 184	35.700		25 463			281 647
	间接费 企业管理费	元		3.670		27 247	3.640		33 367			60 614
	利润及税金	元		10.410		90 696	10.410		102 034			192 730
	建筑安装工程费	元				1 116 557			1 077 526			2 194 083

续表 11-8

编制范围:K6 +000 ~ K29 +800

工程名称:挖石方

序号	工程项目			机械打眼开炸石方			机械打眼开炸石方			装载机装土、石方			装载机装土、石方		
	工程细目			机械运输推土机 135 kW 以内第一个 20 m 开炸运软石			机械运输推土机 135 kW 以内第一个 20 m 开炸运次坚石			装载机斗容量 2 m^3 以内软石			装载机斗容量 2 m^3 以内次坚石、坚石		
	定额单位			1 000 m^3 天然密实方			1 000 m^3 天然密实方			1 000 m^3 天然密实方			1 000 m^3 天然密实方		
	工程数量			157.925			157.404			157.925			157.404		
	定额表号			1－1－15－24			1－1－15－25			1－1－10－5			1－1－10－8		
	工料机名称	单位	单价(元)	定额	数量	金额(元)	定额	数量	金额(元)	定额	数量	金额(元)	定额	数量	金额(元)
1	人工	工日	48.07	28.500	4 500.862	216 356	78.600	12 371.954	594 720						
2	空心钢钎	kg	6.50	9.000	1 421.325	9 239	18.000	2 833.272	18 416						
3	φ50 mm 以内合金钻头	个	40.00	17.000	2 684.725	107 389	25.000	3 935.100	157 404						
4	硝铵炸药	kg	12.00	129.000	20 372.325	244 468	179.000	28 175.316	338 104						
5	导火线	m	1.00	335.000	52 904.875	52 905	481.000	75 711.324	75 711						
6	普通雷管	个	1.00	268.000	42 323.900	42 324	381.000	59 970.924	59 971						
7	其他材料费	元	1.00	18.100	2 858.443	2 858	26.400	4 155.466	4 155						
8	135 kW 以内履带式推土机	台班	1 395.09	2.520	397.971	555 205	2.780	437.583	610 468						
9	2.0 m^3 轮胎式装载机	台班	909.16							2.150	339.539	308 695	2.840	447.027	406 419
10	9 m^3/min 以内机动空气压缩机	台班	678.34	4.590	724.876	491 712	8.370	1 317.471	893 694						
11	小型机具使用费	元	1.00	270.500	42 718.712	42 719	489.500	77 049.258	77 049						
12	定额基价	元	1.00	8 944	1 412 481	1 412 481	14 791	2 328 163	2 328 163	1 515	239 256	239 256	2 001	314 965	314 965
	直接工程费	元				1 765 175			2 829 692			308 695			406 419
	其他工程费 Ⅰ	元		3.630		64 076	3.630		102 718	3.630		11 206	3.630		14 753
	其他工程费 Ⅱ	元													
	间接费 规费	元		35.700		77 239	35.700		212 315	35.700			35.700		
	间接费 企业管理费	元		3.650		66 768	3.650		107 033	3.650		11 676	3.650		15 373
	利润及税金	元		10.410		204 535	10.410		330 901	10.410		35 309	10.410		46 486
	建筑安装工程费	元				2 177 794			3 582 659			366 886			483 032

续表 11-8

编制范围:K6 + 000 ~ K29 + 800

工程名称:挖石方　　　　第 4 页　共 76 页

序号	工程项目												合　计		
	工程细目														
	定额单位														
	工程数量														
	定额表号														
	工料机名称	单位	单价(元)	定额	数量	金额(元)	定额	数量	金额(元)	定额	数量	金额(元)	定额	数量	金额(元)
1	人工	工日	48.07											16 872.816	811 076
2	空心钢钎	kg	6.50											4 254.597	27 655
3	ϕ50 mm 以内合金钻头	个	40.00											6 619.825	264 793
4	硝铵炸药	kg	12.00											48 547.641	582 572
5	导火线	m	1.00											128 616.199	128 616
6	普通雷管	个	1.00											102 294.824	102 295
7	其他材料费	元	1.00											7 013.909	7 013
8	135 kW 以内履带式推土机	台班	1 395.09											835.554	1 165 673
9	2.0 m^3 轮胎式装载机	台班	909.16											786.566	715.114
10	9 m^3/min 以内机动空气压缩机	台班	678.34											2 042.347	1 385 406
11	小型机具使用费	元	1.00											119 767.970	119 768
12	定额基价	元	1.00											4 294 865.000	4 294 865
	直接工程费	元													5 309 981
	其他工程费 I	元													192 753
	其他工程费 Ⅱ	元													
	间接费 规费	元													289 554
	间接费 企业管理费	元													200 850
	利润及税金	元													617 231
	建筑安装工程费	元													6 610 371

续表 11-8

编制范围:K6 +000 ~ K29 +800

工程名称:汽车运输土石方　　　　第 5 页　共 76 页

序号	工程项目			自卸汽车运土、石方			自卸汽车运土、石方			自卸汽车运土、石方			自卸汽车运土、石方		
	工程细目			8 t 以内自卸汽车 运输 0.6 km 土方			8 t 以内自卸汽车 运输 0.2 km 石方			8 t 以内自卸汽车 运输 1.2 km 土方			8 t 以内自卸汽车 运输 0.8 km 石方		
	定额单位			1 000 m^3 天然密实方			1 000 m^3 天然密实方			1 000 m^3 天然密实方			1 000 m^3 天然密实方		
	工程数量			185.415			232.924			173.952			100.076		
	定额表号			1－1－11－9，+10＊－1.0			1－1－11－37，+38＊－2.0			1－1－11－9 改			1－1－11－37 改		
	工料机名称	单位	单价(元)	定额	数量	金额(元)	定额	数量	金额(元)	定额	数量	金额(元)	定额	数量	金额(元)
1	8 t 以内自卸汽车	台班	670.66	8.770	1 626.090	1 090 554	11.570	2 694.931	1 807 382	10.820	1 882.161	1 262 290	15.870	1 588.206	1 065 146
2	定额基价	元	1.00	4 266	790 980	790 980	5 628	1 310 896	1 310 896	5 263	915 509	915 509	7 719	772 487	772 487
	直接工程费	元				1 090 553			1 807 382			1 262 290			1 065 146
	其他工程费 Ⅰ	元		1.870		20 393	1.870		33 798	1.870		23 605	1.870		19 918
	其他工程费 Ⅱ	元													
	间接费 规费	元		35.700			35.700			35.700			35.700		
	间接费 企业管理费	元		1.750		19 442	1.750		32 221	1.750		22 503	1.750		18 989
	利润及税金	元		10.410		120 372	10.410		199 493	10.410		139 327	10.410		117 567
	建筑安装工程费	元				1 250 760			2 072 894			1 447 725			1 221 620

续表 11-8

编制范围:K6 + 000 ~ K29 + 800

工程名称:汽车运输土石方 第 6 页 共 76 页

序号	工料机名称	单位	单价(元)	定额	数量	金额(元)	定额	数量	金额(元)	定额	数量	金额(元)	合计 定额	合计 数量	合计 金额(元)
	工程项目														
	工程细目														
	定额单位														
	工程数量														
	定额表号														
1	8 t 以内自卸汽车	台班	670.66											7 791.387	5 225 372
2	定额基价	元	1.00											3 789 872.000	3 789 872
	直接工程费	元													5 225 372
	其他工程费 Ⅰ	元													97 714
	其他工程费 Ⅱ	元													
	间接费 规费	元													
	间接费 企业管理费	元													93 154
	利润及税金	元													576 759
	建筑安装工程费	元													5 992 999

续表 11-8

编制范围:K6 +000 ~ K29 +800

工程名称:填方 第 7 页 共 76 页

序号	工程项目			填方路基			填方路基						合 计		
	工程细目			三、四级公路 15 t 以内振动压路机碾压石方			三、四级公路 10 t 以内振动压路机碾压土方								
	定额单位			1 000 m^3 压实方			1 000 m^3 压实方								
	工程数量			256.255			226.859								
	定额表号			1 - 1 - 18 - 22			1 - 1 - 18 - 12								
	工料机名称	单位	单价(元)	定额	数量	金额(元)	定额	数量	金额(元)	定额	数量	金额(元)	定额	数量	金额(元)
1	人工	工日	48.07	44.300	11 352.096	545 695	3.000	680.577	32 715					12 032.673	578 411
2	75 kW 以内履带式推土机	台班	730.47	3.010	771.328	563 432								771.328	563 432
3	120 kW 以内平地机	台班	1 089.76				1.630	369.780	402 971					369.780	402 972
4	6 ~ 8 t 光轮压路机	台班	292.50	1.390	356.194	104 187								356.194	104 187
5	10 t 以内振动压路机	台班	752.20				1.990	451.449	339 580					451.449	339 580
6	15 t 以内振动压路机	台班	932.28	1.390	356.194	332 073								356.194	332 073
7	定额基价	元	1.00	5 450.000	1 396 590.000	1 396 590	2 874.000	651 993.000	651 993					2 048 583.000	2 048 583
	直接工程费	元				1 545 387			775 267						2 320 654
	其他工程费 I	元		3.270		50 534	3.270		25 351						75 885
	其他工程费 Ⅱ	元													
	间接费 规费	元		35.700		194 813	35.700		11 679						206 492
	间接费 企业管理费	元		3.640		58 092	3.640		29 143						87 235
	利润及税金	元		10.410		182 774	10.410		88 757						271 531
	建筑安装工程费	元				2 031 600			930 197						2 961 797

续表 11-8

编制范围:K6 + 000 ~ K29 + 800

工程名称:软土处理　　　　　　　　　　　　　　　　　　　　第 8 页　共 76 页

序号	工程项目			软土地基垫层			挖淤泥、湿土、流砂						合　计		
	工程细目			石渣垫层			人工第一个 20 m 挖运淤泥								
	定额单位			1 000 m^3			1 000 m^3								
	工程数量			1.784			1.820								
	定额表号			1 – 3 – 12 – 3			1 – 1 – 2 – 1								
	工料机名称	单位	单价(元)	定额	数量	金额(元)	定额	数量	金额(元)	定额	数量	金额(元)	定额	数量	金额(元)
1	人工	工日	48.07	45.500	81.172	3 902	547.000	995.540	47 856					1 076.712	51 758
2	石渣	m^3	35.00	1 200.000	2 140.800	74 928								2 140.800	74 928
3	75 kW 以内履带式推土机	台班	730.47	2.510	4.478	3 271								4.478	3 271
4	12 ~ 15 t 光轮压路机	台班	498.85	3.230	5.762	2 874								5.762	2 874
5	定额基价	元	1.00	32 227.000	57 493.000	57 493	26 912.000	48 980.000	48 980					106 473.000	106 473
	直接工程费	元				84 975			47 856						132 831
	其他工程费 Ⅰ	元		4.430		3 764	3.460		1 656						5 420
	其他工程费 Ⅱ	元													
	间接费 规费	元		35.700		1 393	35.700		17 084						18 477
	间接费 企业管理费	元		3.545		3 146	3.670		1 817						4 963
	利润及税金	元		10.410		9 832	10.410		6 048						15 880
	建筑安装工程费	元				103 111			74 461						177 572

续表 11-8

编制范围:K6 + 000 ~ K29 + 800

工程名称:边沟 第 9 页 共 76 页

序号	工程项目			水泥砂浆勾缝及抹面			石砌边沟、排水沟、截水沟、急流槽			合计		
	工程细目			水泥砂浆抹面(厚 2 cm)			边沟、排水沟、截水沟浆砌片石					
	定额单位			100 m^2			10 m^3 实体					
	工程数量			251.187			1 521.407					
	定额表号			4 - 11 - 6 - 17			1 - 2 - 3 - 1 改					
	工料机名称	单位	单价(元)	定额	数量	金额(元)	定额	数量	金额(元)	定额	数量	金额(元)
1	人工	工日	48.07	5.500	1 381.529	66 410	15.800	24 038.232	1 155 518		25 419.761	1 221 928
2	32.5 级水泥	t	440.00	0.837	210.244	92 507	0.739	1 124.320	494 701		1 334.563	587 208
3	水	m^3	1.50	15.000	3 767.805	5 652	15.300	23 277.529	34 916		27 045.334	40 568
4	中(粗)砂	m^3	65.00	2.780	698.300	45 390	3.630	5 522.708	358 976		6 221.008	404 366
5	片石	m^3	51.27				9.775	14 871.754	762 475		14 871.754	762 475
6	其他材料费	元	1.00				2.040	3 103.670	3 104		3 103.670	3 104
7	定额基价	元	1.00	713.000	179 096.000	179 096	1 574.000	2 394 695.000	2 394 695		2 573 791.000	2 573 791
	直接工程费	元				209 958			2 809 689			3 019 647
	其他工程费 Ⅰ	元		5.420		11 380	5.420		152 285			163 665
	其他工程费 Ⅱ	元										
	间接费 规费	元		35.700		23 708	35.700		412 520			436 228
	间接费 企业管理费	元		4.885		10 812	4.885		144 692			155 504
	利润及税金	元		10.410		25 529	10.410		344 887			370 416
	建筑安装工程费	元				281 388			3 864 073			4 145 461

续表 11-8

编制范围：K6 + 000 ~ K29 + 800

工程名称：挡土墙

序号	工程项目			石砌挡土墙			人工挖运土方			人工开炸石方			石砌挡土墙		
	工程细目			浆砌片、块石基础片石			第一个 20 m 挖运松土			第一个20 m 开炸运软石			浆砌片、块石墙身片石		
	定额单位			10 m^3 实体			1 000 m^3 天然密实方			1 000 m^3 天然密实方			10 m^3 实体		
	工程数量			1 787.894			10.923			16.385			4 171.750		
	定额表号			5 - 1 - 15 - 5			1 - 1 - 6 - 1			1 - 1 - 14 - 1			5 - 1 - 15 - 7		
	工料机名称	单位	单价（元）	定额	数量	金额（元）	定额	数量	金额（元）	定额	数量	金额（元）	定额	数量	金额（元）
1	人工	工日	48.07	8.000	14 303.152	687 553	122.600	1 339.160	64 373	270.500	4 432.143	213 053	12.600	52 564.050	2 526 754
2	原木	m^3	1 100.00										0.030	125.152	137 668
3	锯材木中板 § = 19 ~ 35	m^3	1 350.00										0.017	70.920	95 742
4	钢钎	kg	6.20							18.000	294.930	1 829			
5	铁钉	kg	8.00										0.100	417.175	3 337
6	8 ~ 12 号铁丝	kg	9.00										2.700	11 263.725	101 374
7	32.5 级水泥	t	440.00	0.763	1 364.163	600 232							0.786	3 278.996	1 442 758
8	硝铵炸药	kg	12.00							132.5	2 171.013	26 052			
9	导火线	m	1.00							338	5 538.130	5 538			
10	普通雷管	个	1.00							268	4 391.180	4 391			
11	煤	t	340.00							0.171	2.802	953			
12	水	m^3	1.50	7.000	12 515.258	18 773							7.000	29 202.250	43 803
13	中（粗）砂	m^3	65.00	3.920	7 008.544	455 555							3.990	16 645.282	1 081 943
14	黏土	m^3	8.50	0.030	53.637	456							0.180	750.915	6 383
15	片石	m^3	51.27	11.500	20 560.781	1 054 151							11.500	47 975.125	2 459 685
16	碎 石（8 cm）	m^3	82.39										0.110	458.892	37 808
17	其他材料费	元	1.00	2.300	4 112.156	4 112				12.500	204.813	205	3.600	15 018.300	15 018
18	定额基价	元	1.00	1 270	2 270 625	2 270 625	6 032	65 888	65 888	14 721	241 204	241 204	1 590	6 633 083	6 633 082
	直接工程费	元				2 820 832			64 373			252 021			7 952 273
	其他工程费 Ⅰ	元		5.420		152 889	3.460		2 227	3.390		8 543	5.420		431 013
	其他工程费 Ⅱ	元													
	间接费 规费	元		35.700		245 456	35.700		22 981	35.700		76 060	35.700		902 051
	间接费 企业管理费	元		4.885		145 266	3.670		2 444	3.710		9 667	4.885		409 524
	利润及税金	元		10.410		340 502	10.410		8 136	10.410		31 370	10.410		967 080
	建筑安装工程费	元				3 704 945			100 162			377 661			10 661 941

续表 11-8

编制范围:K6 +000 ~ K29 +800

工程名称:挡土墙　　　　　　第 11 页　共 76 页

序号	工程项目												合计		
	工程细目														
	定额单位														
	工程数量														
	定额表号														
	工料机名称	单位	单价(元)	定额	数量	金额(元)	定额	数量	金额(元)	定额	数量	金额(元)	定额	数量	金额(元)
1	人工	工日	48.07											72 638.504	3 491 733
2	原木	m^3	1 100.00											125.152	137 668
3	锯材木中板 § =19 ~35	m^3	1 350.00											70.920	95 742
4	钢钎	kg	6.20											294.930	1 829
5	铁钉	kg	8.00											417.175	3 337
6	8 ~12 号铁丝	kg	9.00											11 263.725	101 374
7	32.5 级水泥	t	440.00											4 643.159	2 042 990
8	硝铵炸药	kg	12.00											2 171.013	26 052
9	导火线	m	1.00											5 538.130	5 538
10	普通雷管	个	1.00											4 391.180	4 391
11	煤	t	340.00											2.802	953
12	水	m^3	1.50											41 717.508	62 576
13	中(粗)砂	m^3	65.00											23 653.827	1 537 499
14	黏土	m^3	8.50											804.552	6 839
15	片石	m^3	51.27											68 535.906	3 513 836
16	碎 石(8 cm)	m^3	82.39											458.892	37 808
17	其他材料费	元	1.00											19 335.269	19 335
18	定额基价	元	1.00											9 210 800.000	9 210 800
	直接工程费	元													11 089 499
	其他工程费 Ⅰ	元													594 673
	其他工程费 Ⅱ	元													
	间接费 规费	元													1 246 549
	间接费 企业管理费	元													566 901
	利润及税金	元													1 347 087
	建筑安装工程费	元													14 844 709

续表 11-8

编制范围:K6 + 000 ~ K29 + 800

工程名称:20 cm 填隙碎石底基层 第 12 页 共 76 页

序号	工程项目			机械铺料									合 计		
	工程细目			机械铺料压实厚度 10 cm 底基层											
	定额单位			1 000 m^2											
	工程数量			12.073											
	定额表号			2 - 1 - 12 - 16 改											
	工料机名称	单位	单价(元)	定额	数量	金额(元)	定额	数量	金额(元)	定额	数量	金额(元)	定额	数量	金额(元)
1	人工	工日	48.07	6.000	72.438	3 482								72.438	3 482
2	石屑	m^3	36.64	36.432	439.844	16 116								439.844	16 116
3	路面用碎石(1.5 cm)	m^3	108.36	1.908	23.035	2 496								23.035	2 496
4	路面用碎石(2.5 cm)	m^3	97.84	10.356	125.028	12 233								125.028	12 233
5	路面用碎石(3.5 cm)	m^3	95.32	30.756	371.317	35 394								371.317	35 394
6	路面用碎石(5 cm)	m^3	91.03	56.400	680.918	61 984								680.918	61 984
7	路面用碎石(6 cm)	m^3	89.14	23.268	280.915	25 041								280.915	25 041
8	120 kW 以内平地机	台班	1 089.76	0.460	5.554	6 053								5.554	6 053
9	6 ~ 8 t 光轮压路机	台班	292.50	0.740	8.934	2 613								8.934	2 613
10	12 ~ 15 t 光轮压路机	台班	498.85	0.320	3.863	1 927								3.863	1 927
11	15 t 以内振动压路机	台班	932.28	0.320	3.863	3 601								3.863	3 601
12	撒布宽度 1 ~ 3 m 石屑撒布机	台班	721.15	0.090	1.087	784								1.087	784
13	6 000 L 以内洒水汽车	台班	637.84	0.090	1.087	693								1.087	693
14	定额基价	元	1.00	10 878	131 330	131 330								131 330	131 330
	直接工程费	元				172 416									172 416
	其他工程费 Ⅰ	元		4.430		7 638									7 638
	其他工程费 Ⅱ	元													
	间接费 规费	元		35.700		1 243									1 243
	间接费 企业管理费	元		3.545		6 383									6 383
	利润及税金	元		10.410		19 896									19 896
	建筑安装工程费	元				207 576									207 576

续表 11-8

编制范围：K6 + 000 ~ K29 + 800

工程名称：25 cm 填隙碎石底基层　　　　第 13 页　共 76 页

序号	工程项目			机械铺料									合　计		
	工程细目			机械铺料压实厚度 12 cm 底基层											
	定额单位			1 000 m^2											
	工程数量			157.140											
	定额表号			2 – 1 – 12 – 20 改											
	工料机名称	单位	单价(元)	定额	数量	金额(元)	定额	数量	金额(元)	定额	数量	金额(元)	定额	数量	金额(元)
1	人工	工日	48.07	6.200	974.266	46 833								974.266	46 833
2	石屑	m^3	36.64	41.315	6 492.223	237 875								6 492.223	237 875
3	路面用碎石(1.5 cm)	m^3	108.36	4.612	724.728	78 532								724.728	78 532
4	路面用碎石(2.5 cm)	m^3	97.84	6.426	1 009.779	98 797								1 009.779	98 797
5	路面用碎石(3.5 cm)	m^3	95.32	15.863	2 492.706	237 605								2 492.706	237 605
6	路面用碎石(5 cm)	m^3	91.03	59.623	9 369.136	852 872								9 369.136	852 873
7	路面用碎石(6 cm)	m^3	89.14	72.677	11 420.436	1 018 018								11 420.436	1 018 018
8	120 kW 以内平地机	台班	1 089.76	0.560	87.998	95 897								87.998	95 897
9	6 ~ 8 t 光轮压路机	台班	292.50	0.820	128.854	37 690								128.854	37 690
10	12 ~ 15 t 光轮压路机	台班	498.85	0.360	56.570	28 220								56.570	28 220
11	15 t 以内振动压路机	台班	932.28	0.360	56.570	52 739								56.570	52 739
12	撒布宽度 1 ~ 3 m 石屑撒布机	台班	721.15	0.090	14.143	10 199								14.143	10 199
13	6 000 L 以内洒水汽车	台班	637.84	0.090	14.143	9 021								14.143	9 021
14	定额基价	元	1.00	13 145	2 065 605	2 065 605									2 065 605
	直接工程费	元				2 804 304									2 804 304
	其他工程费 Ⅰ	元		4.430		124 231									124 231
	其他工程费 Ⅱ	元													
	间接费 规费	元		35.700		16 719									16 719
	间接费 企业管理费	元		3.545		103 817									103 817
	利润及税金	元		10.410		323 476									323 476
	建筑安装工程费	元				3 372 546									3 372 546

续表 11-8

编制范围：K6 + 000 ~ K29 + 800

工程名称：级配碎石基层(厚 18 cm)　　　　第 14 页　共 76 页

序号	工程项目			级配碎石路面									合　计		
	工程细目			机械摊铺集料，拖拉机带铧犁拌和压实厚度 18 cm 基层											
	定额单位			1 000 m^2											
	工程数量			37.593											
	定额表号			2－2－2－8，+11 * 10.0，改											
	工料机名称	单位	单价(元)	定额	数量	金额(元)	定额	数量	金额(元)	定额	数量	金额(元)	定额	数量	金额(元)
1	人工	工日	48.07	6.800	255.633	12 288								255.633	12 288
2	石屑	m^3	36.64	80.954	3 043.312	111 507								3 043.312	111 507
3	路面用碎石(1.5 cm)	m^3	108.36	58.157	2 186.302	236 908								2 186.302	236 908
4	路面用碎石(2.5 cm)	m^3	97.84	51.230	1 925.895	188 430								1 925.895	188 430
5	路面用碎石(3.5 cm)	m^3	95.32	41.905	1 575.339	150 161								1 575.339	150 161
6	设备摊销费	元	1.00	1.615	60.713	61								60.713	61
7	120 kW 以内平地机	台班	1 089.76	0.560	21.052	22 942								21.052	22 942
8	75 kW 以内履带式拖拉机	台班	641.60	0.540	20.300	13 024								20.300	13 024
9	6 ~ 8 t 光轮压路机	台班	292.50	0.280	10.526	3 079								10.526	3 079
10	12 ~ 15 t 光轮压路机	台班	498.85	2.540	95.486	47 633								95.486	47 633
11	6 000 L 以内洒水汽车	台班	637.84	0.400	15.037	9 591								15.037	9 591
12	定额基价	元	1.00	17 463	656 487	656 487								656 487	656 487
	直接工程费	元				795 622									795 622
	其他工程费 Ⅰ	元		4.430		35 246									35 246
	其他工程费 Ⅱ	元													
	间接费 规费	元		35.700		4 387									4 387
	间接费 企业管理费	元		3.545		29 454									29 454
	利润及税金	元		10.410		91 763									91 763
	建筑安装工程费	元				956 472									956 472

续表 11-8

编制范围:K6 +000 ~ K29 +800

工程名称:级配碎石基层(厚 20 cm)　　　　第 15 页　共 76 页

序号	工程项目			级配碎石路面									合　计		
	工程细目			机械摊铺集料,拖拉机带铧犁拌和压实厚度 20 cm 基层											
	定额单位			1 000 m^2											
	工程数量			131.620											
	定额表号			2-2-2-8,+11*12.0,改											
	工料机名称	单位	单价(元)	定额	数量	金额(元)	定额	数量	金额(元)	定额	数量	金额(元)	定额	数量	金额(元)
1	人工	工日	48.07	7.000	921.337	44 289								921.337	44 289
2	石屑	m^3	36.64	92.063	12 117.289	443 977								12 117.289	443 978
3	路面用碎石(1.5 cm)	m^3	108.36	66.137	8 704.921	943 265								8 704.921	943 265
4	路面用碎石(2.5 cm)	m^3	97.84	58.264	7 668.680	750 304								7 668.680	750 304
5	路面用碎石(3.5 cm)	m^3	95.32	47.659	6 272.855	597 929								6 272.855	597 929
6	设备摊销费	元	1.00	1.827	240.469	240								240.469	240
7	120 kW 以内平地机	台班	1 089.76	0.560	73.707	80 323								73.707	80 323
8	75 kW 以内履带式拖拉机	台班	641.60	0.540	71.075	45 602								71.075	45 602
9	6~8 t 光轮压路机	台班	292.50	0.280	36.853	10 780								36.853	10 780
10	12~15 t 光轮压路机	台班	498.85	2.540	334.314	166 773								334.314	166 773
11	6 000 L 以内洒水汽车	台班	637.84	0.440	57.913	36 939								57.913	36 939
12	定额基价	元	1.00	19 555	2 573 829	2 573 829								2 573 829	2 573 829
	直接工程费	元				3 120 430									3 120 430
	其他工程费 Ⅰ	元		4.430		138 235									138 235
	其他工程费 Ⅱ	元													
	间接费 规费	元		35.700		15 811									15 811
	间接费 企业管理费	元		3.545		115 520									115 520
	利润及税金	元		10.410		359 846									359 846
	建筑安装工程费	元				3 749 842									3 749 842

续表 11-8

编制范围：K6 + 000 ~ K29 + 800

工程名称：5 cm 沥青混凝土面层 第 16 页 共 76 页

序号	工程项目			沥青混合料运输			中粒式			透层、黏层、封层			沥青混合料路面铺筑		
	工程细目			8 t 以内自卸汽车装载 12 km			中粒式沥青混合料拌和设备生产能力 60 t/h 以内			透层粒料基层石油沥青			机械摊铺沥青碎石混合料，沥青混合料拌和设备生产能力 30 t/h 以内，粗粒式		
	定额单位			1 000 m³ 路面实体			1 000 m³ 路面实体			1 000 m²			1 000 m³ 路面实体		
	工程数量			8.461			8.461			169.213			8.461		
	定额表号			2-2-13-9，+12 * 22.0			2-2-10-14			2-2-16-1			2-2-14-7		
	工料机名称	单位	单价（元）	定额	数量	金额（元）	定额	数量	金额（元）	定额	数量	金额（元）	定额	数量	金额（元）
1	人工	工日	48.07				63.00	533.043	25 623	1.800	304.583	14 641	59.200	500.891	24 078
2	石油沥青	t	4 800.00				88.153	745.863	3 580 142	1.082	183.088	878 822			
3	煤	t	340.00							0.210	35.535	12 082			
4	砂	m³	87.20				221.97	1 878.088	163 769						
5	矿粉	t	150.00				55.555	470.051	70 508						
6	石屑	m³	36.64				183.65	1 553.863	56 934						
7	路面用碎石（1.5 cm）	m³	108.36				479.04	4 053.157	439 200						
8	路面用碎石（2.5 cm）	m³	97.84				578.58	4 895.365	478 963						
9	其他材料费	元	1.00				230.00	1 946.030	1 946	26.300	4 450.292	4 450			
10	设备摊销费	元	1.00				2 887.9	24 434.522	24 435	13.400	2 267.449	2 267			
11	2.0 m³ 轮胎式装载机	台班	909.16				9.38	79.364	72 155						
12	6 ~ 8 t 光轮压路机	台班	292.50										10.160	85.964	25 144
13	12 ~ 15 t 光轮压路机	台班	498.85										10.160	85.964	42 883
14	4 000 L 以内沥青洒布车	台班	538.02							0.090	15.229	8 194			
15	60 t/h 以内沥青混合料拌和设备	台班	13 561.22				6.66	56.350	764 175						

续表 11-8

编制范围:K6 +000 ~ K29 +800

工程名称:5 cm 沥青混凝土面层

第 17 页　共 76 页

序号	工程项目			沥青混合料运输			中粒式			透层、黏层、封层			沥青混合料路面铺筑		
	工程细目			8 t 以内自卸汽车装载 12 km			中粒式沥青混合料拌和设备生产能力 60 t/h 以内			透层粒料基层石油沥青			机械摊铺沥青碎石混合料,沥青混合料拌和设备生产能力 30 t/h 以内,粗粒式		
	定额单位			1 000 m^3 路面实体			1 000 m^3 路面实体			1 000 m^2			1 000 m^3 路面实体		
	工程数量			8.461			8.461			169.213			8.461		
	定额表号			2 - 2 - 13 - 9, + 12 * 22.0			2 - 2 - 10 - 14			2 - 2 - 16 - 1			2 - 2 - 14 - 7		
	工料机名称	单位	单价(元)	定额	数量	金额(元)	定额	数量	金额(元)	定额	数量	金额(元)	定额	数量	金额(元)
16	4.5 m 以内不带自动找平沥青混合料摊铺机	台班	690.26										10.330	87.402	60 330
17	9 ~ 16 t 轮胎式压路机	台班	598.59										9.910	83.849	50 191
18	5 t 以内自卸汽车	台班	543.52				6.250	52.881	28 742						
19	8 t 以内自卸汽车	台班	670.66	42.610	360.523	241 788									
20	小型机具使用费	元	1.00							3.000	507.638	508			
21	定额基价	元	1.00	20 726	175 363	175 363	498 583	4 218 511	4 218 511	4 335	733 538	733 538	21 299	180 211	180 211
	直接工程费	元				241 788			5 706 592			920 967			202 626
	其他工程费 I	元		1.870		4 521	4.580		261 362	4.430		40 799	4.580		9 280
	其他工程费 II	元													
	间接费 规费	元		35.700			35.700		9 148	35.700		5 227	35.700		8 596
	间接费 企业管理费	元		1.750		4 310	2.150		128 311	3.545		34 095	2.150		4 556
	利润及税金	元		10.410		26 688	10.410		649 485	10.410		106 224	10.410		23 344
	建筑安装工程费	元				277 308			6 754 898			1 107 312			248 402

续表 11-8

编制范围:K6 + 000 ~ K29 + 800

工程名称:5 cm 沥青混凝土面层　　　　　　　　　　　　　　　　　　　　　　　　第 18 页　共 76 页

序号	工程项目			沥青混合料拌和设备安装、拆除									合　计		
	工程细目			拌和设备生产能力 30 t/h 以内											
	定额单位			1 座											
	工程数量			1.000											
	定额表号			2－2－15－1											
	工料机名称	单位	单价(元)	定额	数量	金额(元)	定额	数量	金额(元)	定额	数量	金额(元)	定额	数量	金额(元)
1	人工	工日	48.07	901.500	901.500	43 335								901.500	43 335
2	锯材木中板§ = 19 ~ 35	m^3	1 350.00	0.003	0.003	4								0.003	4
3	型钢	t	5 000.00	0.014	0.014	70								0.014	70
4	组合钢模板	t	6 100.00	0.029	0.029	177								0.029	177
5	铁件	kg	7.00	29.000	29.000	203								29.000	203
6	32.5 级水泥	t	440.00	55.997	55.997	24 639								55.997	24 639
7	石油沥青	t	4 800.00											928.951	4 458 965
8	煤	t	340.00											35.535	12 082
9	水	m^3	1.50	355.000	355.000	533								355.000	533
10	砂	m^3	87.20											1 878.088	163 769
11	中(粗)砂	m^3	65.00	201.190	201.190	13 077								201.190	13 077
12	片石	m^3	51.27	220.100	220.100	11 285								220.100	11 285
13	矿粉	t	150.00											470.051	70 508
14	碎石(4 cm)	m^3	88.64	27.250	27.250	2 415								27.250	2 415
15	石屑	m^3	36.64											1 553.863	56 934
16	路面用碎石(1.5 cm)	m^3	108.36											4 053.157	439 200

续表 11-8

编制范围:K6+000~K29+800

工程名称:5 cm 沥青混凝土面层

序号	工程项目			沥青混合料拌和设备安装、拆除									合计		
	工程细目			拌和设备生产能力 30 t/h 以内											
	定额单位			1 座											
	工程数量			1.000											
	定额表号			2-2-15-1											
	工料机名称	单位	单价(元)	定额	数量	金额(元)	定额	数量	金额(元)	定额	数量	金额(元)	定额	数量	金额(元)
17	路面用碎石(2.5 cm)	m^3	97.84											4 895.365	478 963
18	块石	m^3	112.85	301.450	301.450	34 019								301.450	34 019
19	其他材料费	元	1.00	92.500	92.500	93								92.500	93
20	设备摊销费	元	1.00	13 718.600	13 718.600	13 719								13 718.600	13 719
21	0.6 m^3 履带式单斗挖掘机	台班	578.58	6.450	6.450	3 732								6.450	3 732
22	2.0 m^3 轮胎式装载机	台班	909.16											79.364	72 155
23	6~8 t 光轮压路机	台班	292.50											85.964	25 144
24	12~15 t 光轮压路机	台班	498.85											85.964	42 883
25	4 000 L 以内沥青洒布车	台班	538.02											15.229	8 194
26	60 t/h 以内沥青混合料拌和设备	台班	13 561.22											56.350	764 175
27	4.5 m 以内不带自动找平沥青混合料摊铺机	台班	690.26											87.402	60 330
28	9~16 t 轮胎式压路机	台班	598.59											83.849	50 191

续表 11-8

编制范围:K6 +000 ~ K29 +800

工程名称:5 cm 沥青混凝土面层

序号	工程项目			沥青混合料拌和设备安装、拆除									合 计		
	工程细目			拌和设备生产能力 30 t/h 以内											
	定额单位			1 座											
	工程数量			1.000											
	定额表号			2－2－15－1											
	工料机名称	单位	单价(元)	定额	数量	金额(元)	定额	数量	金额(元)	定额	数量	金额(元)	定额	数量	金额(元)
29	250 L 以内强制式混凝土搅拌机	台班	145.76	1.380	1.380	201								1.380	201
30	5 t 以内自卸汽车	台班	543.52											52.881	28 742
31	8 t 以内自卸汽车	台班	670.66											360.523	241 788
32	15 t 以内平板拖车组	台班	815.59	3.830	3.830	3 124								3.830	3 124
33	12 t 以内汽车式起重机	台班	885.50	15.850	15.850	14 035								15.850	14 035
34	小型机具使用费	元	1.00	355.100	355.100	355								355.100	355
35	定额基价	元	1.00	140 251	140 251	140 251								140 251	140 251
	直接工程费	元				165 014									7 236 988
	其他工程费 I	元		4.580		7 558									323 520
	其他工程费 Ⅱ	元													
	间接费 规费	元		35.700		15 471									38 441
	间接费 企业管理费	元		2.150		3 710									174 982
	利润及税金	元		10.410		19 299									825 040
	建筑安装工程费	元				211 052									8 598 971

续表 11-8

编制范围:K6 + 000 ~ K29 + 800

工程名称:硬路肩　　　　第 21 页　共 76 页

序号	工程项目			石砌边沟、排水沟、截水沟、急流槽			水泥砂浆勾缝及抹面						合　计		
	工程细目			边沟、排水沟、截水沟浆砌片石			水泥砂浆抹面(厚 2 cm)								
	定额单位			10 m^3 实体			100 m^2								
	工程数量			646.551			129.310								
	定额表号			1 - 2 - 3 - 1 改			4 - 11 - 6 - 17								
	工料机名称	单位	单价(元)	定额	数量	金额(元)	定额	数量	金额(元)	定额	数量	金额(元)	定额	数量	金额(元)
1	人工	工日	48.07	15.800	10 215.507	491 059	5.500	711.205	34 188					10 926.712	525 247
2	32.5 级水泥	t	440.00	0.782	505.603	222 465	0.837	108.232	47 622					613.835	270 087
3	水	m^3	1.50	16.200	10 474.128	15 711	15.000	1 939.650	2 909					12 413.778	18 621
4	中(粗)砂	m^3	65.00	3.843	2 484.696	161 505	2.780	359.482	23 366					2 844.178	184 872
5	片石	m^3	51.27	10.350	6 691.804	343 089								6 691.804	343 089
6	其他材料费	元	1.00	2.160	1 396.550	1 397								1 396.550	1 397
7	定额基价	元	1.00	1 620	1 047 413	1 047 413	713	92 198	92 198					1 139 611	1 139 611
	直接工程费	元				1 235 226			108 086						1 343 312
	其他工程费 Ⅰ	元		5.420		66 949	5.420		5 858						72 807
	其他工程费 Ⅱ	元													
	间接费 规费	元		35.700		175 308	35.700		12 205						187 513
	间接费 企业管理费	元		4.885		63 611	4.885		5 566						69 177
	利润及税金	元		10.410		151 417	10.410		13 142						164 559
	建筑安装工程费	元				1 692 512			144 858						1 837 370

续表 11-8

编制范围:K6 +000 ~ K29 +800

工程名称:1 – 1.5m × 1.5m 钢筋混凝土盖板涵

序号	工程项目			机械挖基坑土、石方			机械挖基坑土、石方			浆砌片石			浆砌片石		
	工程细目			单个基坑体积≤1 500 m^3 土方 挖掘机 2.0 m^3 以内			单个基坑体积≤1 500 m^3 石方			基础、护底、截水墙			锥坡、沟、漕、池		
	定额单位			1 000 m^3			1 000 m^3			10 m^3			10 m^3		
	工程数量			1.533			1.022			18.589			6.950		
	定额表号			4 – 1 – 3 – 4			4 – 1 – 3 – 9			4 – 5 – 2 – 1			4 – 5 – 2 – 9		
	工料机名称	单位	单价(元)	定额	数量	金额(元)	定额	数量	金额(元)	定额	数量	金额(元)	定额	数量	金额(元)
1	人工	工日	48.07	226.500	347.224	16 691	616.100	629.654	30 268	9.500	176.596	8 489	15.200	105.640	5 078
2	钢钎	kg	6.20				34.300	35.055	217						
3	32.5 级水泥	t	440.00							0.931	17.306	7 615	0.853	5.928	2 608
4	硝铵炸药	kg	12.00				200.200	204.604	2 455						
5	导火线	m	1.00				492.000	502.824	503						
6	普通雷管	个	1.00				384.000	392.448	392						
7	煤	t	340.00				0.248	0.253	86						
8	水	m^3	1.50							4.000	74.356	112	18.000	125.100	188
9	中(粗)砂	m^3	65.00							3.820	71.010	4 616	4.230	29.399	1 911
10	片石	m^3	51.27							11.500	213.773	10 960	11.500	79.925	4 098
11	其他材料费	元	1.00				38.400	39.245	39	1.200	22.307	22	1.200	8.340	8
12	2.0 m^3 履带式单斗挖掘机	台班	1 604.23	1.900	2.913	4 673									

续表 11-8

编制范围：K6 +000 ~ K29 +800

工程名称：1 - 1.5m × 1.5m 钢筋混凝土盖板涵

第 23 页　共 76 页

序号	工程项目			机械挖基坑土、石方			机械挖基坑土、石方			浆砌片石			浆砌片石		
	工程细目			单个基坑体积≤1 500 m^3 土方挖掘机 2.0 m^3 以内			单个基坑体积≤1 500 m^3 石方			基础、护底、截水墙			锥坡、沟、漕、池		
	定额单位			1 000 m^3			1 000 m^3			10 m^3			10 m^3		
	工程数量			1.533			1.022			18.589			6.950		
	定额表号			4 - 1 - 3 - 4			4 - 1 - 3 - 9			4 - 5 - 2 - 1			4 - 5 - 2 - 9		
	工料机名称	单位	单价(元)	定额	数量	金额(元)	定额	数量	金额(元)	定额	数量	金额(元)	定额	数量	金额(元)
13	9 m^3/min 以内机动空气压缩机	台班	678.34				11.740	11.998	8 139						
14	小型机具使用费	元	1.00				491.200	502.006	502	7.000	130.123	130	7.500	52.125	52
15	定额基价	元	1.00	13 814	21 177	21 177	39 397	40 264	40 264	1 396	25 950	25 950	1 683	11 697	11 697
	直接工程费	元				21 364			42 602			31 944			13 943
	其他工程费 Ⅰ	元		5.420		1 158	5.420		2 309	5.420		1 731	5.420		756
	其他工程费 Ⅱ	元													
	间接费 规费	元		35.700		5 959	35.700		10 805	35.700		3 031	35.700		1 813
	间接费 企业管理费	元		4.885		1 100	4.885		2 194	4.885		1 645	4.885		718
	利润及税金	元		10.410		2 719	10.410		5 384	10.410		3 864	10.410		1 704
	建筑安装工程费	元				32 299			63 295			42 215			18 934

续表 11-8

编制范围:K6 +000 ~ K29 +800

工程名称:1 - 1.5m × 1.5m 钢筋混凝土盖板涵　　　　第 24 页　共 76 页

序号	工程项目			浆砌片石			浆砌片石			浆砌混凝土预制块			基础垫层		
	工程细目			实体墩台高 10 m 以内			实体墩台、墙高 10 m 以内			帽石、缘石			填片石		
	定额单位			$10\ m^3$			$10\ m^3$			$10\ m^3$			$10\ m^3$		
	工程数量			4.098			60.845			0.606			31.442		
	定额表号			4 - 5 - 2 - 3			4 - 5 - 2 - 5			4 - 5 - 5 - 6 改			4 - 11 - 5 - 3		
	工料机名称	单位	单价(元)	定额	数量	金额(元)	定额	数量	金额(元)	定额	数量	金额(元)	定额	数量	金额(元)
1	人工	工日	48.07	16.900	69.256	3 329	13.200	803.154	38 608	22.400	13.574	653	8.600	270.401	12 998
2	原木	m^3	1 100.00	0.011	0.045	50	0.003	0.183	201						
3	锯材木中板 § =19 ~35	m^3	1 350.00	0.049	0.201	261	0.016	0.974	1 315						
4	钢管	t	5 800.00	0.011	0.045	261	0.004	0.243	1 410						
5	铁钉	kg	8.00	0.300	1.229	10	0.100	6.084	49						
6	8 ~12 号铁丝	kg	9.00	1.800	7.376	66	0.600	36.507	329						
7	32.5 级水泥	t	440.00	0.970	3.975	1 749	0.945	57.499	25 300	0.521	0.316	139			
8	水	m^3	1.50	9.000	36.882	55	8.000	486.760	730	16.000	9.696	15			
9	中(粗)砂	m^3	65.00	3.950	16.187	1 052	3.860	234.862	15 266	0.777	0.471	31			
10	片石	m^3	51.27	11.500	47.127	2 416	11.500	699.718	35 875				12.500	393.025	20 150
11	碎石(4 cm)	m^3	88.64							1.040	0.630	56			
12	其他材料费	元	1.00	5.600	22.949	23	2.800	170.366	170	11.200	6.787	7			
13	小型机具使用费	元	1.00	7.200	29.506	30	7.000	425.915	426	2.800	1.697	2			
14	定额基价	元	1.00	1 940	7 950	7 950	1 640	99 786	99 786	1 395	845	845	848	26 663	26 663
	直接工程费	元				9 313			119 678			901			33 149
	其他工程费 Ⅰ	元		5.420		505	5.420		6 487	5.420		49	5.420		1 797
	其他工程费 Ⅱ	元													
	间接费 规费	元		35.700		1 189	35.700		13 783	35.700		233	35.700		4 640
	间接费 企业管理费	元		4.885		480	4.885		6 163	4.885		46	4.885		1 707
	利润及税金	元		10.410		1 137	10.410		14 561	10.410		114	10.410		4 061
	建筑安装工程费	元				12 623			160 672			1 343			45 354

续表 11-8

编制范围：K6 +000 ~ K29 +800

工程名称：1 – 1.5m × 1.5m 钢筋混凝土盖板涵　　　　第 25 页　共 76 页

序号	工程项目			其他伸缩缝及泄水管			夯实填土			现浇板上部构造			现浇板上部构造		
	工程细目			伸缩缝沥青麻絮			夯土机夯实			矩形板混凝土			矩形板钢筋		
	定额单位			$1\ m^2$			$1\ 000\ m^3$ 压实方			$10\ m^3$ 实体			1 t 钢筋		
	工程数量			36.690			1.780			9.540			13.439		
	定额表号			4 – 11 – 7 – 13			1 – 1 – 7 – 2			4 – 6 – 8 – 1 改			4 – 6 – 8 – 4 改		
	工料机名称	单位	单价(元)	定额	数量	金额(元)	定额	数量	金额(元)	定额	数量	金额(元)	定额	数量	金额(元)
1	人工	工日	48.07	0.500	18.345	882	101.700	181.026	8 702	14.800	141.192	6 787	6.400	86.010	4 135
2	原木	m^3	1 100.00							0.013	0.124	136			
3	锯材木中板 § =19 ~35	m^3	1 350.00							0.099	0.944	1 274			
4	光圆钢筋直径 10 ~ 14 mm	t	4 500.00										0.541	7.270	32 715
5	带肋钢筋直径 15 ~24 mm,25 mm 以上	t	4 700.00										0.484	6.504	30 569
6	型钢	t	5 000.00							0.019	0.181	905			
7	电焊条	kg	6.50										0.900	12.095	79
8	组合钢模板	t	6 100.00							0.038	0.363	2 214			
9	铁件	kg	7.00							16.900	161.226	1 129			
10	20 ~ 22 号铁丝	kg	9.00										2.900	38.973	351
11	油毛毡	m^2	4.50							7.000	66.780	301			
12	32.5 级水泥	t	440.00							2.295	21.894	9 633			
13	石油沥青	t	4 800.00	0.032	1.174	5 635									
14	水	m^3	1.50							15.000	143.100	215			
15	中(粗)砂	m^3	65.00							5.200	49.608	3 225			

续表 11-8

编制范围:K6 +000 ~ K29 +800

工程名称:1 - 1.5m × 1.5m 钢筋混凝土盖板涵　　　　第 26 页　共 76 页

序号	工程项目			其他伸缩缝及泄水管			夯实填土			现浇板上部构造			现浇板上部构造		
	工程细目			伸缩缝沥青麻絮			夯土机夯实			矩形板混凝土			矩形板钢筋		
	定额单位			$1\ m^2$			$1\ 000\ m^3$ 压实方			$10\ m^3$ 实体			1 t 钢筋		
	工程数量			36.690			1.780			9.540			13.439		
	定额表号			4 - 11 - 7 - 13			1 - 1 - 7 - 2			4 - 6 - 8 - 1 改			4 - 6 - 8 - 4 改		
	工料机名称	单位	单价(元)	定额	数量	金额(元)	定额	数量	金额(元)	定额	数量	金额(元)	定额	数量	金额(元)
16	碎石(4 cm)	m^3	88.64							8.878	84.696	7 507			
17	其他材料费	元	1.00	17.200	631.068	631				46.600	444.564	445			
18	夯击功 200 ~ 620 N · m	台班	35.09				78.240	139.267	4 887						
19	12 t 以内汽车式起重机	台班	885.50							0.500	4.770	4 224			
20	32 kVA 交流电弧焊机	台班	186.76										0.180	2.419	452
21	小型机具使用费	元	1.00							8.600	82.044	82	17.300	232.495	232
22	定额基价	元	1.00	163	5 980	5 980	6 460	11 499	11 499	3 204	30 566	30 566	3 805	51 135	51 135
	直接工程费	元				7 148			13 589			38 076			68 536
	其他工程费 Ⅰ	元		5.420		387	3.270		444	5.420		2 064	4.640		3 180
	其他工程费 Ⅱ	元													
	间接费 规费	元		35.700		315	35.700		3 107	35.700		2 423	35.700		1 476
	间接费 企业管理费	元		4.885		368	3.640		511	4.885		1 961	2.715		1 947
	利润及税金	元		10.410		852	10.410		1 655	10.410		4 566	10.410		7 895
	建筑安装工程费	元				9 071			19 305			49 089			83 034

续表 11-8

编制范围：K6 +000 ~ K29 +800

工程名称：1 - 1.5m × 1.5m 钢筋混凝土盖板涵

第 27 页　共 76 页

序号	工程项目												合　计		
	工程细目														
	定额单位														
	工程数量														
	定额表号														
	工料机名称	单位	单价(元)	定额	数量	金额(元)	定额	数量	金额(元)	定额	数量	金额(元)	定额	数量	金额(元)
1	人工	工日	48.07											2 842.073	136 618
2	原木	m^3	1 100.00											0.352	387
3	锯材木中板 § =19 ~35	m^3	1 350.00											2.119	2 861
4	光圆钢筋直径 10 ~14 mm	t	4 500.00											7.270	32 715
5	带肋钢筋直径 15 ~24 mm,25 mm 以上	t	4 700.00											6.504	30 569
6	型钢	t	5 000.00											0.181	905
7	钢管	t	5 800.00											0.288	1 670
8	钢钎	kg	6.20											35.055	217
9	电焊条	kg	6.50											12.095	79
10	组合钢模板	t	6 100.00											0.363	2 214
11	铁件	kg	7.00											161.226	1 129
12	铁钉	kg	8.00											7.314	59
13	8 ~12 号铁丝	kg	9.00											43.883	395
14	20 ~22 号铁丝	kg	9.00											38.973	351
15	油毛毡	m^2	4.50											66.780	301
16	32.5 级水泥	t	440.00											106.918	47 044
17	硝铵炸药	kg	12.00											204.604	2 455
18	导火线	m	1.00											502.824	503
19	普通雷管	个	1.00											392.448	392
20	石油沥青	t	4 800.00											1.174	5 635
21	煤	t	340.00											0.253	86

续表 11-8

编制范围:K6+000~K29+800

工程名称:1-1.5m×1.5m 钢筋混凝土盖板涵　　　　第 28 页　共 76 页

序号	工程项目												合计		
	工程细目														
	定额单位														
	工程数量														
	定额表号														
	工料机名称	单位	单价(元)	定额	数量	金额(元)	定额	数量	金额(元)	定额	数量	金额(元)	定额	数量	金额(元)
22	水	m^3	1.50											875.894	1 314
23	中(粗)砂	m^3	65.00											401.536	26 100
24	片石	m^3	51.27											1 433.568	73 499
25	碎石(4 cm)	m^3	88.64											85.326	7 563
26	其他材料费	元	1.00											1 345.626	1 346
27	2.0 m^3 履带式单斗挖掘机	台班	1 604.23											2.913	4 673
28	夯击功200~620 N·m	台班	35.09											139.267	4 887
29	12 t 以内汽车式起重机	台班	885.50											4.770	4 224
30	32 kVA 交流电弧焊机	台班	186.76											2.419	452
31	9 m^3/min 以内机动空气压缩机	台班	678.34											11.998	8 139
32	小型机具使用费	元	1.00											1 455.910	1 456
33	定额基价	元	1.00											333 512	333 512
	直接工程费	元													400 242
	其他工程费 Ⅰ	元													20 866
	其他工程费 Ⅱ	元													
	间接费 规费	元													48 773
	间接费 企业管理费	元													18 840
	利润及税金	元													48 512
	建筑安装工程费	元													537 233

续表 11-8

编制范围：K6 +000 ~ K29 +800

工程名称：1 -2 m×2 m 钢筋混凝土盖板涵　　　　第 29 页　　共 76 页

序号	工程项目			机械挖基坑土、石方			机械挖基坑土、石方			浆砌片石			浆砌片石		
	工程细目			单个基坑体积≤1 500 m^3 土方挖掘机 2.0 m^3 以内			单个基坑体积≤1 500 m^3 石方			基础、护底、截水墙			锥坡、沟、漕、池		
	定额单位			1 000 m^3			1 000 m^3			10 m^3			10 m^3		
	工程数量			2.946			1.964			28.065			11.371		
	定额表号			4 -1 -3 -4			4 -1 -3 -9			4 -5 -2 -1			4 -5 -2 -9 改		
	工料机名称	单位	单价(元)	定额	数量	金额(元)	定额	数量	金额(元)	定额	数量	金额(元)	定额	数量	金额(元)
1	人工	工日	48.07	226.500	667.269	32 076	616.100	1 210.020	58 166	9.500	266.618	12 816	15.200	172.839	8 308
2	钢钎	kg	6.20				34.300	67.365	418						
3	32.5 级水泥	t	440.00							0.931	26.129	11 497	1.021	11.610	5 108
4	硝铵炸药	kg	12.00				200.200	393.193	4 718						
5	导火线	m	1.00				492.000	966.288	966						
6	普通雷管	个	1.00				384.000	754.176	754						
7	煤	t	340.00				0.248	0.487	166						
8	水	m^3	1.50							4.000	112.260	168	18.000	204.678	307
9	中(粗)砂	m^3	65.00							3.820	107.208	6 969	4.125	46.905	3 049
10	片石	m^3	51.27							11.500	322.748	16 547	11.500	130.766	6 704
11	其他材料费	元	1.00				38.400	75.418	75	1.200	33.678	34	1.200	13.645	14

续表 11-8

编制范围：K6 +000 ~ K29 +800

工程名称：1 -2 m×2 m 钢筋混凝土盖板涵　　　　第 30 页　　共 76 页

序号	工程项目			机械挖基坑土、石方			机械挖基坑土、石方			浆砌片石			浆砌片石		
	工程细目			单个基坑体积≤1 500 m³ 土方挖掘机 2.0 m³ 以内			单个基坑体积≤1 500 m³ 石方			基础、护底、截水墙			锥坡、沟、池		
	定额单位			1 000 m³			1 000 m³			10 m³			10 m³		
	工程数量			2.946			1.964			28.065			11.371		
	定额表号			4 -1 -3 -4			4 -1 -3 -9			4 -5 -2 -1			4 -5 -2 -9 改		
	工料机名称	单位	单价(元)	定额	数量	金额(元)	定额	数量	金额(元)	定额	数量	金额(元)	定额	数量	金额(元)
12	2.0 m³ 履带式单斗挖掘机	台班	1 604.23	1.900	5.597	8 979									
13	9 m³/min 以内机动空气压缩机	台班	678.34				11.740	23.057	15 641						
14	小型机具使用费	元	1.00				491.200	964.717	965	7.000	196.455	196	7.500	85.282	85
15	定额基价	元	1.00	13 814	40 696	40 696	39 397	77 376	77 376	1 396	39 179	39 179	1 731	19 683	19 683
	直接工程费	元				41 055			81 869			48 227			23 576
	其他工程费 Ⅰ	元		5.420		2 225	5.420		4 437	5.420		2 614	5.420		1 278
	其他工程费 Ⅱ	元													
	间接费 规费	元		35.700		11 451	35.700		20 765	35.700		4 575	35.700		2 966
	间接费 企业管理费	元		4.885		2 114	4.885		4 216	4.885		2 484	4.885		1 214
	利润及税金	元		10.410		5 224	10.410		10 347	10.410		5 834	10.410		2 877
	建筑安装工程费	元				62 070			121 635			63 735			31 911

续表 11-8

编制范围:K6 +000 ~ K29 +800

工程名称:1 -2 m×2 m 钢筋混凝土盖板涵 第 31 页 共 76 页

序号	工程项目			浆砌片石			浆砌片石			浆砌混凝土预制块			基础垫层		
	工程细目			实体墩台高 10 m 以内			实体墩台、墙高 10 m 以内			帽石、缘石			填片石		
	定额单位			10 m^3			10 m^3			10 m^3			10 m^3		
	工程数量			8.807			115.372			1.179			58.720		
	定额表号			4 -5 -2 -3			4 -5 -2 -5			4 -5 -5 -6 改			4 -11 -5 -3		
	工料机名称	单位	单价(元)	定额	数量	金额(元)	定额	数量	金额(元)	定额	数量	金额(元)	定额	数量	金额(元)
1	人工	工日	48.07	16.900	148.838	7 155	13.200	1 522.910	73 206	22.400	26.410	1 270	8.600	504.992	24 275
2	原木	m^3	1 100.00	0.011	0.097	107	0.003	0.346	381						
3	锯材木中板 § = 19 ~35	m^3	1 350.00	0.049	0.432	583	0.016	1.846	2 492						
4	钢管	t	5 800.00	0.011	0.097	563	0.004	0.461	2 674						
5	铁钉	kg	8.00	0.300	2.642	21	0.100	11.537	92						
6	8 ~12 号铁丝	kg	9.00	1.800	15.853	143	0.600	69.223	623						
7	32.5 级水泥	t	440.00	0.970	8.543	3 759	0.945	109.027	47 972	0.521	0.614	270			
8	水	m^3	1.50	9.000	79.263	119	8.000	922.976	1 384	16.000	18.864	28			
9	中(粗)砂	m^3	65.00	3.950	34.788	2 261	3.860	445.336	28 947	0.777	0.916	60			
10	片石	m^3	51.27	11.500	101.280	5 193	11.500	1 326.778	68 024				12.500	734.000	37 632

续表 11-8

编制范围:K6 + 000 ~ K29 + 800

工程名称:1 - 2 m × 2 m 钢筋混凝土盖板涵　　　　第 32 页　　共 76 页

序号	工程项目				浆砌片石			浆砌片石			浆砌混凝土预制块			基础垫层		
	工程细目				实体墩台高 10 m 以内			实体墩台、墙高 10 m 以内			帽石、缘石			填片石		
	定额单位				$10\ m^3$			$10\ m^3$			$10\ m^3$			$10\ m^3$		
	工程数量				8.807			115.372			1.179			58.720		
	定额表号				4 - 5 - 2 - 3			4 - 5 - 2 - 5			4 - 5 - 5 - 6 改			4 - 11 - 5 - 3		
	工料机名称		单位	单价(元)	定额	数量	金额(元)	定额	数量	金额(元)	定额	数量	金额(元)	定额	数量	金额(元)
11	碎石(2 cm)		m^3	92.88							1.040	1.226	114			
12	其他材料费		元	1.00	5.600	49.319	49	2.800	323.042	323	11.200	13.205	13			
13	小型机具使用费		元	1.00	7.200	63.410	63	7.000	807.604	808	2.800	3.301	3			
14	定额基价		元	1.00	1 940	17 086	17 086	1 640	189 210	189 210	1 395	1 645	1 645	848	49 795	49 795
	直接工程费		元				20 014			226 929			1 758			61 907
	其他工程费	Ⅰ	元		5.420		1 085	5.420		12 300	5.420		95	5.420		3 355
		Ⅱ	元													
	间接费	规费	元		35.700		2 554	35.700		26 135	35.700		453	35.700		8 666
		企业管理费	元		4.885		1 031	4.885		11 686	4.885		91	4.885		3 188
	利润及税金		元		10.410		2 444	10.410		27 610	10.410		222	10.410		7 585
	建筑安装工程费		元				27 127			304 659			2 620			84 701

续表 11-8

编制范围:K6 +000 ~ K29 +800

工程名称:1 – 2 m×2 m 钢筋混凝土盖板涵　　第 33 页　　共 76 页

序号	工程项目			其他伸缩缝及泄水管			夯实填土			现浇板上部构造			现浇板上部构造		
	工程细目			伸缩缝沥青麻絮			夯土机夯实			矩形板混凝土			矩形板钢筋		
	定额单位			$1\ m^2$			$1\ 000\ m^3$ 压实方			$10\ m^3$ 实体			1 t 钢筋		
	工程数量			40.210			2.072			29.025			31.476		
	定额表号			4 – 11 – 7 – 13			1 – 1 – 7 – 2			4 – 6 – 8 – 1 改			4 – 6 – 8 – 4 改		
	工料机名称	单位	单价(元)	定额	数量	金额(元)	定额	数量	金额(元)	定额	数量	金额(元)	定额	数量	金额(元)
1	人工	工日	48.07	0.500	20.105	966	101.700	210.722	10 129	14.800	429.570	20 649	6.400	201.446	9 684
2	原木	m^3	1 100.00							0.013	0.377	415			
3	锯材木中板 § = 19 ~ 35	m^3	1 350.00							0.099	2.873	3 879			
4	光圆钢筋直径 10 ~ 14 mm	t	4 500.00										0.472	14.857	66 857
5	带肋钢筋直径 15 ~ 24 mm,25 mm 以上	t	4 700.00										0.553	17.406	81 808
6	型钢	t	5 000.00							0.019	0.551	2 755			
7	电焊条	kg	6.50										0.900	28.328	184
8	组合钢模板	t	6 100.00							0.038	1.103	6 728			
9	铁件	kg	7.00							16.900	490.522	3 434			
10	20 ~ 22 号铁丝	kg	9.00										2.900	91.280	822
11	油毛毡	m^2	4.50							7.000	203.175	914			
12	32.5 级水泥	t	440.00							4.264	123.763	54 456			
13	石油沥青	t	4 800.00	0.032	1.287	6 176									
14	水	m^3	1.50							15.000	435.375	653			
15	中(粗)砂	m^3	65.00							4.588	133.167	8 656			
16	碎石(4 cm)	m^3	88.64							8.368	242.881	21 529			
17	其他材料费	元	1.00	17.200	691.612	692				46.600	1 352.565	1 353			

续表 11-8

编制范围:K6+000~K29+800

工程名称:1-2 m×2 m 钢筋混凝土盖板涵　　　　第 34 页　共 76 页

序号	工程项目			其他伸缩缝及泄水管			夯实填土			现浇板上部构造			现浇板上部构造		
	工程细目			伸缩缝沥青麻絮			夯土机夯实			矩形板混凝土			矩形板钢筋		
	定额单位			1 m^2			1 000 m^3 压实方			10 m^3 实体			1 t 钢筋		
	工程数量			40.210			2.072			29.025			31.476		
	定额表号			4-11-7-13			1-1-7-2			4-6-8-1 改			4-6-8-4 改		
	工料机名称	单位	单价(元)	定额	数量	金额(元)	定额	数量	金额(元)	定额	数量	金额(元)	定额	数量	金额(元)
18	夯击功 200~620 N·m	台班	35.09				78.240	162.113	5 689						
19	12 t 以内汽车式起重机	台班	885.50							0.500	14.512	12 851			
20	32 kVA 交流电弧焊机	台班	186.76										0.180	5.666	1 058
21	小型机具使用费	元	1.00							8.600	249.615	250	17.300	544.535	545
22	定额基价	元	1.00	163	6 554	6 554	6 460	13 385	13 385	3 770	109 424	109 424	3 812	119 987	119 987
	直接工程费	元				7 334			15 818			138 523			160 956
	其他工程费 Ⅰ	元		5.420		425	3.270		517	5.420		7 508	4.640		7 468
	其他工程费 Ⅱ	元													
	间接费 规费	元		35.700		345	35.700		3 616	35.700		7 372	35.700		3 457
	间接费 企业管理费	元		4.885		403	3.640		595	4.885		7 134	2.715		4 573
	利润及税金	元		10.410		934	10.410		1 926	10.410		16 561	10.410		18 540
	建筑安装工程费	元				9 942			22 472			177 098			194 994

续表 11-8

编制范围:K6 + 000 ~ K29 + 800

工程名称:1 - 2 m × 2 m 钢筋混凝土盖板涵　　　　第 35 页　　共 76 页

序号	工程项目												合　计		
	工程细目														
	定额单位														
	工程数量														
	定额表号														
	工料机名称	单位	单价(元)	定额	数量	金额(元)	定额	数量	金额(元)	定额	数量	金额(元)	定额	数量	金额(元)
1	人工	工日	48.07											5 381.740	258 700
2	原木	m^3	1 100.00											0.820	902
3	锯材木中板 § = 19 ~ 35	m^3	1 350.00											5.151	6 954
4	光圆钢筋直径 10 ~ 14 mm	t	4 500.00											14.857	66 857
5	带肋钢筋直径 15 ~ 24 mm,25 mm 以上	t	4 700.00											17.406	81 808
6	型钢	t	5 000.00											0.551	2 755
7	钢管	t	5 800.00											0.558	3 236
8	钢钎	kg	6.20											67.365	418
9	电焊条	kg	6.50											28.328	184
10	组合钢模板	t	6 100.00											1.103	6 728
11	铁件	kg	7.00											490.522	3 434
12	铁钉	kg	8.00											14.179	113
13	8 ~ 12 号铁丝	kg	9.00											85.076	766
14	20 ~ 22 号铁丝	kg	9.00											91.280	822
15	油毛毡	m^2	4.50											203.175	914

续表 11-8

编制范围：K6 + 000 ~ K29 + 800

工程名称：1 – 2 m×2 m 钢筋混凝土盖板涵　　　　第 36 页　　共 76 页

序号	工程项目												合计		
	工程细目														
	定额单位														
	工程数量														
	定额表号														
	工料机名称	单位	单价(元)	定额	数量	金额(元)	定额	数量	金额(元)	定额	数量	金额(元)	定额	数量	金额(元)
16	32.5 级水泥	t	440.00											279.684	123 061
17	硝铵炸药	kg	12.00											393.193	4 718
18	导火线	m	1.00											966.288	966
19	普通雷管	个	1.00											754.176	754
20	石油沥青	t	4 800.00											1.287	6 178
21	煤	t	340.00											0.487	166
22	水	m^3	1.50											1 773.416	2 660
23	中(粗)砂	m^3	65.00											768.320	49 941
24	片石	m^3	51.27											2 615.572	134 100
25	碎石(2 cm)	m^3	92.88											1.226	114
26	碎石(4 cm)	m^3	88.64											242.881	21 529
27	其他材料费	元	1.00											2 552.483	2 552
28	2.0 m^3 履带式单斗挖掘机	台班	1 604.23											5.597	8 979
29	夯击功 200 ~ 620 N · m	台班	35.09											162.113	5 689

续表 11-8

编制范围:K6 + 000 ~ K29 + 800

工程名称:1 - 2 m×2 m 钢筋混凝土盖板涵　　　　第 37 页　　共 76 页

序号	工程项目												合　计		
	工程细目														
	定额单位														
	工程数量														
	定额表号														
	工料机名称	单位	单价(元)	定额	数量	金额(元)	定额	数量	金额(元)	定额	数量	金额(元)	定额	数量	金额(元)
30	12 t 以内汽车式起重机	台班	885.50											14.512	12 850
31	32kVA 交流电弧焊机	台班	186.76											5.666	1 058
32	9 m³/min 以内机动空气压缩机	台班	678.34											23.057	15 640
33	小型机具使用费	元	1.00											2 914.920	2 915
34	定额基价	元	1.00											684 020	684 020
	直接工程费	元													828 466
	其他工程费 Ⅰ	元													43 307
	其他工程费 Ⅱ	元													
	间接费 规费	元													92 356
	间接费 企业管理费	元													38 728
	利润及税金	元													100 106
	建筑安装工程费	元													1 102 963

续表 11-8

编制范围:K6 + 000 ~ K29 + 800

工程名称:1 – 3 m × 3 m 钢筋混凝土盖板涵　　第 38 页　共 76 页

序号	工程项目			机械挖基坑土、石方			机械挖基坑土、石方			浆砌片石			浆砌片石		
	工程细目			单个基坑体积≤1 500 m^3 土方挖掘机 2.0 m^3 以内			单个基坑体积≤1 500 m^3 石方			基础、护底、截水墙			锥坡、沟、漕、池		
	定额单位			1 000 m^3			1 000 m^3			10 m^3			10 m^3		
	工程数量			0.571			0.381			28.262			1.700		
	定额表号			4 – 1 – 3 – 4			4 – 1 – 3 – 9			4 – 5 – 2 – 1			4 – 5 – 2 – 9		
	工料机名称	单位	单价(元)	定额	数量	金额(元)	定额	数量	金额(元)	定额	数量	金额(元)	定额	数量	金额(元)
1	人工	工日	48.07	226.500	129.331	6 217	616.100	234.734	11 284	9.500	268.489	12 906	15.200	25.840	1 242
2	钢钎	kg	6.20				34.300	13.068	81						
3	32.5 级水泥	t	440.00							0.931	26.312	11 577	0.853	1.450	638
4	硝铵炸药	kg	12.00				200.200	76.276	915						
5	导火线	m	1.00				492.000	187.452	187						
6	普通雷管	个	1.00				384.000	146.304	146						
7	煤	t	340.00				0.248	0.094	32						
8	水	m^3	1.50							4.000	113.048	170	18.000	30.600	46
9	中(粗)砂	m^3	65.00							3.820	107.961	7 017	4.230	7.191	467
10	片石	m^3	51.27							11.500	325.013	16 663	11.500	19.550	1 002
11	其他材料费	元	1.00				38.400	14.630	15	1.200	33.914	34	1.200	2.040	2

续表 11-8

编制范围:K6 +000 ~ K29 +800

工程名称:1 - 3 m×3 m 钢筋混凝土盖板涵 第 39 页 共 76 页

序号	工程项目			机械挖基坑土、石方			机械挖基坑土、石方			浆砌片石			浆砌片石		
	工程细目			单个基坑体积≤1 500 m^3 土方挖掘机 2.0 m^3 以内			单个基坑体积≤1 500 m^3 石方			基础、护底、截水墙			锥坡、沟、漕、池		
	定额单位			1 000 m^3			1 000 m^3			10 m^3			10 m^3		
	工程数量			0.571			0.381			28.262			1.700		
	定额表号			4-1-3-4			4-1-3-9			4-5-2-1			4-5-2-9		
	工料机名称	单位	单价(元)	定额	数量	金额(元)	定额	数量	金额(元)	定额	数量	金额(元)	定额	数量	金额(元)
12	2.0 m^3 履带式单斗挖掘机	台班	1 604.23	1.900	1.085	1 741									
13	9 m^3/min 以内机动空气压缩机	台班	678.34				11.740	4.473	3 034						
14	小型机具使用费	元	1.00				491.200	187.147	187	7.000	197.834	198	7.500	12.750	13
15	定额基价	元	1.00	13 814	7 888	7 888	39 397	15 010	15 010	1 396	39 454	39 454	1 683	2 861	2 861
	直接工程费	元				7 957			15 882			48 566			3 411
	其他工程费 Ⅰ	元		5.420		431	5.420		861	5.420		2 632	5.420		185
	其他工程费 Ⅱ	元													
	间接费 规费	元		35.700		2 219	35.700		4 028	35.700		4 608	35.700		443
	间接费 企业管理费	元		4.885		410	4.885		818	4.885		2 501	4.885		176
	利润及税金	元		10.410		1 013	10.410		2 007	10.410		5 875	10.410		417
	建筑安装工程费	元				12 031			23 596			64 182			4 631

续表 11-8

编制范围:K6 +000 ~ K29 +800

工程名称:1 -3 m×3 m 钢筋混凝土盖板涵　　　　第 40 页　　共 76 页

序号	工程项目			浆砌片石			浆砌片石			浆砌混凝土预制块			基础垫层		
	工程细目			实体墩台高 10 m 以内			实体墩台、墙高 10 m 以内			帽石、缘石			填片石		
	定额单位			10 m^3			10 m^3			10 m^3			10 m^3		
	工程数量			1.280			157.665			0.488			42.753		
	定额表号			4 -5 -2 -3			4 -5 -2 -5			4 -5 -5 -6 改			4 -11 -5 -3		
	工料机名称	单位	单价(元)	定额	数量	金额(元)	定额	数量	金额(元)	定额	数量	金额(元)	定额	数量	金额(元)
1	人工	工日	48.07	16.900	21.632	1 040	13.200	2 081.178	100 042	22.400	10.931	525	8.600	367.676	17 674
2	原木	m^3	1 100.00	0.011	0.014	15	0.003	0.473	520						
3	锯材木中板 § = 19 ~35	m^3	1 350.00	0.049	0.063	85	0.016	2.523	3 406						
4	钢管	t	5 800.00	0.011	0.014	81	0.004	0.631	3 660						
5	铁钉	kg	8.00	0.300	0.384	3	0.100	15.766	126						
6	8 ~12 号铁丝	kg	9.00	1.800	2.304	21	0.600	94.599	851						
7	32.5 级水泥	t	440.00	0.970	1.242	546	0.945	148.993	65 557	0.521	0.254	112			
8	水	m^3	1.50	9.000	11.520	17	8.000	1 261.320	1 892	16.000	7.808	12			
9	中(粗)砂	m^3	65.00	3.950	5.056	329	3.860	608.587	39 558	0.777	0.379	25			
10	片石	m^3	51.27	11.500	14.720	755	11.500	1 813.147	92 960				12.500	534.412	27 399

续表 11-8

编制范围:K6 + 000 ~ K29 + 800

工程名称:1 - 3 m×3 m 钢筋混凝土盖板涵　　　　第 41 页　　共 76 页

序号	工程项目			浆砌片石			浆砌片石			浆砌混凝土预制块			基础垫层		
	工程细目			实体墩台高 10 m 以内			实体墩台、墙高 10 m 以内			帽石、缘石			填片石		
	定额单位			10 m^3			10 m^3			10 m^3			10 m^3		
	工程数量			1.280			157.665			0.488			42.753		
	定额表号			4 - 5 - 2 - 3			4 - 5 - 2 - 5			4 - 5 - 5 - 6 改			4 - 11 - 5 - 3		
	工料机名称	单位	单价(元)	定额	数量	金额(元)	定额	数量	金额(元)	定额	数量	金额(元)	定额	数量	金额(元)
11	碎石(2 cm)	m^3	92.88							1.040	0.508	47			
12	其他材料费	元	1.00	5.600	7.168	7	2.800	441.462	441	11.200	5.466	5			
13	小型机具使用费	元	1.00	7.200	9.216	9	7.000	1 103.655	1 104	2.800	1.366	1			
14	定额基价	元	1.00	1 940	2 483	2 483	1 640	258 571	258 571	1 395	681	681	848	36 255	36 255
	直接工程费	元				2 909			310 116			728			45 074
	其他工程费 Ⅰ	元		5.420		158	5.420		16 808	5.420		39	5.420		2 443
	其他工程费 Ⅱ	元													
	间接费 规费	元		35.700		371	35.700		35 715	35.700		188	35.700		6 310
	间接费 企业管理费	元		4.885		150	4.885		15 970	4.885		37	4.885		2 321
	利润及税金	元		10.410		355	10.410		37 732	10.410		92	10.410		5 522
	建筑安装工程费	元				3 943			416 341			1 084			61 670

续表 11-8

编制范围:K6 +000 ~ K29 +800

工程名称:1 -3 m×3 m 钢筋混凝土盖板涵　　　　第 42 页　　共 76 页

序号	工程项目			其他伸缩缝及泄水管			夯实填土			现浇板上部构造			现浇板上部构造		
	工程细目			伸缩缝沥青麻絮			夯土机夯实			矩形板混凝土			矩形板钢筋		
	定额单位			1 m^2			1 000 m^3 压实方			10 m^3 实体			1 t 钢筋		
	工程数量			41.520			1.189			25.140			36.588		
	定额表号			4 -11 -7 -13			1 -1 -7 -2			4 -6 -8 -1			4 -6 -8 -4 改		
	工料机名称	单位	单价(元)	定额	数量	金额(元)	定额	数量	金额(元)	定额	数量	金额(元)	定额	数量	金额(元)
1	人工	工日	48.07	0.500	20.760	998	101.700	120.921	5 813	14.800	372.072	17 886	6.400	234.163	11 256
2	原木	m^3	1 100.00							0.013	0.327	360			
3	锯材木中板 § = 19 ~ 35	m^3	1 350.00							0.099	2.489	3 360			
4	光圆钢筋直径 10 ~ 14 mm	t	4 500.00										0.284	10.391	46 760
5	带肋钢筋直径 15 ~ 24 mm,25 mm 以上	t	4 700.00										0.741	27.112	127 426
6	型钢	t	5 000.00							0.019	0.478	2 390			
7	电焊条	kg	6.50										0.900	32.929	214
8	组合钢模板	t	6 100.00							0.038	0.955	5 826			
9	铁件	kg	7.00							16.900	424.866	2 974			
10	20 ~ 22 号铁丝	kg	9.00										2.900	106.105	955
11	油毛毡	m^2	4.50							7.000	175.980	792			
12	32.5 级水泥	t	440.00							3.845	96.663	42 532			
13	石油沥青	t	4 800.00	0.032	1.329	6 379									
14	水	m^3	1.50							15.000	377.100	566			
15	中(粗)砂	m^3	65.00							4.690	117.907	7 664			

续表 11-8

编制范围:K6 + 000 ~ K29 + 800

工程名称:1 – 3 m×3 m 钢筋混凝土盖板涵　　　　第 43 页　　共 76 页

序号	工程项目			其他伸缩缝及泄水管			夯实填土			现浇板上部构造			现浇板上部构造		
	工程细目			伸缩缝沥青麻絮			夯土机夯实			矩形板混凝土			矩形板钢筋		
	定额单位			1 m^2			1000 m^3 压实方			10 m^3 实体			1 t 钢筋		
	工程数量			41.520			1.189			25.140			36.588		
	定额表号			4 – 11 – 7 – 13			1 – 1 – 7 – 2			4 – 6 – 8 – 1			4 – 6 – 8 – 4 改		
	工料机名称	单位	单价(元)	定额	数量	金额(元)	定额	数量	金额(元)	定额	数量	金额(元)	定额	数量	金额(元)
16	碎石(4 cm)	m^3	88.64							8.470	212.936	18 875			
17	其他材料费	元	1.00	17.200	714.144	714				46.600	1 171.524	1 172			
18	夯击功 200 ~ 620 N · m	台班	35.09				78.240	93.027	3 264						
19	12 t 以内汽车式起重机	台班	885.50							0.500	12.570	11 131			
20	32 kVA 交流电弧焊机	台班	186.76										0.180	6.586	1 230
21	小型机具使用费	元	1.00							8.600	216.204	216	17.300	632.972	633
22	定额基价	元	1.00	163	6 768	6 768	6 460	7 681	7 681	3 647	91 686	91 686	3 831	140 169	140 169
	直接工程费	元				8 090			9 077			115 741			188 473
	其他工程费 I	元		5.420		438	3.270		297	5.420		6 273	4.640		8 745
	其他工程费 Ⅱ	元													
	间接费 规费	元		35.700		356	35.700		2 075	35.700		6 385	35.700		4 018
	间接费 企业管理费	元		4.885		417	3.640		341	4.885		5 960	2.715		5 354
	利润及税金	元		10.410		965	10.410		1 105	10.410		13 845	10.410		21 708
	建筑安装工程费	元				10 265			12 895			148 205			228 299

续表 11-8

编制范围:K6 +000 ~ K29 +800

工程名称:1 – 3 m×3 m 钢筋混凝土盖板涵 第 44 页 共 76 页

序号	工程项目													合 计	
	工程细目														
	定额单位														
	工程数量														
	定额表号														
	工料机名称	单位	单价(元)	定额	数量	金额(元)	定额	数量	金额(元)	定额	数量	金额(元)	定额	数量	金额(元)
1	人工	工日	48.07											3 887.728	186 883
2	原木	m^3	1 100.00											0.814	895
3	锯材木中板 § =19 ~35	m^3	1 350.00											5.074	6 850
4	光圆钢筋直径 10 ~14 mm	t	4 500.00											10.391	46 760
5	带肋钢筋直径 15 ~ 24 mm,25 mm 以上	t	4 700.00											27.112	127 426
6	型钢	t	5 000.00											0.478	2 390
7	钢管	t	5 800.00											0.645	3 741
8	钢钎	kg	6.20											13.068	81
9	电焊条	kg	6.50											32.929	216
10	组合钢模板	t	6 100.00											0.955	5 826
11	铁件	kg	7.00											424.866	2 974
12	铁钉	kg	8.00											16.150	129
13	8 ~12 号铁丝	kg	9.00											96.903	872
14	20 ~22 号铁丝	kg	9.00											106.105	955
15	油毛毡	m^2	4.50											175.980	792

续表 11-8

编制范围:K6 + 000 ~ K29 + 800

工程名称:1 – 3 m × 3 m 钢筋混凝土盖板涵　　　　第 45 页　　共 76 页

序号	工程项目													合　计	
	工程细目														
	定额单位														
	工程数量														
	定额表号														
	工料机名称	单位	单价(元)	定额	数量	金额(元)	定额	数量	金额(元)	定额	数量	金额(元)	定额	数量	金额(元)
16	32.5 级水泥	t	440.00											274.915	120 963
17	硝铵炸药	kg	12.00											76.276	915
18	导火线	m	1.00											187.452	187
19	普通雷管	个	1.00											146.304	146
20	石油沥青	t	4 800.00											1.329	6 379
21	煤	t	340.00											0.094	32
22	水	m^3	1.50											1 801.396	2 702
23	中(粗)砂	m^3	65.00											847.081	55 060
24	片石	m^3	51.27											2 706.843	138 780
25	碎石(2 cm)	m^3	92.88											0.508	47
26	碎石(4 cm)	m^3	88.64											212.936	18 875
27	其他材料费	元	1.00											2 390.348	2 390
28	2.0 m^3 履带式单斗挖掘机	台班	1 604.23											1.085	1 741
29	夯击功 200 ~ 620 N · m	台班	35.09											93.027	3 264
30	12 t 以内汽车式起重机	台班	885.50											12.570	11 131

续表 11-8

编制范围:K6 +000 ~ K29 +800

工程名称:1 - 3 m×3 m 钢筋混凝土盖板涵　　　　第 46 页　　共 76 页

序号	工程项目												合计		
	工程细目														
	定额单位														
	工程数量														
	定额表号														
	工料机名称	单位	单价(元)	定额	数量	金额(元)	定额	数量	金额(元)	定额	数量	金额(元)	定额	数量	金额(元)
31	32 kVA 交流电弧焊机	台班	186.76											6.586	1 230
32	9 m^3/min 以内机动空气压缩机	台班	678.34											4.473	3 034
33	小型机具使用费	元	1.00											2 361.145	2 361
34	定额基价	元	1.00											609 507	609 507
	直接工程费	元													756 022
	其他工程费 Ⅰ	元													39 311
	其他工程费 Ⅱ	元													
	间接费 规费	元													66 717
	间接费 企业管理费	元													34 456
	利润及税金	元													90 637
	建筑安装工程费	元													987 143

续表 11-8

编制范围：K6 +000 ~ K29 +800

工程名称：1 -4 m×4 m 钢筋混凝土盖板涵

序号	工程项目			机械挖基坑土、石方			机械挖基坑土、石方			浆砌片石			浆砌片石		
	工程细目			单个基坑体积≤1 500 m^3 土方挖掘机 2.0 m^3 以内			单个基坑体积 ≤1 500 m^3 石方			基础、护底、截水墙			实体墩台、墙高 10 m 以内		
	定额单位			1 000 m^3			1 000 m^3			10 m^3			10 m^3		
	工程数量			0.116			0.078			11.575			44.713		
	定额表号			4 -1 -3 -4			4 -1 -3 -9			4 -5 -2 -1			4 -5 -2 -5		
	工料机名称	单位	单价(元)	定额	数量	金额(元)	定额	数量	金额(元)	定额	数量	金额(元)	定额	数量	金额(元)
1	人工	工日	48.07	226.500	26.274	1 263	616.100	48.056	2 310	9.500	109.962	5 286	13.200	590.212	28 371
2	原木	m^3	1 100.00										0.003	0.134	147
3	锯材木中板 § =19 ~35	m^3	1 350.00										0.016	0.715	965
4	钢管	t	5 800.00										0.004	0.179	1 038
5	钢钎	kg	6.20				34.300	2.675	17						
6	铁钉	kg	8.00										0.100	4.471	36
7	8 ~12 号铁丝	kg	9.00										0.600	26.828	241
8	32.5 级水泥	t	440.00							0.931	10.776	4 741	0.945	42.254	18 592
9	硝铵炸药	kg	12.00				200.200	15.616	187						
10	导火线	m	1.00				492.000	38.376	38						
11	普通雷管	个	1.00				384.000	29.952	30						
12	煤	t	340.00				0.248	0.019	6						
13	水	m^3	1.50							4.000	46.300	69	8.000	357.704	537
14	中(粗)砂	m^3	65.00							3.820	44.216	2 874	3.860	172.592	11 218
15	片石	m^3	51.27							11.500	133.112	6 825	11.500	514.200	26 363

续表 11-8

编制范围：K6 +000 ~ K29 +800

工程名称：1 -4 m×4 m 钢筋混凝土盖板涵　　　　第 48 页　　共 76 页

序号	工程项目			机械挖基坑土、石方			机械挖基坑土、石方			浆砌片石			浆砌片石		
	工程细目			单个基坑体积≤1 500 m^3 土方挖掘机 2.0 m^3 以内			单个基坑体积≤1 500 m^3 石方			基础、护底、截水墙			实体墩台、墙高 10 m 以内		
	定额单位			1 000 m^3			1 000 m^3			10 m^3			10 m^3		
	工程数量			0.116			0.078			11.575			44.713		
	定额表号			4 -1 -3 -4			4 -1 -3 -9			4 -5 -2 -1			4 -5 -2 -5		
	工料机名称	单位	单价(元)	定额	数量	金额(元)	定额	数量	金额(元)	定额	数量	金额(元)	定额	数量	金额(元)
16	其他材料费	元	1.00				38.400	2.995	3	1.200	13.890	14	2.800	125.196	125
17	2.0 m^3 履带式单斗挖掘机	台班	1 604.23	1.900	0.220	353									
18	9 m^3/min 以内机动空气压缩机	台班	678.34				11.740	0.916	621						
19	小型机具使用费	元	1.00				491.200	38.314	38	7.000	81.025	81	7.000	312.991	313
20	定额基价	元	1.00	13 814	1 602	1 602	39 397	3 073	3 073	1 396	16 159	16 159	1 640	73 329	73 329
	直接工程费	元				1 617			3 251			19 891			87 947
	其他工程费 Ⅰ	元		5.420		88	5.420		176	5.420		1 078	5.420		4 767
	其他工程费 Ⅱ	元													
	间接费 规费	元		35.700		451	35.700		825	35.700		1 887	35.700		10 129
	间接费 企业管理费	元		4.885		83	4.885		167	4.885		1 024	4.885		4 529
	利润及税金	元		10.410		206	10.410		411	10.410		2 406	10.410		10 701
	建筑安装工程费	元				2 444			4 831			26 286			118 072

续表 11-8

编制范围：K6 + 000 ~ K29 + 800

工程名称：1 - 4 m × 4 m 钢筋混凝土盖板涵　　　　第 49 页　　共 76 页

序号	工程项目			浆砌混凝土预制块			基础垫层			其他伸缩缝及泄水管			夯实填土		
	工程细目			帽石、缘石			填片石			伸缩缝沥青麻絮			夯土机夯实		
	定额单位			$10\ m^3$			$10\ m^3$			$1\ m^2$			$1\ 000\ m^3$ 压实方		
	工程数量			0.162			10.446			7.660			0.024		
	定额表号			4-5-5-6 改			4-11-5-3			4-11-7-13			1-1-7-2		
	工料机名称	单位	单价(元)	定额	数量	金额(元)	定额	数量	金额(元)	定额	数量	金额(元)	定额	数量	金额(元)
1	人工	工日	48.07	22.400	3.629	174	8.600	89.836	4 318	0.500	3.830	184	101.700	2.441	117
2	32.5 级水泥	t	440.00	0.521	0.084	37									
3	石油沥青	t	4 800.00							0.032	0.245	1 176			
4	水	m^3	1.50	16.000	2.592	4									
5	中(粗)砂	m^3	65.00	0.777	0.126	8									
6	片石	m^3	51.27				12.500	130.575	6 695						
7	碎石(2 cm)	m^3	92.88	1.040	0.168	16									
8	其他材料费	元	1.00	11.200	1.814	2				17.200	131.752	132			
9	夯击功 200 ~ 620 N · m	台班	35.09										78.240	1.878	66
10	小型机具使用费	元	1.00	2.800	0.454	0									
11	定额基价	元	1.00	1 395	226	226	848	8 858	8 858	163	1 249	1 249	6 460	155	155
	直接工程费	元				242			11 013			1 492			183
	其他工程费 Ⅰ	元		5.420		13	5.420		597	5.420		81	3.270		6
	其他工程费 Ⅱ	元													
	间接费 规费	元		35.700		62	35.700		1 542	35.700		66	35.700		42
	间接费 企业管理费	元		4.885		12	4.885		567	4.885		77	3.640		7
	利润及税金	元		10.410		31	10.410		1 349	10.410		178	10.410		22
	建筑安装工程费	元				360			15 068			1 894			260

续表 11-8

编制范围:K6 + 000 ~ K29 + 800

工程名称:1 - 4 m × 4 m 钢筋混凝土盖板涵 第 50 页 共 76 页

序号	工程项目			现浇板上部构造			现浇板上部构造						合 计		
	工程细目			矩形板混凝土			矩形板钢筋								
	定额单位			10 m^3 实体			1 t 钢筋								
	工程数量			6.030			9.398								
	定额表号			4 - 6 - 8 - 1			4 - 6 - 8 - 4 改								
	工料机名称	单位	单价(元)	定额	数量	金额(元)	定额	数量	金额(元)	定额	数量	金额(元)	定额	数量	金额(元)
1	人工	工日	48.07	14.800	89.244	4 290	6.400	60.147	2 891					149.391	7 181
2	原木	m^3	1 100.00	0.013	0.078	36								0.078	36
3	锯材木中板 § = 19 ~ 35	m^3	1 350.00	0.099	0.597	806								0.597	806
4	光圆钢筋直径 10 ~ 14 mm	t	4 500.00				0.291	2.735	12 308					2.735	12 308
5	带肋钢筋直径 15 ~ 24 mm,25 mm 以上	t	4 700.00				0.734	6.898	32 421					6.898	32 421
6	型钢	t	5 000.00	0.019	0.115	575								0.115	575
7	钢管	t	5 800.00											0.179	1 038
8	钢钎	kg	6.20											2.675	17
9	电焊条	kg	6.50				0.900	8.458	55					8.458	55
10	组合钢模板	t	6 100.00	0.038	0.229	1 397								0.229	1 397
11	铁件	kg	7.00	16.900	101.907	713								101.907	713
12	铁钉	kg	8.00											4.471	36
13	8 ~ 12 号铁丝	kg	9.00											26.828	241
14	20 ~ 22 号铁丝	kg	9.00				2.900	27.254	245					27.254	245
15	油毛毡	m^2	4.50	7.000	42.210	190								42.210	190

续表 11-8

编制范围：K6 + 000 ~ K29 + 800

工程名称：1 - 4 m × 4 m 钢筋混凝土盖板涵

序号	工程项目			现浇板上部构造			现浇板上部构造						合　计		
	工程细目			矩形板混凝土			矩形板钢筋								
	定额单位			$10\ m^3$ 实体			1 t 钢筋								
	工程数量			6.030			9.398								
	定额表号			4 - 6 - 8 - 1			4 - 6 - 8 - 4 改								
	工料机名称	单位	单价(元)	定额	数量	金额(元)	定额	数量	金额(元)	定额	数量	金额(元)	定额	数量	金额(元)
16	32.5 级水泥	t	440.00	3.845	23.185	10 201								23.185	10 201
17	硝铵炸药	kg	12.00											15.616	187
18	导火线	m	1.00											38.376	38
19	普通雷管	个	1.00											29.952	30
20	石油沥青	t	4 800.00											0.245	1 176
21	煤	t	340.00											0.019	6
22	水	m^3	1.50	15.000	90.450	136								90.450	136
23	中(粗)砂	m^3	65.00	4.690	28.281	1 838								28.281	1 838
24	片石	m^3	51.27											777.887	39 882
25	碎石(2 cm)	m^3	92.88											0.168	16
26	碎石(4 cm)	m^3	88.64	8.470	51.074	4 527								51.074	4 527
27	其他材料费	元	1.00	46.600	280.998	281								280.998	281
28	2.0 m^3 履带式单斗挖掘机	台班	1 604.23											0.220	353
29	夯击功 200 ~ 620 N · m	台班	35.09											1.878	66
30	12 t 以内汽车式起重机	台班	885.50	0.500	3.015	2 670								3.015	2 670

续表 11-8

编制范围:K6 +000 ~ K29 +800

工程名称:1 -4 m×4 m 钢筋混凝土盖板涵

序号	工程项目			现浇板上部构造			现浇板上部构造						合　计		
	工程细目			矩形板混凝土			矩形板钢筋								
	定额单位			10 m^3 实体			1 t 钢筋								
	工程数量			6.030			9.398								
	定额表号			4 -6 -8 -1			4 -6 -8 -4 改								
	工料机名称	单位	单价(元)	定额	数量	金额(元)	定额	数量	金额(元)	定额	数量	金额(元)	定额	数量	金额(元)
31	32 kVA 交流电弧焊机	台班	186.76				0.180	1.692	316					1.692	316
32	9 m^3/min 以内机动空气压缩机	台班	678.34											0.916	621
33	小型机具使用费	元	1.00	8.600	51.858	52	17.300	162.585	163					214.17	215
34	定额基价	元	1.00	3 647	21 991	21 991	3 830	35 994	35 994					57 985	57 895
	直接工程费	元				27 761			48 398						201 795
	其他工程费 Ⅰ	元		5.420		1 505	4.640		2 246						10 556
	其他工程费 Ⅱ	元													
	间接费 规费	元		35.700		1 532	35.700		1 032						17 567
	间接费 企业管理费	元		4.885		1 130	2.715		1 375						9 272
	利润及税金	元		10.410		3 321	10.410		5 574						24 199
	建筑安装工程费	元				35 548			58 625						263 389

续表 11-8

编制范围:K6 + 000 ~ K29 + 800

工程名称:公路与公路平面交叉　　　　第 53 页　　共 76 页

序号	工程项目			人工挖运土方			人工开炸石方			填方路基			自卸汽车运土、石方		
	工程细目			第一个 20 m 挖运普通土			第一个 20 m 开炸运软石			三、四级公路 10 t 以内振动压路机碾压土方			8 t 以内自卸汽车运输第一个 1 km 土方		
	定额单位			1 000 m^3 天然密实方			1 000 m^3 天然密实方			1 000 m^3 压实方			1 000 m^3 天然密实方		
	工程数量			7.338			10.561			4.540			10.232		
	定额表号			1 - 1 - 6 - 2			1 - 1 - 14 - 1			1 - 1 - 18 - 12			1 - 1 - 11 - 9		
	工料机名称	单位	单价(元)	定额	数量	金额(元)	定额	数量	金额(元)	定额	数量	金额(元)	定额	数量	金额(元)
1	人工	工日	48.07	181.100	1 328.912	63 881	270.500	2 856.750	137 324	3.000	13.620	655			
2	钢钎	kg	6.20				18.000	190.098	1 179						
3	硝铵炸药	kg	12.00				132.500	1 399.332	16 792						
4	导火线	m	1.00				338.000	3 569.618	3 570						
5	普通雷管	个	1.00				268.000	2 830.348	2 830						
6	煤	t	340.00				0.171	1.806	614						
7	其他材料费	元	1.00				12.500	132.012	132						
8	120 kW 以内平地机	台班	1 089.76							1.630	7.400	8 064			
9	10 t 以内振动压路机	台班	752.20							1.990	9.035	6 796			
10	8 t 以内自卸汽车	台班	670.66										10.180	104.162	69 857
11	定额基价	元	1.00	8 910	65 382	65 382	14 721	155 468	155 468	2 874	13 048	13 048	4 952	50 669	50 669
	直接工程费	元				63 881			162 441			15 515			69 857
	其他工程费 Ⅰ	元		3.460		2 210	3.390		5 507	3.270		507	1.870		1 306
	其他工程费 Ⅱ	元													
	间接费 规费	元		35.700		22 805	35.700		49 025	35.700		234	35.700		
	间接费 企业管理费	元		3.670		2 426	3.710		6 231	3.640		583	1.750		1 245
	利润及税金	元		10.410		8 074	10.410		20 219	10.410		1 776	10.410		7 711
	建筑安装工程费	元				99 396			243 422			18 616			80 119

续表 11-8

编制范围:K6 + 000 ~ K29 + 800

工程名称:公路与公路平面交叉　　　　第 54 页　　共 76 页

序号	工程项目			石砌边沟、排水沟、截水沟、急流槽			水泥砂浆勾缝及抹面			石砌挡土墙			石砌挡土墙		
	工程细目			边沟、排水沟、截水沟浆砌片石			水泥砂浆抹面(厚 2 cm)			浆砌片、块石基础片石			浆砌片、块石墙身片石		
	定额单位			10 m^3 实体			100 m^2			10 m^3 实体			10 m^3 实体		
	工程数量			25.873			5.734			24.100			165.800		
	定额表号			1 - 2 - 3 - 1			4 - 11 - 6 - 17			5 - 1 - 15 - 5			5 - 1 - 15 - 7		
	工料机名称	单位	单价(元)	定额	数量	金额(元)	定额	数量	金额(元)	定额	数量	金额(元)	定额	数量	金额(元)
1	人工	工日	48.07	15.800	408.793	19 551	5.500	31.537	1 516	8.000	192.800	9 268	12.600	2 089.080	100 422
2	原木	m^3	1 100.00										0.030	4.974	5 471
3	锯材木中板 § = 19 ~ 35	m^3	1 350.00										0.017	2.819	3 806
4	铁钉	kg	8.00										0.100	16.580	133
5	8 ~ 12 号铁丝	kg	9.00										2.700	447.660	4 029
6	32.5 级水泥	t	440.00	0.869	22.484	9 893	0.837	4.799	2 112	0.763	18.388	8 091	0.786	130.319	57 340
7	水	m^3	1.50	18.000	465.714	699	15.000	86.010	129	7.000	168.700	253	7.000	1 160.600	1 741
8	中(粗)砂	m^3	65.00	4.270	110.478	7 181	2.780	15.941	1 036	3.920	94.472	6 141	3.990	661.542	43 000
9	黏土	m^3	8.50							0.030	0.723	6	0.180	29.844	254
10	片石	m^3	51.27	11.500	297.540	15 255				11.500	277.150	14 209	11.500	1 906.700	97 757

续表 11-8

编制范围:K6 +000 ~ K29 +800

工程名称:公路与公路平面交叉

序号	工程项目			石砌边沟、排水沟、截水沟、急流槽			水泥砂浆勾缝及抹面			石砌挡土墙			石砌挡土墙		
	工程细目			边沟、排水沟、截水沟浆砌片石			水泥砂浆抹面(厚 2 cm)			浆砌片、块石基础片石			浆砌片、块石墙身片石		
	定额单位			10 m^3 实体			100 m^2			10 m^3 实体			10 m^3 实体		
	工程数量			25.873			5.734			24.100			165.800		
	定额表号			1 - 2 - 3 - 1			4 - 11 - 6 - 17			5 - 1 - 15 - 5			5 - 1 - 15 - 7		
	工料机名称	单位	单价(元)	定额	数量	金额(元)	定额	数量	金额(元)	定额	数量	金额(元)	定额	数量	金额(元)
11	碎石(8 cm)	m^3	82.39										0.110	18.238	1 503
12	其他材料费	元	1.00	2.400	62.095	62				2.300	55.430	55	3.600	596.880	597
13	定额基价	元	1.00	1 714	44 346	44 346	713	4 088	4 088	1 270	30 607	30 607	1 590	263 622	263 622
	直接工程费	元				52 740			4 793			38 024			316 051
	其他工程费 Ⅰ	元		5.420		2 859	5.420		260	5.420		2 061	5.420		17 130
	其他工程费 Ⅱ	元													
	间接费 规费	元		35.700		7 015	35.700		541	35.700		3 309	35.700		35 851
	间接费 企业管理费	元		4.885		2 716	4.885		247	4.885		1 958	4.885		16 276
	利润及税金	元		10.410		6 449	10.410		583	10.410		4 590	10.410		38 435
	建筑安装工程费	元				71 779			6 423			49 941			423 743

续表 11-8

编制范围:K6 +000 ~ K29 +800

工程名称:公路与公路平面交叉 　　　　第 56 页　共 76 页

序号	工程项目			石砌挡土墙			人工挖运土方			人工开炸石方			夯实填土		
	工程细目			浆砌片、块石墙身块石			第一个 20 m 挖运松土			第一个 20 m 开炸运坚石			夯土机夯实		
	定额单位			10 m^3 实体			1 000 m^3 天然密实方			1 000 m^3 天然密实方			1 000 m^3 压实方		
	工程数量			110.500			0.714			0.714			0.204		
	定额表号			5 - 1 - 15 - 8			1 - 1 - 6 - 1			1 - 1 - 14 - 3			1 - 1 - 7 - 2		
	工料机名称	单位	单价(元)	定额	数量	金额(元)	定额	数量	金额(元)	定额	数量	金额(元)	定额	数量	金额(元)
1	人工	工日	48.07	14.200	1 569.100	75 427	122.600	87.536	4 208	552.100	394.199	18 949	101.700	20.747	997
2	原木	m^3	1 100.00	0.030	3.315	3 647									
3	锯材木中板 § =19 ~35	m^3	1 350.00	0.017	1.878	2 535									
4	钢钎	kg	6.20							45.000	32.130	199			
5	铁钉	kg	8.00	0.100	11.050	88									
6	8 ~ 12 号铁丝	kg	9.00	2.700	298.350	2 685									
7	32.5 级水泥	t	440.00	0.601	66.410	29 220									
8	硝铵炸药	kg	12.00							228.300	163.006	1 956			
9	导火线	m	1.00							635.000	453.390	453			
10	普通雷管	个	1.00							461.000	329.154	329			
11	煤	t	340.00							0.270	0.193	66			
12	水	m^3	1.50	7.000	773.500	1 160									

续表 11-8

编制范围:K6 +000 ~ K29 +800

工程名称:公路与公路平面交叉 第 57 页 共 76 页

序号	工程项目			石砌挡土墙			人工挖运土方			人工开炸石方			夯实填土		
	工程细目			浆砌片、块石墙身块石			第一个 20 m 挖运松土			第一个 20 m 开炸运坚石			夯土机夯实		
	定额单位			10 m^3 实体			1 000 m^3 天然密实方			1 000 m^3 天然密实方			1 000 m^3 压实方		
	工程数量			110.500			0.714			0.714			0.204		
	定额表号			5 - 1 - 15 - 8			1 - 1 - 6 - 1			1 - 1 - 14 - 3			1 - 1 - 7 - 2		
	工料机名称	单位	单价(元)	定额	数量	金额(元)	定额	数量	金额(元)	定额	数量	金额(元)	定额	数量	金额(元)
13	中(粗)砂	m^3	65.00	3.070	339.235	22 050									
14	黏土	m^3	8.50	0.180	19.890	169									
15	碎石(8 cm)	m^3	82.39	0.110	12.155	1 001									
16	块石	m^3	112.85	10.500	1 160.250	130 934									
17	其他材料费	元	1.00	3.600	397.800	398				22.900	16.351	16			
18	夯击功 200 ~ 620 N · m	台班	35.09										78.240	15.961	560
19	定额基价	元	1.00	2 055	227 078	227 078	6 032	4 307	4 307	29 711	21 214	21 214	6 460	1 318	1 318
	直接工程费	元				269 316			4 208			21 969			1 557
	其他工程费 I	元		5.420		14 597	3.460		146	3.390		745	3.270		51
	其他工程费 Ⅱ	元													
	间接费 规费	元		35.700		26 927	35.700		1 502	35.700		6 765	35.700		356
	间接费 企业管理费	元		4.885		13 869	3.670		160	3.710		843	3.640		59
	利润及税金	元		10.410		32 628	10.410		532	10.410		2 739	10.410		190
	建筑安装工程费	元				357 338			6 547			33 060			2 213

续表 11-8

编制范围:K6+000 ~ K29+800

工程名称:公路与公路平面交叉　　　　第 58 页　　共 76 页

序号	工程项目			路面垫层			级配碎石路面			中粒式			沥青混合料运输		
	工程细目			机械铺料压实厚度 20 cm 碎石			机械摊铺集料拖拉机带铧犁拌和压实厚度 18 cm 底基层			中粒式沥青混凝土沥青混合料拌和设备生产能力 60 t/h 以内			8 t 以内自卸汽车装载 1 km		
	定额单位			1 000 m^2			1 000 m^2			1 000 m^3 路面实体			1 000 m^3 路面实体		
	工程数量			1.895			1.895			0.095			0.095		
	定额表号			2-1-1-15, +20*5.0			2-2-2-9, +12*10.0			2-2-11-8			2-2-13-9 改		
	工料机名称	单位	单价(元)	定额	数量	金额(元)	定额	数量	金额(元)	定额	数量	金额(元)	定额	数量	金额(元)
1	人工	工日	48.07	0.800	1.516	73	3.800	7.201	346	65.500	6.222	299			
2	石油沥青	t	4 800.00							113.465	10.779	51 739			
3	砂	m^3	87.20							389.790	37.030	3 229			
4	矿粉	t	150.00							117.720	11.183	1 677			
5	碎石	m^3	82.39	248.860	471.590	38 854									
6	石屑	m^3	36.64				27.200	51.544	1 889	226.750	21.541	789			
7	路面用碎石(1.5 cm)	m^3	108.36				41.050	77.790	8 429	334.740	31.800	3 446			
8	路面用碎石(2.5 cm)	m^3	97.84				68.420	129.656	12 686	520.050	49.405	4 834			
9	路面用碎石(3.5 cm)	m^3	95.32				82.100	155.580	14 830						
10	路面用碎石(5 cm)	m^3	91.03				54.740	103.732	9 443						
11	其他材料费	元	1.00							230.000	21.850	22			
12	设备摊销费	元	1.00				1.900	3.600	4	3 717.100	353.124	353			
13	2.0 m^3 轮胎式装载机	台班	909.16							9.750	0.926	842			
14	120 kW 以内平地机	台班	1 089.76	0.330	0.625	681	0.280	0.531	579						

续表 11-8

编制范围:K6 +000 ~ K29 +800

工程名称:公路与公路平面交叉　　　　第 59 页　　共 76 页

序号	工程项目			路面垫层			级配碎石路面			中粒式			沥青混合料运输		
	工程细目			机械铺料压实厚度 20 cm 碎石			机械摊铺集料拖拉机带铧犁拌和压实厚度 18 cm 底基层			中粒式沥青混凝土沥青混合料拌和设备生产能力 60 t/h 以内			8 t 以内自卸汽车装载 1 km		
	定额单位			1 000 m^2			1 000 m^2			1 000 m^3 路面实体			1 000 m^3 路面实体		
	工程数量			1.895			1.895			0.095			0.095		
	定额表号			2 -1 -1 -15, +20 * 5.0			2 -2 -2 -9, +12 * 10.0			2 -2 -11 -8			2 -2 -13 -9 改		
	工料机名称	单位	单价(元)	定额	数量	金额(元)	定额	数量	金额(元)	定额	数量	金额(元)	定额	数量	金额(元)
15	75 kW 以内履带式拖拉机	台班	641.60				0.270	0.512	328						
16	6 ~8 t 光轮压路机	台班	292.50	0.250	0.474	139	0.140	0.265	78						
17	12 ~15 t 光轮压路机	台班	498.85	0.660	1.251	624	1.090	2.066	1 031						
18	60 t/h 以内沥青混合料拌和设备	台班	13 561.22							6.920	0.657	8 910			
19	5 t 以内自卸汽车	台班	543.52							6.490	0.617	335			
20	8 t 以内自卸汽车	台班	670.66										14.670	1.394	935
21	6 000 L 以内洒水汽车	台班	637.84	0.480	0.910	580	0.400	0.758	483						
22	定额基价	元	1.00	7 765	14 715	14 715	18 397	34 862	34 862	603 791	57 360	57 360	7 136	678	678
	直接工程费	元				40 951			50 124			76 482			935
	其他工程费 I	元		4.430		1 814	4.430		2 220	4.580		3 503	1.870		17
	其他工程费 Ⅱ	元													
	间接费 规费	元		35.700		26	35.700		124	35.700		107	35.700		
	间接费 企业管理费	元		3.545		1 516	3.545		1 856	2.150		1 720	1.750		17
	利润及税金	元		10.410		4 716	10.410		5 776	10.410		8 704	10.410		103
	建筑安装工程费	元				49 024			60 099			90 515			1 072

续表 11-8

编制范围:K6 + 000 ~ K29 + 800

工程名称:公路与公路平面交叉 第 60 页 共 76 页

序号	工程项目			沥青混合料路面铺筑									合 计		
	工程细目			机械摊铺沥青碎石混合料拌和设备生产能力 30 t/h 以内											
	定额单位			1 000 m^3 路面实体											
	工程数量			0.095											
	定额表号			2 - 2 - 14 - 6											
	工料机名称	单位	单价(元)	定额	数量	金额(元)	定额	数量	金额(元)	定额	数量	金额(元)	定额	数量	金额(元)
1	人工	工日	48.07	58.900	5.596	269								9 013.610	433 284
2	原木	m^3	1 100.00											8.289	9 118
3	锯材木中板 § = 19 ~ 35	m^3	1 350.00											4.697	6 341
4	钢钎	kg	6.20											222.228	1 378
5	铁钉	kg	8.00											27.630	221
6	8 ~ 12 号铁丝	kg	9.00											746.010	6 714
7	32.5 级水泥	t	440.00											242.401	106 656
8	硝铵炸药	kg	12.00											1 562.339	18 748
9	导火线	m	1.00											4 023.008	4 023
10	普通雷管	个	1.00											3 159.502	3 160
11	石油沥青	t	4 800.00											10.779	51 739
12	煤	t	340.00											1.999	680
13	水	m^3	1.50											2 654.524	3 982
14	砂	m^3	87.20											37.030	3 229
15	中(粗)砂	m^3	65.00											1 221.667	79 408
16	黏土	m^3	8.50											50.457	429
17	片石	m^3	51.27											2 481.390	127 221

续表 11-8

编制范围:K6 + 000 ~ K29 + 800

工程名称:公路与公路平面交叉 第 61 页 共 76 页

序号	工程项目			沥青混合料路面铺筑									合 计		
	工程细目			机械摊铺沥青碎石混合料拌和设备生产能力 30 t/h 以内											
	定额单位			1 000 m^3 路面实体											
	工程数量			0.095											
	定额表号			2 - 2 - 14 - 6											
	工料机名称	单位	单价(元)	定额	数量	金额(元)	定额	数量	金额(元)	定额	数量	金额(元)	定额	数量	金额(元)
18	矿粉	t	150.00											11.183	1 677
19	碎石(8 cm)	m^3	82.39											30.393	2 504
20	碎石	m^3	82.39											471.590	38 854
21	石屑	m^3	36.64											73.085	2 678
22	路面用碎石(1.5 cm)	m^3	108.36											109.590	11 875
23	路面用碎石(2.5 cm)	m^3	97.84											179.061	17 519
24	路面用碎石(3.5 cm)	m^3	95.32											155.580	14 830
25	路面用碎石(5 cm)	m^3	91.03											103.732	9 443
26	块石	m^3	112.85											1 160.250	130 934
27	其他材料费	元	1.00											1 282.418	1 282
28	设备摊销费	元	1.00											356.725	357
29	2.0 m^3 轮胎式装载机	台班	909.16											0.926	842
30	120 kW 以内平地机	台班	1 089.76											8.556	9 324
31	75 kW 以内履带式拖拉机	台班	641.60											0.512	328
32	6 ~ 8 t 光轮压路机	台班	292.50	10.160	0.965	282								1.704	498
33	12 ~ 15 t 光轮压路机	台班	498.85	10.160	0.965	481								4.281	2 136
34	10 t 以内振动压路机	台班	752.20											9.035	6 796
35	夯击功 200 ~ 620 N · m	台班	35.09											15.961	560

续表 11-8

编制范围:K6 + 000 ~ K29 + 800

工程名称:公路与公路平面交叉

序号	工程项目			沥青混合料路面铺筑									合 计		
	工程细目			机械摊铺沥青碎石混合料拌和设备生产能力 30 t/h 以内											
	定额单位			1 000 m^3 路面实体											
	工程数量			0.095											
	定额表号			2 - 2 - 14 - 6											
	工料机名称	单位	单价(元)	定额	数量	金额(元)	定额	数量	金额(元)	定额	数量	金额(元)	定额	数量	金额(元)
36	60 t/h 以内沥青混合料拌和设备	台班	13 561.22											0.657	8 910
37	4.5 m 以内不带自动找平沥青混合料摊铺机	台班	690.26	10.330	0.981	677								0.981	677
38	9 ~ 16 t 轮胎式压路机	台班	598.59	9.910	0.941	563								0.941	563
39	5 t 以内自卸汽车	台班	543.52											0.617	335
40	8 t 以内自卸汽车	台班	670.66											105.555	70 792
41	6 000 L 以内洒水汽车	台班	637.84											1.668	1 064
42	定额基价	元	1.00	21 285	2 022	2 022								990 784	990 784
	直接工程费	元				2 274									1 191 117
	其他工程费 I	元		4.580		104									55 037
	其他工程费 Ⅱ	元													
	间接费 规费	元		35.700		96									154 682
	间接费 企业管理费	元		2.150		51									51 771
	利润及税金	元		10.410		262									143 487
	建筑安装工程费	元				2 787									1 596 094

续表 11-8

编制范围：K6 +000 ~ K29 +800

工程名称：公路标线 第63页 共76页

序号	工程项目			路面标线									合计		
	工程细目			普通标线人工标线											
	定额单位			100 m^2											
	工程数量			66.858											
	定额表号			6-1-9-1											
	工料机名称	单位	单价(元)	定额	数量	金额(元)	定额	数量	金额(元)	定额	数量	金额(元)	定额	数量	金额(元)
1	人工	工日	48.07	5.300	354.347	17 033								354.347	17 033
2	标线漆	kg	80.00	49.000	3 276.042	262 083								3 276.042	262 083
3	小型机具使用费	元	1.00	33.300	2 226.371	2 226								2 226.371	2 226
4	定额基价	元	1.00	2 146	143 477	143 477								143 477	143 477
	直接工程费	元				281 343									281 343
	其他工程费 Ⅰ	元		5.420		15 249									15 249
	其他工程费 Ⅱ	元													
	间接费 规费	元		35.700		6 081									6 081
	间接费 企业管理费	元		4.885		14 489									14 489
	利润及税金	元		10.410		33 333									33 333
	建筑安装工程费	元				350 495									350 495

续表 11-8

编制范围：K6 + 000 ~ K29 + 800

工程名称：百米桩　　　　

序号	工程项目			里程碑、百米桩、界碑									合　计		
	工程细目			百米桩											
	定额单位			100 块											
	工程数量			2.150											
	定额表号			6 - 1 - 11 - 2											
	工料机名称	单位	单价(元)	定额	数量	金额(元)	定额	数量	金额(元)	定额	数量	金额(元)	定额	数量	金额(元)
1	人工	工日	48.07	6.000	12.900	620								12.900	620
2	原木	m^3	1 100.00	0.004	0.009	10								0.009	10
3	光圆钢筋直径 10 ~ 14 mm	t	4 500.00	0.070	0.150	675								0.150	675
4	型钢	t	5 000.00	0.001	0.002	10								0.002	10
5	组合钢模板	t	6 100.00	0.007	0.015	92								0.015	92
6	铁件	kg	7.00	3.700	7.955	56								7.955	56
7	油漆	kg	15.00	4.600	9.890	148								9.890	148
8	32.5 级水泥	t	440.00	0.188	0.404	178								0.404	178
9	水	m^3	1.50	1.000	2.150	3								2.150	3
10	中(粗)砂	m^3	65.00	0.240	0.516	34								0.516	34
11	碎石(2 cm)	m^3	92.88	0.410	0.882	82								0.882	82
12	其他材料费	元	1.00	4.900	10.535	11								10.535	11

续表 11-8

编制范围:K6 + 000 ~ K29 + 800

工程名称:百米桩 第 65 页 共 76 页

序号	工程项目			里程碑、百米桩、界碑									合 计		
	工程细目			百米桩											
	定额单位			100 块											
	工程数量			2.150											
	定额表号			6 - 1 - 11 - 2											
	工料机名称	单位	单价(元)	定额	数量	金额(元)	定额	数量	金额(元)	定额	数量	金额(元)	定额	数量	金额(元)
13	250 L 以内强制式混凝土搅拌机	台班	145.76	0.020	0.043	6								0.043	6
14	4 t 以内载货汽车	台班	431.19	0.060	0.129	56								0.129	56
15	小型机具使用费	元	1.00	0.400	0.860	1								0.860	1
16	定额基价	元	1.00	773.000	1 662.000	1 662								1 662.000	1 662
	直接工程费	元				1 983									1 983
	其他工程费 Ⅰ	元		5.420		107									107
	其他工程费 Ⅱ	元													
	间接费 规费	元		35.700		221									221
	间接费 企业管理费	元		4.885		102									102
	利润及税金	元		10.410		241									241
	建筑安装工程费	元				2 655									2 655

续表 11-8

编制范围:K6 +000 ~ K29 +800

工程名称:里程碑

序号	工程项目			里程碑、百米桩、界碑									合　计		
	工程细目			里程碑											
	定额单位			100 块											
	工程数量			0.230											
	定额表号			6 - 1 - 11 - 1											
	工料机名称	单位	单价(元)	定额	数量	金额(元)	定额	数量	金额(元)	定额	数量	金额(元)	定额	数量	金额(元)
1	人工	工日	48.07	54.900	12.627	607								12.627	607
2	原木	m^3	1 100.00	0.021	0.005	6								0.005	6
3	光圆钢筋直径 10 ~ 14 mm	t	4 500.00	0.267	0.061	275								0.061	275
4	型钢	t	5 000.00	0.005	0.001	5								0.001	5
5	组合钢模板	t	6 100.00	0.032	0.007	43								0.007	43
6	铁件	kg	7.00	18.000	4.140	29								4.140	29
7	油漆	kg	15.00	31.100	7.153	107								7.153	107
8	32.5 级水泥	t	440.00	3.325	0.765	337								0.765	337
9	水	m^3	1.50	16.000	3.680	6								3.680	6
10	中(粗)砂	m^3	65.00	6.190	1.424	93								1.424	93
11	碎石(2 cm)	m^3	92.88	4.410	1.014	94								1.014	94
12	碎石(8 cm)	m^3	82.39	5.080	1.168	96								1.168	96
13	其他材料费	元	1.00	70.700	16.261	16								16.261	16

续表 11-8

编制范围:K6 + 000 ~ K29 + 800

工程名称:里程碑

序号	工程项目			里程碑、百米桩、界碑									合计		
	工程细目			里程碑											
	定额单位			100 块											
	工程数量			0.230											
	定额表号			6－1－11－1											
	工料机名称	单位	单价(元)	定额	数量	金额(元)	定额	数量	金额(元)	定额	数量	金额(元)	定额	数量	金额(元)
14	250 L 以内强制式混凝土搅拌机	台班	145.76	0.230	0.053	8								0.053	8
15	4 t 以内载货汽车	台班	431.19	1.120	0.258	111								0.258	111
16	小型机具使用费	元	1.00	2.100	0.483	0								0.483	0
17	定额基价	元	1.00	6 651.000	1 530.000	1 530								1 530.000	1 530
	直接工程费	元				1 836									1 836
	其他工程费 Ⅰ	元		5.420		100									100
	其他工程费 Ⅱ	元													
	间接费 规费	元		35.700		217									217
	间接费 企业管理费	元		4.885		95									95
	利润及税金	元		10.410		224									224
	建筑安装工程费	元				2 470									2 470

续表 11-8

编制范围:K6 +000 ~ K29 +800

工程名称:单悬臂式(一) 第 68 页 共 76 页

序号	工程项目			金属标志牌基础			钢板标志			钢板标志			合计		
	工程细目			金属标志牌基础混凝土			单悬臂立柱			单悬臂面板					
	定额单位			$10\ m^3$ 实体			10 t			10 t					
	工程数量			2.232			0.581			0.038					
	定额表号			6-1-7-4 改			6-1-7-10			6-1-7-11					
	工料机名称	单位	单价(元)	定额	数量	金额(元)	定额	数量	金额(元)	定额	数量	金额(元)	定额	数量	金额(元)
1	人工	工日	48.07	21.700	48.434	2 328	2.900	1.685	81	5.500	0.209	10		50.328	2 419
2	锯材木中板 § =19 ~ 35	m^3	1 350.00	0.001	0.002	3								0.002	3
3	型钢	t	5 000.00	0.004	0.009	45								0.009	45
4	电焊条	kg	6.50				0.500	0.290	2					0.290	2
5	钢管立柱	t	6 300.00				7.179	4.171	26 277					4.171	26 277
6	组合钢模板	t	6 100.00	0.007	0.016	98								0.016	98
7	铁件	kg	7.00	3.300	7.366	52								7.366	52
8	镀锌铁件	kg	12.50				2 877.000	1 671.537	20 894	3 100.900	117.834	1 473		1 789.371	22 367
9	钢板标志	t	7 500.00							6.960	0.264	1 980		0.264	1980
10	反光膜	m^2	250.00							501.700	19.065	4 766		19.065	4 766
11	32.5 级水泥	t	440.00	3.417	7.627	3 356								7.627	3 356
12	水	m^3	1.50	12.000	26.784	40								26.784	40
13	中(粗)砂	m^3	65.00	4.900	10.937	711								10.937	711
14	砾石(4 cm)	m^3	44.04	8.470	18.905	833								18.905	833
15	其他材料费	元	1.00	34.600	77.227	77								77.227	77

续表 11-8

编制范围：K6 +000 ~ K29 +800

工程名称：单悬臂式(一)　　　　第 69 页　共 76 页

序号	工程项目			金属标志牌基础			钢板标志			钢板标志			合　计		
	工程细目			金属标志牌基础混凝土			单悬臂立柱			单悬臂面板					
	定额单位			10 m^3 实体			10 t			10 t					
	工程数量			2.232			0.581			0.038					
	定额表号			6－1－7－4 改			6－1－7－10			6－1－7－11					
	工料机名称	单位	单价(元)	定额	数量	金额(元)	定额	数量	金额(元)	定额	数量	金额(元)	定额	数量	金额(元)
16	4 t 以内载货汽车	台班	431.19				0.710	0.413	178	1.340	0.051	22		0.463	200
17	5 t 以内汽车式起重机	台班	501.28				0.710	0.413	207	1.340	0.051	26		0.463	232
18	32 kVA 交流电弧焊机	台班	186.76				0.090	0.052	10					0.052	10
19	小型机具使用费	元	1.00	4.000	8.928	9								8.928	9
20	定额基价	元	1.00	2 918	6 513	6 513	62 483	36 303	36 303	181 667	6 903	6 903		49 719	49 719
	直接工程费	元				7 548			47 649			8 280			63 477
	其他工程费 Ⅰ	元		4.290		324	4.290		2 044	4.290		355			2 723
	其他工程费 Ⅱ	元													
	间接费 规费	元		35.700		831	35.700		29	35.700		4			864
	间接费 企业管理费	元		2.715		214	2.715		1 349	2.715		234			1 797
	利润及税金	元		10.410		889	10.410		5 436	10.410		945			7 270
	建筑安装工程费	元				9 806			56 507			9 818			76 131

续表 11-8

编制范围:K6 + 000 ~ K29 + 800

工程名称:单柱式(一)　　　　第 70 页　　共 76 页

序号	工程项目			金属标志牌基础			钢板标志			钢板标志			合　计		
	工程细目			金属标志牌基础混凝土			单悬臂立柱			单悬臂面板					
	定额单位			$10\ m^3$ 实体			10 t			10 t					
	工程数量			0.512			0.012			0.003					
	定额表号			6 - 1 - 7 - 4 改			6 - 1 - 7 - 10			6 - 1 - 7 - 11					
	工料机名称	单位	单价(元)	定额	数量	金额(元)	定额	数量	金额(元)	定额	数量	金额(元)	定额	数量	金额(元)
1	人工	工日	48.07	21.700	11.110	534	2.900	0.035	2	5.500	0.016	1		11.162	537
2	锯材木中板 § = 19 ~ 35	m^3	1 350.00	0.001	0.001	1								0.001	1
3	型钢	t	5 000.00	0.004	0.002	10								0.002	10
4	电焊条	kg	6.50				0.500	0.006	0					0.006	0
5	钢管立柱	t	6 300.00				7.179	0.086	542					0.086	542
6	组合钢模板	t	6 100.00	0.007	0.004	24								0.004	24
7	铁件	kg	7.00	3.300	1.690	12								1.690	12
8	镀锌铁件	kg	12.50				2 877.000	34.524	432	3 100.900	9.303	116		43.827	548
9	钢板标志	t	7 500.00							6.960	0.021	157		0.021	157
10	反光膜	m^2	250.00							501.700	1.505	376		1.505	376
11	32.5 级水泥	t	440.00	3.417	1.750	770								1.750	770
12	水	m^3	1.50	12.000	6.144	9								6.144	9
13	中(粗)砂	m^3	65.00	4.900	2.509	163								2.509	163
14	砾石(4 cm)	m^3	44.04	8.470	4.337	191								4.337	191

续表 11-8

编制范围:K6 +000 ~ K29 +800

工程名称:单柱式(一)　　　　第 71 页　　共 76 页

序号	工程项目			金属标志牌基础			钢板标志			钢板标志			合计		
	工程细目			金属标志牌基础混凝土			单悬臂立柱			单悬臂面板					
	定额单位			10 m^3 实体			10 t			10 t					
	工程数量			0.512			0.012			0.003					
	定额表号			6 - 1 - 7 - 4 改			6 - 1 - 7 - 10			6 - 1 - 7 - 11					
	工料机名称	单位	单价(元)	定额	数量	金额(元)	定额	数量	金额(元)	定额	数量	金额(元)	定额	数量	金额(元)
15	其他材料费	元	1.00	34.600	17.715	18								17.715	18
16	4 t 以内载货汽车	台班	431.19				0.710	0.009	4	1.340	0.004	2		0.013	6
17	5 t 以内汽车式起重机	台班	501.28				0.710	0.009	5	1.340	0.004	2		0.013	7
18	32 kVA 交流电弧焊机	台班	186.76				0.090	0.001	0					0.001	0
19	小型机具使用费	元	1.00	4.000	2.048	2								2.048	2
20	定额基价	元	1.00	2 918	1 494	1 494	62 483	750	750	181 667	545	545		2 789	2 789
	直接工程费	元				1 732			984			654			3 370
	其他工程费 Ⅰ	元		4.290		74	4.290		42	4.290		28			144
	其他工程费 Ⅱ	元													
	间接费 规费	元		35.700		191	35.700		1	35.700		0			192
	间接费 企业管理费	元		2.715		49	2.715		28	2.715		19			96
	利润及税金	元		10.410		204	10.410		112	10.410		75			391
	建筑安装工程费	元				2 250			1 167			775			4 192

续表 11-8

编制范围:K6 +000 ~ K29 +800

工程名称:单柱式(三) 第72页 共76页

序号	工程项目			金属标志牌基础			钢板标志			钢板标志			合计		
	工程细目			金属标志牌基础混凝土			单悬臂立柱			单悬臂面板					
	定额单位			10 m^3 实体			10 t			10 t					
	工程数量			8.064			0.160			0.010					
	定额表号			6-1-7-4改			6-1-7-10			6-1-7-11					
	工料机名称	单位	单价(元)	定额	数量	金额(元)	定额	数量	金额(元)	定额	数量	金额(元)	定额	数量	金额(元)
1	人工	工日	48.07	21.700	174.989	8 412	2.900	0.464	22	5.500	0.055	3		175.508	8 437
2	锯材木中板 § =19 ~35	m^3	1 350.00	0.001	0.008	11								0.008	11
3	型钢	t	5 000.00	0.004	0.032	160								0.032	160
4	电焊条	kg	6.50				0.500	0.080	1					0.080	1
5	钢管立柱	t	6 300.00				7.179	1.149	7 239					1.149	7 239
6	组合钢模板	t	6 100.00	0.007	0.056	342								0.056	342
7	铁件	kg	7.00	3.300	26.611	186								26.611	186
8	镀锌铁件	kg	12.50				2 877.000	460.320	5 754	3 100.900	31.009	388		491.329	6 142
9	钢板标志	t	7 500.00							6.960	0.070	525		0.070	525
10	反光膜	m^2	250.00							501.700	5.017	1 254		5.017	1 254
11	32.5 级水泥	t	440.00	3.417	27.555	12 124								27.555	12 124
12	水	m^3	1.50	12.000	96.768	145								96.768	145
13	中(粗)砂	m^3	65.00	4.900	39.514	2 568								39.514	2 568
14	砾石(4 cm)	m^3	44.04	8.470	68.302	3 008								68.302	3 008
15	其他材料费	元	1.00	34.600	279.014	279								279.014	279
16	4 t以内载货汽车	台班	431.19				0.710	0.114	49	1.340	0.013	6		0.127	55

续表 11-8

编制范围：K6 +000 ~ K29 +800

工程名称：单柱式(三)

序号	工程项目			金属标志牌基础			钢板标志			钢板标志			合　计		
	工程细目			金属标志牌基础混凝土			单悬臂立柱			单悬臂面板					
	定额单位			10 m^3 实体			10 t			10 t					
	工程数量			8.064			0.160			0.010					
	定额表号			6-1-7-4 改			6-1-7-10			6-1-7-11					
	工料机名称	单位	单价(元)	定额	数量	金额(元)	定额	数量	金额(元)	定额	数量	金额(元)	定额	数量	金额(元)
17	5 t 以内汽车式起重机	台班	501.28				0.710	0.114	57	1.340	0.013	7		0.127	64
18	32 kVA 交流电弧焊机	台班	186.76				0.090	0.014	3					0.014	3
19	小型机具使用费	元	1.00	4.000	32.256	32								32.256	32
20	定额基价	元	1.00	2 918	23 531	23 531	62 483	9 997	9 997	181 667	1 817	1 817		35 345	35 345
	直接工程费	元				27 271			13 122			2 179			42 572
	其他工程费 Ⅰ	元		4.290		1 170	4.290		563	4.290		93			1 826
	其他工程费 Ⅱ	元													
	间接费 规费	元		35.700		3 003	35.700		8	35.700		1			3 012
	间接费 企业管理费	元		2.715		772	2.715		372	2.715		62			1 206
	利润及税金	元		10.410		3 213	10.410		1 497	10.410		249			4 959
	建筑安装工程费	元				35 430			15 561			2 584			53 575

续表 11-8

编制范围:K6 + 000 ~ K29 + 800

工程名称:门架式　　　　第 74 页　　共 76 页

序号	工程项目			金属标志牌基础			钢板标志			钢板标志			合　计		
	工程细目			金属标志牌基础混凝土			门架式立柱			门架式面板					
	定额单位			10 m^3 实体			10 t			10 t					
	工程数量			1.490			0.294			0.062					
	定额表号			6 - 1 - 7 - 4 改			6 - 1 - 7 - 14			6 - 1 - 7 - 15					
	工料机名称	单位	单价(元)	定额	数量	金额(元)	定额	数量	金额(元)	定额	数量	金额(元)	定额	数量	金额(元)
1	人工	工日	48.07	21.700	32.333	1 554	8.700	2.558	123	5.600	0.347	17		35.238	1 694
2	锯材木中板 § =19 ~ 35	m^3	1 350.00	0.001	0.001	1								0.001	1
3	型钢	t	5 000.00	0.004	0.006	30								0.006	30
4	电焊条	kg	6.50				0.300	0.088	1					0.088	1
5	钢管立柱	t	6 300.00				7.606	2.236	14 087					2.236	14 087
6	组合钢模板	t	6 100.00	0.007	0.010	61								0.010	61
7	铁件	kg	7.00	3.300	4.917	34								4.917	34
8	镀锌铁件	kg	12.50				2 441.500	717.801	8 973	3 347.600	207.551	2 594		925.352	11 567
9	钢板标志	t	7 500.00							6.718	0.417	3 124		0.417	3 128
10	反光膜	m^2	250.00							474.400	29.413	7 353		29.413	7 353
11	32.5 级水泥	t	440.00	3.417	5.091	2 240								5.091	2 240
12	水	m^3	1.50	12.000	17.880	27								17.880	27
13	中(粗)砂	m^3	65.00	4.900	7.301	475								7.301	475
14	砾石(4 cm)	m^3	44.04	8.470	12.620	555								12.620	556
15	其他材料费	元	1.00	34.600	51.554	52								51.554	52
16	6 t 以内载货汽车	台班	467.97				1.050	0.309	145	0.680	0.042	20		0.351	164

续表 11-8

编制范围:K6 +000 ~ K29 +800

工程名称:门架式 第 75 页 共 76 页

序号	工程项目			金属标志牌基础			钢板标志			钢板标志			合 计		
	工程细目			金属标志牌基础混凝土			门架式立柱			门架式面板					
	定额单位			$10\ m^3$ 实体			10 t			10 t					
	工程数量			1.490			0.294			0.062					
	定额表号			6-1-7-4 改			6-1-7-14			6-1-7-15					
	工料机名称	单位	单价(元)	定额	数量	金额(元)	定额	数量	金额(元)	定额	数量	金额(元)	定额	数量	金额(元)
17	5 t 以内汽车式起重机	台班	501.28				1.050	0.309	155	0.680	0.042	21		0.351	176
18	32 kVA 交流电弧焊机	台班	186.76				0.060	0.018	3					0.018	3
19	小型机具使用费	元	1.00	4.000	5.960	6								5.960	6
20	定额基价	元	1.00	2 918	4 348	4 348	62 528	18 383	18 383	175 254	10 866	10 866		33 597	33 597
	直接工程费	元				5 039			23 486			13 129			41 654
	其他工程费 Ⅰ	元		4.290		216	4.290		1 008	4.290		563			1 787
	其他工程费 Ⅱ	元													
	间接费 规费	元		35.700		555	35.700		44	35.700		6			605
	间接费 企业管理费	元		2.715		143	2.715		665	2.715		372			1180
	利润及税金	元		10.410		594	10.410		2 681	10.410		1 498			4 773
	建筑安装工程费	元				6 546			27 883			15 568			49 997

续表 11-8

编制范围:K6 +000 ~ K29 +800

工程名称:取土坑、弃土场　　　　第 76 页　　共 76 页

序号	工程项目				石砌挡土墙									合 计		
	工程细目				浆砌片、块石基础片石											
	定额单位				10 m^3 实体											
	工程数量				238.350											
	定额表号				5-1-15-5											
	工料机名称		单位	单价(元)	定额	数量	金额(元)	定额	数量	金额(元)	定额	数量	金额(元)	定额	数量	金额(元)
1	人工		工日	48.07	8.000	1 906.800	91 660								1 906.800	91 660
2	32.5 级水泥		t	440.00	0.763	181.861	80 019								181.861	80 019
3	水		m^3	1.50	7.000	1 668.450	2 503								1 668.450	2 503
4	中(粗)砂		m^3	65.00	3.920	934.332	60 732								934.332	60 732
5	黏土		m^3	8.50	0.030	7.150	61								7.150	61
6	片石		m^3	51.27	11.500	2 741.025	140 532								2 741.025	140 532
7	其他材料费		元	1.00	2.300	548.205	548								548.205	548
8	定额基价		元	1.00	1 270	302 705	302 705								302 705	302 705
	直接工程费		元				376 054									376 054
	其他工程费	Ⅰ	元		5.420		20 382									20 382
		Ⅱ	元													
	间接费	规费	元		35.700		32 723									32 723
		企业管理费	元		4.885		19 366									19 366
	利润及税金		元		10.410		45 393									45 393
	建筑安装工程费		元				493 918									493 918

表 11-9　材料预算单价计算

建设项目名称：梵净山旅游公路德望至团龙段公路工程

编制范围：K6 + 000 ~ K29 + 800　　　　第 1 页　　共 1 页

序号	规格名称	单位	原价（元）	运杂费					原价运费合计（元）	场外运输损耗		采购及保管费		预算单价（元）
				供应地点	运输方式、比重及运距（km）	毛重系数或单位毛重	运杂费构成说明或计算式	单位运费（元）		费率（%）	金额（元）	费率（%）	金额（元）	
1	砂	m^3	68.000	德旺—团龙	自办运输、1.0、8.0	1.500 00	[(2.0×1.0)×1.0]×1.5	15.000	83.00	2.500	2.075	2.500	2.127	87.200
2	砾石(4 cm)	m^3	26.040	德旺—团龙	自办运输、1.0、8.0	1.650 00	[(2.0×1.0)×1.0]×1.65	16.500	42.54	1.000	0.425	2.500	1.074	44.040
3	片石	m^3	34.020	德旺—团龙	自办运输、1.0、8.0	1.600 00	[(2.0×1.0)×1.0]×1.6	16.000	50.02			2.500	1.251	51.270
4	碎石(2 cm)	m^3	74.720	德旺—团龙	自办运输、1.0、8.0	1.500 00	[(2.0×1.0)×1.0]×1.5	15.000	89.72	1.000	0.897	2.500	2.265	92.880
5	碎石(4 cm)	m^3	70.620	德旺—团龙	自办运输、1.0、8.0	1.500 00	[(2.0×1.0)×1.0]×1.5	15.000	85.62	1.000	0.856	2.500	2.162	88.640
6	碎石(8 cm)	m^3	64.580	德旺—团龙	自办运输、1.0、8.0	1.500 00	[(2.0×1.0)×1.0]×1.5	15.000	79.58	1.000	0.796	2.500	2.009	82.390
7	碎石	m^3	64.580	德旺—团龙	自办运输、1.0、8.0	1.500 00	[(2.0×1.0)×1.0]×1.5	15.000	79.58	1.000	0.796	2.500	2.009	82.390
8	石屑	m^3	20.390	德旺—团龙	自办运输、1.0、8.0	1.500 00	[(2.0×1.0)×1.0]×1.5	15.000	35.39	1.000	0.354	2.500	0.894	36.640
9	路面用碎石(1.5 cm)	m^3	89.670	德旺—团龙	自办运输、1.0、8.0	1.500 00	[(2.0×1.0)×1.0]×1.5	15.000	104.67	1.000	1.047	2.500	2.643	108.360
10	路面用碎石(2.5 cm)	m^3	79.510	德旺—团龙	自办运输、1.0、8.0	1.500 00	[(2.0×1.0)×1.0]×1.5	15.000	94.51	1.000	0.945	2.500	2.386	97.840
11	路面用碎石(3.5 cm)	m^3	77.070	德旺—团龙	自办运输、1.0、8.0	1.500 00	[(2.0×1.0)×1.0]×1.5	15.000	92.07	1.000	0.921	2.500	2.325	95.320
12	路面用碎石(5 cm)	m^3	72.930	德旺—团龙	自办运输、1.0、8.0	1.500 00	[(2.0×1.0)×1.0]×1.5	15.000	87.93	1.000	0.879	2.500	2.220	91.030
13	路面用碎石(6 cm)	m^3	71.100	德旺—团龙	自办运输、1.0、8.0	1.500 00	[(2.0×1.0)×1.0]×1.5	15.000	86.10	1.000	0.861	2.500	2.174	89.140
14	块石	m^3	91.600	德旺—团龙	自办运输、1.0、8.0	1.850 00	[(2.0×1.0)×1.0]×1.85	18.500	110.10			2.500	2.752	112.850
15	开采片石	m^3	34.020		汽车、1.0、0	1.600 00			34.02			2.500	0.851	34.870

表 11-10　自采材料料场价格计算

建设项目名称:梵净山旅游公路德望至团龙段公路工程

编制范围:K6 +000 ~ K29 +800　　　　第 1 页　　共 4 页

序号	定额号	材料规格名称	单位	料场价格(元)	间接费(元)	人工 48.07 元/工日		原木 1 100.0 元/m^3		钢钎 6.2 元/kg		空心钢钎 6.5 元/kg		ϕ50 mm 以内合金钻头 40.0 元/个		高原增加费(元)
					占人工费的 5.0%	定额	金额	定额	金额	定额	金额	定额	金额	定额	金额	
1	8-1-4-14	砂	m^3	68.00	1.622	0.675	32.447	0	0.330	0.021	0.130					
2	8-1-5-5	砾石(4 cm)	m^3	26.04	1.240	0.516	24.804									
3	8-1-6-2	片石	m^3	34.02	0.942	0.392	18.843					0.021	0.136	0.030	1.200	
4	8-1-9-3	碎石(2 cm)	m^3	74.72	1.161	0.483	23.218									
5	8-1-9-5	碎石(4 cm)	m^3	70.62	1.082	0.450	21.632									
6	8-1-9-9	碎石(8 cm)	m^3	64.58	0.983	0.409	19.661									
7	8-1-9-9	碎石	m^3	64.58	0.983	0.409	19.661									
8	8-1-10-1	石屑	m^3	20.39	0.971	0.404	19.420									
9	8-1-9-11	路面用碎石(1.5 cm)	m^3	89.67	1.195	0.497	23.891									
10	8-1-9-13	路面用碎石(2.5 cm)	m^3	79.51	1.103	0.459	22.064									
11	8-1-9-14	路面用碎石(3.5 cm)	m^3	77.07	1.082	0.450	21.632									
12	8-1-9-15	路面用碎石(5 cm)	m^3	72.93	1.021	0.425	20.430									
13	8-1-9-16	路面用碎石(6 cm)	m^3	71.10	1.002	0.417	20.045									
14	8-1-6-5	块石	m^3	91.60	2.846	1.184	56.915					0.009	0.059	0.030	1.200	
15	8-1-6-2	开采片石	m^3	34.02	0.942	0.392	18.843					0.021	0.136	0.030	1.200	

续表 11-10

建设项目名称：梵净山旅游公路德望至团龙段公路工程

编制范围：K6 + 000 ~ K29 + 800

序号	定额号	材料规格名称	单位	料场价格（元）	间接费（元）	铁件 7.0 元/kg		硝铵炸药 12.0 元/kg		导火线 1.0 元/m		普通雷管 1.0 元/个		其他材料费 1.0 元		高原增加费（元）
					占人工费的 5.0%	定额	金额	定额	金额	定额	金额	定额	金额	定额	金额	
1	8 - 1 - 4 - 14	砂	m^3	68.00	1.622	0.006	0.042	0.090	1.080	0.300	0.300	0.200	0.200	0.215	0.215	
2	8 - 1 - 5 - 5	砾石（4 cm）	m^3	26.04	1.240											
3	8 - 1 - 6 - 2	片石	m^3	34.02	0.942			0.204	2.448	0.520	0.520	0.490	0.490			
4	8 - 1 - 9 - 3	碎石（2 cm）	m^3	74.72	1.161											
5	8 - 1 - 9 - 5	碎石（4 cm）	m^3	70.62	1.082											
6	8 - 1 - 9 - 9	碎石（8 cm）	m^3	64.58	0.983											
7	8 - 1 - 9 - 9	碎石	m^3	64.58	0.983											
8	8 - 1 - 10 - 1	石屑	m^3	20.39	0.971											
9	8 - 1 - 9 - 11	路面用碎石（1.5 cm）	m^3	89.67	1.195											
10	8 - 1 - 9 - 13	路面用碎石（2.5 cm）	m^3	79.51	1.103											
11	8 - 1 - 9 - 14	路面用碎石（3.5 cm）	m^3	77.07	1.082											
12	8 - 1 - 9 - 15	路面用碎石（5 cm）	m^3	72.93	1.021											
13	8 - 1 - 9 - 16	路面用碎石（6 cm）	m^3	71.10	1.002											
14	8 - 1 - 6 - 5	块石	m^3	91.60	2.846			0.119	1.428	0.360	0.360	0.350	0.350			
15	8 - 1 - 6 - 2	开采片石	m^3	34.02	0.942			0.204	2.448	0.520	0.520	0.490	0.490			

续表 11-10

建设项目名称：梵净山旅游公路德望至团龙段公路工程

编制范围：K6 +000 ~ K29 +800

序号	定额号	材料规格名称	单位	料场价格（元）	间接费（元）	10×0.5(m×m)皮带运输机 121.36 元/台班		150×250(mm×mm)电动颚式破碎机 147.66 元/台班		250×400(mm×mm)电动颚式破碎机 229.25 元/台班		生产率 8 ~ 10 m^3/h 滚筒式筛分机 185.44 元/台班		9 m^3/min 以内机动空气压缩机 678.34 元/台班		高原增加费（元）
					占人工费的 5.0%	定额	金额	定额	金额	定额	金额	定额	金额	定额	金额	
1	8-1-4-14	砂	m^3	68.00	1.622	0.085	10.316			0.093	21.320					
2	8-1-5-5	砾石(4 cm)	m^3	26.04	1.240											
3	8-1-6-2	片石	m^3	34.02	0.942									0.013	8.886	
4	8-1-9-3	碎石(2 cm)	m^3	74.72	1.161			0.065	9.583							
5	8-1-9-5	碎石(4 cm)	m^3	70.62	1.082					0.034	7.840					
6	8-1-9-9	碎石(8 cm)	m^3	64.58	0.983					0.024	5.617					
7	8-1-9-9	碎石	m^3	64.58	0.983					0.024	5.617					
8	8-1-10-1	石屑	m^3	20.39	0.971											
9	8-1-9-11	路面用碎石(1.5 cm)	m^3	89.67	1.195			0.070	10.351			0.071	13.222			
10	8-1-9-13	路面用碎石(2.5 cm)	m^3	79.51	1.103			0.048	7.088			0.049	9.049			
11	8-1-9-14	路面用碎石(3.5 cm)	m^3	77.07	1.082					0.034	7.840	0.035	6.453			
12	8-1-9-15	路面用碎石(5 cm)	m^3	72.93	1.021					0.029	6.625	0.029	5.452			
13	8-1-9-16	路面用碎石(6 cm)	m^3	71.10	1.002					0.027	6.213	0.028	5.100			
14	8-1-6-5	块石	m^3	91.60	2.846									0.040	26.794	
15	8-1-6-2	开采片石	m^3	34.02	0.942									0.013	8.886	

续表 11-10

建设项目名称:梵净山旅游公路德望至团龙段公路工程

编制范围:K6 +000 ~ K29 +800　　　　第 4 页　共 4 页

序号	定额号	材料规格名称	单位	料场价格(元)	间接费(元)	小型机具使用费 1.0 元		开采片石 34.87 元/m^3								高原增加费(元)
					占人工费的 5.0%	定额	金额	定额	金额	定额	金额	定额	金额	定额	金额	
1	8－1－4－14	砂	m^3	68.00	1.622											
2	8－1－5－5	砾石(4 cm)	m^3	26.04	1.240											
3	8－1－6－2	片石	m^3	34.02	0.942	0.549	0.549									
4	8－1－9－3	碎石(2 cm)	m^3	74.72	1.161			1.169	40.763							
5	8－1－9－5	碎石(4 cm)	m^3	70.62	1.082			1.149	40.066							
6	8－1－9－9	碎石(8 cm)	m^3	64.58	0.983			1.099	38.322							
7	8－1－9－9	碎石	m^3	64.58	0.983			1.099	38.322							
8	8－1－10－1	石屑	m^3	20.39	0.971											
9	8－1－9－11	路面用碎石(1.5 cm)	m^3	89.67	1.195			1.176	41.007							
10	8－1－9－13	路面用碎石(2.5 cm)	m^3	79.51	1.103			1.153	40.205							
11	8－1－9－14	路面用碎石(3.5 cm)	m^3	77.07	1.082			1.149	40.066							
12	8－1－9－15	路面用碎石(5 cm)	m^3	72.93	1.021			1.130	39.403							
13	8－1－9－16	路面用碎石(6 cm)	m^3	71.10	1.002			1.111	38.741							
14	8－1－6－5	块石	m^3	91.60	2.846	1.653	1.653									
15	8－1－6－2	开采片石	m^3	34.02	0.942	0.549	0.549									

表 11-11 机械台班单价计算

建设项目名称:梵净山旅游公路德望至团龙段公路工程

编制范围:K6 + 000 ~ K29 + 800

序号	定额号	机械规格名称	台班单价(元)	不变费用(元)		可变费用(元)																		
				调整系数		机械工		重油		汽油		柴油		煤		电		水		木柴		养路费及车船税	合计
				1.0		48.07 元/工日		5.5 元/kg		8.25 元/kg		7.08 元/kg		340.0 元/t		1.5 元/kWh		1.5 元/m^3		1.0 元/kg			
				定额	调整	定额	费用	定额	费用	定额	费用	定额	费用	定额	费用	定额	费用	定额	费用	定额	费用		
1	1003	75 kW 以内履带式推土机	730.47	245.14	245.14	2	96.14					54.97	389.19										485.33
2	1006	135 kW 以内履带式推土机	1 395.09	604.69	604.69	2	96.14					98.06	694.26										790.40
3	1027	0.6 m^3 履带式单斗挖掘机	578.58	219.84	219.84	2	96.14					37.09	262.60										358.74
4	1037	2.0 m^3 履带式单斗挖掘机	1 604.23	855.38	855.38	2	96.14					92.19	652.71										748.85
5	1050	2.0 m^3 轮胎式装载机	909.16	200.44	200.44	1	48.07					92.86	657.45									3.20	708.72
6	1057	120 kW 以内平地机	1 089.76	408.05	408.05	2	96.14					82.13	581.48									4.09	681.71
7	1063	75 kW 以内履带式拖拉机	641.60	161.23	161.23	2	96.14					54.27	384.23										480.37
8	1075	6 ~ 8 t 光轮压路机	292.50	107.57	107.57	1	48.07					19.33	136.86										184.93
9	1078	12 ~ 15 t 光轮压路机	498.85	164.32	164.32	1	48.07					40.46	286.46										334.53
10	1087	10 t 以内振动压路机	752.20	236.92	236.92	2	96.14					59.20	419.14										515.28
11	1088	15 t 以内振动压路机	932.28	315.05	315.05	2	96.14					73.60	521.09										617.23
12	1094	夯击功 200 ~ 620 N · m	35.09	9.08	9.08											17.34	26.01						26.01
13	1183	撒布宽度 1 ~ 3 m 石屑撒布机	721.15	393.56	393.56	2	96.14					32.69	231.45										327.59
14	1193	4 000 L 以内沥青洒布车	538.02	179.14	179.14	1	48.07			34.280	282.81											28.00	358.88
15	1202	60 t/h 以内沥青混合料拌和设备	13 561.22	1 422.03	1 422.03	6	288.42	1 795.2	9 873.6							1 318.11	1 977.16						12 139.19
16	1210	4.5 m 以内不带自动找平沥青混合料摊铺机	690.26	367.56	367.56	2	96.14					32.00	226.56										322.70

续表 11-11

建设项目名称：梵净山旅游公路德望至团龙段公路工程

编制范围：K6 +000 ~ K29 +800　　　　第2页　　共2页

序号	定额号	机械规格名称	台班单价（元）	不变费用(元)		可变费用(元)																		
				调整系数		机械工		重油		汽油		柴油		煤		电		水		木柴		养路费及车船税	合计
				1.0		48.07 元/工日		5.5 元/kg		8.25 元/kg		7.08 元/kg		340.0 元/t		1.5 元/kWh		1.5 元/m^3		1.0 元/kg			
				定额	调整	定额	费用	定额	费用	定额	费用	定额	费用	定额	费用	定额	费用	定额	费用	定额	费用		
17	1223	9~16 t 轮胎式压路机	598.59	311.850	311.85	1.000	48.07					33.710	238.67										286.74
18	1272	250 L 以内强制式混凝土搅拌机	145.76	18.580	18.58	1.000	48.07									52.740	79.11						127.18
19	1372	4 t 以内载货汽车	431.19	66.380	66.38	1.000	48.07			34.280	282.81											33.93	364.81
20	1374	6 t 以内载货汽车	467.97	91.380	91.38	1.000	48.07					39.240	277.82									50.70	376.59
21	1383	5 t 以内自卸汽车	543.52	103.490	103.49	1.000	48.07			41.630	343.45											48.51	440.03
22	1385	8 t 以内自卸汽车	670.66	194.910	194.91	1.000	48.07					49.450	350.11									77.57	475.75
23	1392	15 t 以内平板拖车组	815.59	242.260	242.26	2.000	96.14					40.460	286.46									190.73	573.33
24	1405	6 000 L 以内洒水汽车	637.84	257.900	257.90	1.000	48.07					42.430	300.40									31.47	379.94
25	1408	1.0 t 以内机动翻斗车	149.01	32.450	32.45	1.000	48.07					9.000	63.72									4.77	116.56
26	1449	5 t 以内汽车式起重机	501.28	199.620	199.62	1.000	48.07			25.710	212.11											41.48	301.66
27	1451	12 t 以内汽车式起重机	885.50	387.110	387.11	2.000	96.14					44.950	318.25									84.00	498.39
28	1531	10×0.5(m×m)皮带运输机	121.36	43.050	43.05	1.000	48.07									20.160	30.24						78.31
29	1726	32 kVA 交流电弧焊机	186.76	7.240	7.24	1.000	48.07									87.630	131.44						179.51
30	1756	150×250(mm×mm)电动颚式破碎机	147.66	46.040	46.04	1.000	48.07									35.700	53.55						101.62
31	1757	250×400(mm×mm)电动颚式破碎机	229.25	53.390	53.39	1.000	48.07									85.190	127.78						175.85
32	1775	生产率 8~10 m^3/h 滚筒式筛分机	185.44	102.300	102.30	1.000	48.07									23.380	35.07						83.14
33	1842	9 m^3/min 以内机动空气压缩机	678.34	203.060	203.06	1.000	48.07					60.340	427.21										475.28

表 11-12　辅助生产工料机单位数量

建设项目名称：梵净山旅游公路德望至团龙段公路工程

编制范围：K6 + 000 ~ K29 + 800　　　　第 1 页　　共 2 页

序号	规格名称	单位	人工	原木	钢钎	空心钢钎	φ50 mm 以内合金钻头	铁件	硝铵炸药	导火线	普通雷管	其他材料费	10×0.5 (m×m) 皮带运输机
			工日	m^3	kg	kg	个	kg	kg	m	个	元	台班
1	砂	m^3	0.675	0	0.021			0.006	0.090	0.300	0.200	0.215	0.085
2	砾石(4 cm)	m^3	0.516										
3	片石	m^3	0.392			0.021	0.030		0.204	0.520	0.490		
4	碎石(2 cm)	m^3	0.483										
5	碎石(4 cm)	m^3	0.450										
6	碎石(8 cm)	m^3	0.409										
7	碎石	m^3	0.409										
8	石屑	m^3	0.404										
9	路面用碎石(1.5 cm)	m^3	0.497										
10	路面用碎石(2.5 cm)	m^3	0.459										
11	路面用碎石(3.5 cm)	m^3	0.450										
12	路面用碎石(5 cm)	m^3	0.425										
13	路面用碎石(6 cm)	m^3	0.417										
14	块石	m^3	1.184			0.009	0.030		0.119	0.360	0.350		
15	开采片石	m^3	0.392			0.021	0.030		0.204	0.520	0.490		

续表 11-12

建设项目名称：梵净山旅游公路德望至团龙段公路工程

编制范围：K6 +000 ~ K29 +800

第 2 页　　共 2 页

序号	规格名称	单位	150 × 250 (mm × mm) 电动颚式破碎机	250 × 400 (mm × mm) 电动颚式破碎机	生产率 8 ~ 10 m^3/h 滚筒式筛分机	9 m^3/min 以内机动空气压缩机	小型机具使用费	开采片石					
			台班	台班	台班	台班	元	m^3					
1	砂	m^3		0.093									
2	砾石(4 cm)	m^3											
3	片石	m^3				0.013	0.549						
4	碎石(2 cm)	m^3	0.065					1.169					
5	碎石(4 cm)	m^3		0.034				1.149					
6	碎石(8 cm)	m^3		0.024				1.099					
7	碎石	m^3		0.024				1.099					
8	石屑	m^3											
9	路面用碎石(1.5 cm)	m^3	0.070		0.071			1.176					
10	路面用碎石(2.5 cm)	m^3	0.048		0.049			1.153					
11	路面用碎石(3.5 cm)	m^3		0.034	0.035			1.149					
12	路面用碎石(5 cm)	m^3		0.029	0.029			1.130					
13	路面用碎石(6 cm)	m^3		0.027	0.028			1.111					
14	块石	m^3				0.040	1.653						
15	开采片石	m^3				0.013	0.549						

参考文献

[1] 交通部.公路工程基本建设项目概算预算编制办法(JTG B01—2007)[S]. 北京:人民交通出版社,2007.

[2] 交通部.公路工程概算定额(JTG/T B06—01—2007)[S].北京:人民交通出版社,2007.

[3] 交通部.公路工程预算定额(JTG/T B06—02—2007)[S].北京:人民交通出版社,2007.

[4] 交通部.公路工程机械台班费用定额(JTG/T B06—03—2007)[S]. 北京:人民交通出版社,2007.

[5] 交通部.公路基本建设工程概预算编制办法[M].北京:书目文献出版社,1996.

[6] 交通部.公路工程预算定额[S].北京:人民交通出版社,1992.

[7] 交通部.公路工程概预算基价表.北京:书目文献出版社,1996.

[8] 交通部.公路工程机械台班费用定额[S].北京:书目文献出版社,1996.

[9] 财政部.建设工程价款结算暂行办法[S].财建[2004]369号.

[10] 蔡桂臣.浅论高速公路工程价款结算[J].经济师,2001(2).

[11] 张丽华.公路工程概、预算编制指南[M].北京:人民交通出版社,2007.

[12] 杜贵成.公路工程造价细节解析与示例[M].北京:机械工业出版社,2007.

[13] 陆春其.公路工程造价[M].北京:人民交通出版社,2007.

[14] 邢凤歧.公路工程投资估算与概预算编制示例[M].北京:人民交通出版社,1999.

[15] 周直. 公路工程造价编制与管理[M].北京:人民交通出版社,2002.

[16] 沈其明.公路工程造价编制与管理[M] 北京:人民交通出版社,2002.

[17] 朱立河.浅论如何做好公路工程结算与竣工决算的衔接工作[J].交通财会,2008(6).

[18] 巢良婷.浅谈合同中工程变更的定价[J].建设监理,2003(5).